江苏大学
五棵松文化丛书

JIANGSU
UNIVERSITY

六朝墓葬造物藝術論綱

徐亮 著

出版支持

江苏大学专著出版基金资助出版

项目支持

江苏省社会科学基金（22YSB011）

江苏大学高级专业人才科研启动基金（21JDG010）

江苏大学出版社

JIANGSU UNIVERSITY PRESS

镇江

图书在版编目(CIP)数据

六朝墓葬造物艺术论纲 / 徐亮著. — 镇江：江苏
大学出版社，2023.2
ISBN 978-7-5684-1974-1

Ⅰ. ①六… Ⅱ. ①徐… Ⅲ. ①墓葬(考古)－研究－中
国－六朝时代 Ⅳ. ①K878.84

中国国家版本馆 CIP 数据核字(2023)第 029809 号

六朝墓葬造物艺术论纲
Liuchao Muzang Zaowu Yishu Lungang

著　　者/徐　亮
责任编辑/宋燕敏
出版发行/江苏大学出版社
地　　址/江苏省镇江市京口区学府路 301 号(邮编：212013)
电　　话/0511-84446464(传真)
网　　址/http://press.ujs.edu.cn
排　　版/镇江市江东印刷有限责任公司
印　　刷/江苏凤凰数码印务有限公司
开　　本/710 mm×1 000 mm　1/16
印　　张/17.5
字　　数/330 千字
版　　次/2023 年 2 月第 1 版
印　　次/2023 年 2 月第 1 次印刷
书　　号/ISBN 978-7-5684-1974-1
定　　价/55.00 元

如有印装质量问题请与本社营销部联系(电话：0511-84440882)

序

六朝墓葬造物艺术是一种较为特殊的艺术现象，受当时诸多因素制约。墓葬制度是影响墓葬形制与造物品类的根本因素，六朝时期处于社会大变革时代，其间战争频仍，民不聊生，加之当时盗墓之风盛行，统治者大多实行薄葬制度，没有出现汉代的厚葬现象。虽然孙吴政权一定程度上继承了汉代的厚葬风习，但无论是墓葬规模还是随葬品类均与汉代相差甚远。此外，墓葬造物艺术还受到其他因素的制约，包括丧葬观念、社会风习、庄园生活等。丧葬观念的影响主要体现在"事死如事生"丧葬礼仪在墓葬造物艺术中的表现，如六朝早期墓葬中出土的大量生器与明器等。社会风习的影响主要表现在丧葬礼俗与饮食习俗两方面。士族阶层的庄园生活对造物艺术形制与纹饰也产生了一定的影响，集中表现在高等级的墓葬造物中。

六朝墓葬造物艺术中还发现大量与宗教相关的造物遗存，通过对宗教题材造物艺术的研究，一方面可以解析宗教图式在造物艺术中的形式表现，另一方面又可以反观六朝时期宗教的兴衰状况。研究发现，道、佛二教对墓葬造物艺术的影响，随着时间推移呈现出互有兴衰的现象。具体表现为六朝早期道教对墓葬造物艺术的影响占主导，在众多造物艺术门类中都能发现与道教相关的图式，此时的佛教图式居于附属地位。东晋以后，佛教传播日甚，影响力不断攀升，至南朝齐梁时期迎来了高峰，佛教造物艺术也由附属地位逐渐转为主导地位。六朝后期，随着传统儒学的复兴，出现儒、道、佛三教并行的现象，这种现象在南朝时期襄阳地区的墓葬中表现最为突出。

造物艺术由"三维"形制与"二维"纹饰构成，形制与纹饰也是六朝墓葬造物艺术研究的重要内容，主要涵盖形制分类、成型工艺、演变规律、纹饰题材、表现技法、时代特征六部分内容。从已刊布资料看，六朝墓葬造物艺术形制涉及社会生活，如日常生活用器、文房用具、明器等。在众多类别中，青瓷器的成型工艺与演变规律最具时代特征。此时，在汉代制瓷工艺的基础上，青瓷烧制工艺更为成熟，大量的青瓷器也呈现出一定的演变规律，即同一类器形随着时代的演进表现为从矮胖向瘦长发展。由于墓葬造物艺术门类较多，因此纹饰也更为丰富，大致可分为几何纹、动物纹、人物纹、植物纹四类。每种门类的造物艺术因表现技法不同，纹饰题材的选用也存在差异，如青瓷器多见几何纹、植物纹，少见人物纹、动物纹；青铜镜则多见人物纹、动物纹；漆器多见人物纹。在众多门类造物艺术中，青瓷器因流行地域广、数量多，所以形成了较为明显的纹饰演变规律，表现为由立体装饰向平面装饰过渡、由动物纹向植物纹过渡、由朴实敦厚向恬淡雅丽过渡的现象。此时还发展出一批颇具时代特色的产品，大致可分为生器与明器两类。生器最具代表性的产品有六朝早中期的人物纹漆器、孙吴佛像夔凤镜、南朝莲花纹青瓷器等。明器时代特征最鲜明，较有代表性的产品有孙吴釉下彩绘瓷、六朝堆塑器、青瓷牛车等。六朝造物艺术思想也体现出较强的时代性，一方面表现为对之前造物思想的继承和发展；另一方面，在当时玄学思想影响下，"清"美成为一种时尚，进而改变了造物艺术的发展方向。此外，通过考察发现，六朝时期与域外在政治、经济、文化方面的交流与互动，对墓葬造物艺术的传播具有一定的促进作用，有利于六朝墓葬造物艺术的输出与品类的丰富。此时六朝与北方的交流主要通过相连的四条路线完成，这四条路线也是南方墓葬造物艺术向北传播的主要通道。六朝与海东地区的交流以百济与日本最为频繁，其交流路线也是六朝墓葬造物艺术海外输出最为繁忙的路线。其中，与日本的往来虽有南、北两条线路，但以途经百济的北线最为成熟。通过考察域外同时期的造物艺术发现，其在造物形制、纹饰、工艺等方面均受到六朝墓葬造物艺术的影响。

徐亮自 2016 年随我攻读博士学位，读书期间仍然在原单位江宁区博物馆从事文化遗产保护工作，曾参与发掘 10 余座六朝时期的墓葬，对六朝墓葬有直观的体悟，为其学术研究奠定了较为坚实的基础。基于此，通过对六朝墓葬造物艺术做宏观研究，可以从更高、更广阔的视角分析六朝墓葬造物艺术呈现出的时代特征，深挖六朝时期丧葬礼仪、社会习俗、庄园生活、宗教思想对其产生的影响。对造物艺术的形制、纹饰、工艺、组合特征的考察，可以为墓葬等级的评定提供借鉴，进而有利于对汉唐墓葬造物艺术体系的建构。

李倍雷

（作者系东南大学艺术学院教授、博士生导师）

目　录

绪　　论

一、六朝墓葬造物艺术的研究目的、对象与意义

（一）目的

六朝是承汉启唐的重要时期，指中国历史上孙吴至陈朝的六个朝代，即孙吴、东晋，南朝的宋、齐、梁、陈。其间产生的造物艺术为我们研究当时的政治、经济、文化、艺术等提供重要依凭。然而，因历经千余年岁月流转，具有明确时代信息的文物今日已很难看到，这极大影响了我们全面准确把握六朝时期造物艺术时代特征。新中国成立以来，伴随大规模基建工作的展开，大量六朝墓葬陆续被发现，并以简报形式公布。从已刊布资料来看，学者的研究方向多集中于墓葬形制与出土遗物的报道与分析，其间虽不乏对区域性或品类造物的研究，但对墓葬出土遗物整体时代特征的探究着力较少，尤其在墓葬造物艺术的生成因素、造物艺术的等级性特征、区域间造物艺术的关系等方面鲜见富有创见的研究成果。随着3000余座六朝墓葬的发掘，在前辈学人先期研究成果的基础上，对六朝墓葬造物艺术做宏观研究成为可能，我们可以站在更高的视角分析六朝墓葬造物艺术呈现出的时代特征。希望通过对六朝墓葬出土遗物的分析，为六朝墓葬造物艺术特征的体系化研究做出努力。

（二）对象

本书研究对象是六朝墓葬中出土的可移动器物，包括陶、瓷器、漆器、金属器、金银器、玉石器五种造物艺术。主要从墓葬造物的形成、宗教对墓葬造物艺术的影响、墓葬造物艺术的形制与纹饰三个方面展开，详细探讨墓葬造物艺术与丧葬礼仪、社会风习、庄园生活、宗教的关系。

（三）意义

六朝墓葬造物艺术的研究是对六朝墓葬出土遗物的全局性考察，不局限于某一门类或某一题材局部的探究，旨在运用艺术学、历史学、考古学等研究方法，挖掘六朝墓葬造物艺术在中国传统文化的传承、艺术流变、对外影响等方面的意义。主要有以下五个方面的意义：

1. 通过对六朝墓葬造物艺术的研究，可以促进汉唐墓葬造物艺术体系的构建

墓葬出土遗物是历史的实物见证，是文献资料的重要补充。六朝是汉唐两大王朝之间的过渡阶段，一方面表现出对汉代造物艺术的继承与革新，另一方面在某些领域又影响了唐代造物风格的走向，在汉文化的流变中扮演着重要的角色。对六朝墓葬造物艺术的研究，便于开展对汉唐间一些历

史专题的探讨，纠正文献记载的错误，补充文献的缺略。

2. 借助对六朝墓葬造物艺术形制与纹饰的探讨，可以深挖六朝时期丧葬礼仪、社会习俗、庄园生活对其形成的影响

每个时代的造物艺术都不是独立于社会之外的个体，它的形成必然受到当时社会制度、社会风习，以及经济、文化因素的制约。因此，通过对一件或一类造物的研究，我们不仅可以对造物艺术的形制与纹饰做系统探讨，还可以透过现象看本质，深挖造物艺术的生成因素。

3. 通过对六朝墓葬造物艺术的研究，可以从宏观角度考察宗教在六朝时期的发展状况

六朝是中国历史上最为动乱的时期之一，也是文化极度自由的时期。宗教是文化的重要组成部分，六朝时期的宗教呈多元化发展态势，如道教在汉末民间宗教基础上逐渐转向上层路线，发展为神仙道教，教仪中的"灵魂不灭"观及"事死如事生"丧葬观念对墓葬造物艺术影响极深，孙吴时期广泛流行明器随葬的现象即是最好证明；而此时的墓葬造物艺术受佛教的影响还不鲜明，多依附于道教造物艺术。东晋以后，随着佛教传播的深入，道教在社会中呈现式微之势，佛教造物艺术居于主体地位，而道教造物艺术则较为少见。

4. 通过对六朝墓葬造物艺术的相关研究，可以为墓葬等级的评定提供借鉴

迄今为止，见于报道的六朝墓葬大致有 3000 座，其中只有极少数墓葬的墓主身份可考，因此，很难对墓葬的等级做一评定。对此，学者们多从墓葬形制来判断墓主的大致身份，然而，纵观六朝时期的墓葬形制，不同地区、不同时期的墓葬存在一定的差异性，如孙吴时期的墓葬形制较为多样，有多室墓、双室墓、单室墓等，而东晋以后墓葬形制更为单一。不同地域的墓葬形制也存有差异，如偏远地区一般身份人的墓葬，其形制可能达到或超过都城更高身份人的墓葬，这种僭越的现象在六朝时期较为多见。因此，单纯以墓葬形制来判定墓葬等级，必然会存在较大的不确定性。我们通过对墓葬造物艺术的研究，发现造物艺术本身也存在一定的等级特征，如漆器、青瓷堆塑罐、青瓷釉下彩绘器、祭台等器物通常只出现在等级较高的墓葬中。因此，该类器可作为判定墓葬等级的重要参考。

5. 通过对六朝墓葬造物艺术出土情况的考察，可以为研究六朝时期的海内外交流情况提供实物依凭

据史料记载，随着造船与航海技术的提高，六朝与海外的交流比东汉时期更为频繁，无论官方与民间，都往来不断，即使在战乱纷飞的时期也未中止，这使得六朝墓葬中时常出现海外的造物艺术的现象，海外的墓葬中也能发现较多六朝造物的现象。通过对海内外出土异域造物艺术的研究，我们可以更加深入地研究当时对外交流的情况。

二、六朝墓葬造物艺术特征研究阶段

六朝墓葬造物艺术特征研究大致可分为两个阶段，即民国中期以前传统文献学与金石学研究阶段和民国中期以后的墓葬发掘及出土遗物的研究阶段。文献学与金石学研究侧重于墓葬造物艺术的著录与文字考证、器型与纹饰的记载与整理，墓葬发掘则更加重视墓葬本身与出土遗物的研究，这也是本书研究对象的主要来源。

（一）民国中期以前文献学与金石字研究状况

两宋以前，关于六朝墓葬造物艺术的记载散见于各类史料，如梁时期的虞荔《鼎录》中记载了汉代早期到东晋时期的铜器72件；梁时期的陶弘景《刀剑录》收夏至梁武帝时各类刀剑，并详细记录了刀剑的名称、尺寸、铸造过程等，此外，还收录了铜器79件；北魏时期的郦道元《水经注》中有关于各地陵墓的记载；《隋书·经籍志》记载了南京及其毗邻地区梁代陵墓的碑石文字。与此同时，唐宋时期的志书中也有大量关于六朝墓葬造物艺术的记载，如唐欧阳询等人《艺文类聚》中亦记有大量六朝时期的碑石记文，许嵩《建康实录》、李吉甫《元和郡县图志》，记载了许多六朝时期的古迹与墓葬，宋元时期的志书记载更为详尽，王象之《舆地纪胜》、张敦颐《六朝事迹编类》、乐史《太平寰宇记》等，均记载了许多六朝陵墓、遗物，为后世墓主身份的考定与文物断代提供了借鉴。自宋始，金石学的专门书籍开始出现，其中有许多关于六朝墓葬造物艺术的记载，代表性著作有宋代欧阳修《集古录》、赵明诚《金石录》、洪适《隶释》《隶续》；明代曹昭《格古要论》；清代王昶《金石萃编》、冯云鹏与冯云鹓《金石索》、叶昌炽《语石》、李佐贤《古泉汇》；等等。此外，近代梁启超《中国考古学之过去及将来》、王国维《最近二三十年中国新发见之学问》两篇文章为补阮元《商周铜器论》之不足，亦录入了六朝铜器相关内容。上述著作中都有关于六朝时期造物艺术的记载，其中较为重要的是唐宋时期的志书

与宋以后的金石学著作。如《建康实录》《元和郡县图志》两本书距六朝不远，所记六朝造物艺术当为可信，可为我们研究六朝墓葬形制与造物艺术特点提供借鉴；而宋始出现的金石学著作中记载的铜器、碑刻、砖瓦等图式与文字考证，是西方科学的考古学传入我国前，研究六朝造物艺术形制与纹饰的重要参考，其中有些图式较为罕见，甚至可以达到证经补史的目的。

清末至民国中期的墓葬造物艺术研究，主要特点是结合文献记载与考古遗存。系统调查六朝陵墓的存在状况，代表人物是朱希祖、朱偰父子二人。其中，朱希祖著《六朝陵墓调查报告》（1935）是研究南京及其邻近地区六朝帝王陵墓的集大成之作，引用文献主要有正史（《三国志》《晋书》《宋书》《南齐书》等）、地方史志（许嵩《建康实录》、张敦颐《六朝事迹编类》、周应合《景定建康志》等）、地理志（李吉甫《元和郡县图志》、乐史《太平寰宇记》等）、金石著作（欧阳修《集古录跋尾》、赵明诚《金石录》等），遗迹调查以南朝陵墓为主。该报告共收录七篇文章，包括滕固《六朝陵墓石迹述略》、朱偰《六朝陵墓总说》和朱希祖的《六朝建康冢墓碑志考证》《天禄辟邪考》《神道碑碣考》《驳晋温峤墓在幕府山西说》等。此外，相关著作还有《建康、兰陵六朝陵墓图考》（1935）、《金陵古迹图考》、《金陵古迹名胜影集》（1936），其中著录的大量六朝陵墓位置、图像等信息，对考定六朝墓葬造物艺术的分布具有重要参考价值。有关于六朝陵墓内容的书有莫友芝（清代）所撰《金石笔识》；上海徐家汇天主堂司铎张璜用法文所著《梁代陵墓考》虽定位于梁代，但所涉范围囊括了整个南朝时期。再有，1935年叶楚伧、柳诒徵、王焕镳主编《首都志》，其中记录了大量六朝古迹；1936年陈万里对浙江绍兴的六朝瓷器与墓葬做了调查研究等。以上所述，多为对六朝地上陵墓与遗址的调查，鲜有记载墓葬遗物的内容。因此，它们对六朝墓葬造物艺术的形制与纹饰研究帮助甚微，但对研究墓葬的形制与演变具有重要的借鉴意义。

（二）民国中期以后墓葬发掘及出土遗物的研究状况

1. 关于六朝墓葬发掘与分期情况的梳理

地下考古发掘阶段，主要指民国中期西方考古学传入我国后，逐渐形成了中国传统金石学与西方考古学并存的局面。这一时期尤其是新中国成立后的一系列考古发掘对研究六朝墓葬造物艺术帮助甚大，其中以江苏与湖北地区发现的墓葬与研究成果最为宏富。最早对六朝墓葬做考古发掘者是卫聚贤，其在《中国考古小史》（1933）一书中记录了 1930 年在南京栖霞山车站附近甘夏镇、张家库、刘家库三地 3 座六朝墓葬的发掘，得青铜镜、铜釜、瓷洗、瓷盂、陶箕等百余件遗物等信息①，这是新中国成立前对南京地区六朝墓葬的一次主动发掘，也是运用考古学方法对六朝墓葬做科学发掘的有益尝试。新中国成立初期，以南京博物院、南京市文物保管委员会、华东文物工作队、南京大学历史系为主要力量，开展了大量六朝墓葬的考古调查和发掘。随后，其他各地市也陆续成立博物馆、文管会、文保所等专业机构积极开展六朝墓葬考古工作。1951 年，在南京邓府山发掘的六朝墓葬，标志着我国六朝墓葬的发掘工作进入了一个崭新的阶段，科学地考古发掘也在新中国陆续展开。至 20 世纪 60 年代中期，已发掘了大量六朝墓葬，其中不乏王侯大墓。至 70 年代末，我国对六朝时期墓葬的整体面貌已有初步的认识，各地考古工作者在此基础上进行了多方面的研究，取得了可喜成果，弥补了此前研究六朝史缺乏实物资料的不足，进而使长江中下游地区的六朝考古研究在全国占据了重要位置。进入 20 世纪 80 年代，大量六朝墓葬不断被发现，同时，一些学者着手六朝墓葬的分区与分期研究。如宿白在《三国——宋元考古》（中国考古学之五）讲义中将南朝宋齐合为一期，梁陈合为另一期，此后在其所编《中国大百科全书·考古学》中又做了调整，将东晋、刘宋合为一期，齐梁陈合为另一期。南京大学蒋赞初先后发表了《关于长江下游六朝墓葬的分期和断代问题》（1980）、《长江中游六朝墓葬的分期和断代——附论出土的青瓷器》（1981）两篇文章，重点探讨了长江中下游地区六朝墓葬分期与断代问题，对后来六朝墓葬分期研究具有引领意义。此外，魏正瑾、易家胜发表《南京出土六朝青瓷分期探讨》（1983）一文，对南京地区六朝墓葬出土青瓷做分期研究，更加强调东晋在整个六朝时期的重要性；冯普仁《南朝墓葬的类型与分期》（1985）一文，对南朝时期墓葬的类型、等级、分期做了系统研究，其观点与前述作者观点较为一致。随后的学者在墓葬考古与分期方面的研究大多依循上述路径，无太多新的建树。

2. 国内学术界关于六朝墓葬造物艺术研究的普遍动态

对六朝墓葬造物艺术的研究，主要得益于西方考古学进入我国后开展

---

① 卫聚贤. 中国考古小史 [M]. 上海：商务印书馆，1937：128.

的一系列科学的考古发掘，尤其是新中国成立以后，70 余年来，随着墓葬的大量发掘，一些美轮美奂的六朝艺术品得以重见天日，如今全国各大博物馆中所藏的六朝文物大多来自这期间的考古发掘，对六朝墓葬造物艺术的认知体系也建立于这一时期。

20 世纪 50—70 年代是六朝墓葬造物艺术研究的沉寂期，其间仍以墓葬发掘报道为主，对墓葬出土遗物的研究主要依赖发掘报告中的简要论述。此时，由于墓葬的综合研究还不够深入，报告中对墓葬与器物的断代存在较多偏颇之处。另外，虽然有针对单门类造物艺术的研究，但因缺乏可资参考的材料，并没有对器物的生成背景、器物演变等做深入探讨。

20 世纪 80 年代后，在改革开放的时代背景下，学术气氛活跃，多年的田野考古为研究六朝史提供了丰富的资料，呈现出研究选题广泛、学术思想活跃、成果层出不穷的大好局面。如 1984 年，江苏省考古学会在南京召开学术研讨会并专题讨论了六朝文物考古问题；1991 年，在南京召开了"早期佛教造像南方传播系统中日研讨会"，以南京及其毗邻地区出土与佛教艺术相关的文物为主要研究对象；1998 年，"六朝文化国际学术研讨会暨中国魏晋南北朝史学会第六届年会"在南京召开，来自中、日、韩等国的100 多位学者参加了会议，并对六朝文化进行了认真的研讨。会议共收到论文 80 多篇，全部与六朝史学、考古及出土遗物有关，本次会议的一个重要特点是六朝史学工作者与六朝文物工作者的联合协同研究，纠正了之前对六朝墓葬研究重发掘、整理而轻学术研究的倾向，将六朝墓葬造物艺术研究推上了一个新高度。出版了《江苏六朝青瓷》（1980）、《南京出土六朝墓志》（1980）、《鄂城六朝墓》（2007）等著作。与此同时，许多学者也展开了六朝墓葬发掘与出土遗物的研究，如罗宗真、王志高两位先生重点关注墓葬出土遗物的整理与分析，同时对世家大族的排葬方式与文物反映的门阀制度做了较为深入的剖析，并对出土遗物引发的海内外文化交流进行了梳理。韦正先生近年来发表了众多关于六朝墓葬及文物的研究，在墓葬形制、墓葬制度、宗教美术等领域，均有高质量的成果问世，对本书研究具有重要的参考价值。李蔚然《南京六朝墓葬的发现与研究》（1998）、邹厚本《江苏考古五十年》（2000）等则更多关注江苏地区的六朝墓葬与文物。其中李蔚然先生不仅关注不同时期文物造型的变化，还对文物内涵做深入的探究，涉及墓志反映的世家大族联姻问题、鸡首壶反映的江南饮茶习俗等。林树中编著的《六朝艺术》（1981）是多位学者共同智慧的结晶，对六朝画像砖墓的图式做了较为深入的研究，丰富了我们之前关于六朝绘画的认知，具有较高的学术价值，于本书亦有重要借鉴意义。贺云翱在《六朝瓦当与六朝都城》中详细论述了六朝瓦当的图式与演变规律，对于我们研究六朝画像砖墓的纹饰有重要参考价值。鲁西奇在《中国古代买地券研究》中对六朝时期出土的买地券做了专门的研究，系统校录并考释了考古发掘与传世的买地券，对买地券的渊源、流变、类型、区域差异及意义做了深入的研究，对我们了解当时的墓葬制度与丧葬礼仪具有重要的参考价值。刘昭瑞在《考古发现与早期道教研究》一书中，利用考古材料对早期道教的观念、典籍、法器、科仪、传播等做了详细的论证，对本书关于道教造物艺术的研究有重要参考价值。张勋燎、白彬在所著《中国道教考古》一书中，系统论述了与道教相关的考古发现，并对其做了深入研究，书中有较多涉及六朝墓葬造物的内容，包括买地券、名刺、衣物疏、哀册等，对研究六朝墓葬造物艺术中与道教相关的内容有所裨益。台湾学者谢明良著有《六朝陶瓷论集》（2006）一书，内容涉及六朝时期各地陶瓷器的时代特征、南方青瓷对北方瓷业的影响、越窑青瓷中的佛像装饰、青瓷中的褐彩纹饰、鸡首壶的变迁、六朝墓葬器物的等级性等，对研究六朝青瓷的特征、演变、影响、等级性均有重要参考价值，是研究六朝青瓷的重要成果，在学术界颇有影响。

此外，一些机构也陆续出版了与六朝文物相关的著作，对于研究六朝墓葬造物艺术具有重要的参考意义。如南京出版社在 2002 年后出版了包含《六朝都城》《六朝文物》《六朝民俗》《六朝科技》《六朝宗教》《六朝艺术》《六朝文学》等的"六朝文化丛书"，这套丛书中多有借用 20 世纪 50 年代后六朝考古的研究成果，具有一定的参考价值，其研究涉猎六朝时期各个领域，为我们全面了解六朝文化、政治、经济提供了较为翔实的资料，可依此开展更为深入的研究。其中《六朝文物》《六朝民俗》《六朝科技》《六朝宗教》《六朝艺术》等书与本书的研究范围多有交集，可以作为开展六朝造物艺术研究的基础性资料。再如开明出版社 2014 年出版的《中国古代物质文化史》，涉猎广泛，其中不乏与六朝墓葬及文物相关的内容，对研究六朝文物在继承与发展方面有参考价值。如《中国古代物质文化史·魏晋南北朝》卷中将当时南方的六朝与北方诸多割据势力做一整体考察，站在更为广阔的视角审视南北方丧葬制度、随葬遗物、造物工艺等的异同，对于本书在考察 3—6 世纪南北两地墓葬造物艺术交流具有重要借鉴意义。

3. 海外学术界关于六朝墓葬造物艺术研究的动态分析

海外学者对六朝墓葬造物艺术的关注早在百余年前便已开展，且取得了一些颇为重要的成果，以韩国、日本学者的研究最为深入，内容涉及六朝墓葬与出土器物等多个方面，其中韩国的学者在陶瓷器研究方面着力颇深，出版的专著与发表的文章值得关注；日本学者在六朝青铜镜研究方面更为突出，在青铜镜类型、演变、传播等领域均有高质量的文章发表，是研究六朝墓葬造物艺术特征的重要参考资料。

对六朝墓葬及其造物艺术关注最早的应是法国人维克多·色伽兰（Victor Segalen，又译作谢阁兰，1878—1919），他于1917年来到中国，调查了南京地区的11座六朝墓葬，拍摄了大量陵前神道与石刻。后比朱希祖、朱偰父子也开始关注六朝墓葬。20世纪80年代，韩国、日本的学者开始更多地关注六朝墓葬及其出土遗物的研究，产生了一些研究团体。其中韩国成立的六朝研究会颇受瞩目，从考古学角度展开对六朝墓葬的研究是其重要的一项工作，学会每年都会组织学者来中国考察，关注六朝墓葬及其出土遗物的研究动态，内部的一些学者有关于六朝墓葬研究的专著或文章面世，对研究六朝墓葬造物艺术具有重要参考价值。海外学者相关的研究成果主要有日本学者梅原末治《绍兴古镜聚英》（1939）、《汉三国六朝纪年镜图说》（1943），后藤守一《古镜聚英》（1977），对日本出土镜的类型、图式、源流做了较为系统的梳理与考证，其中对日本出土镜与中国相关青铜镜的对比研究尤其值得重视，是六朝青铜镜研究的重要成果。小山富士《与越窑伴出的忠南道百济陶器——4世纪百济陶器之二》对韩国百济出土陶器做了类型学研究，并探讨与出产自中国越窑的陶器的关系。此外，日本学者木村豪章、矢部良明、三上次男、龟井明德、冈内三真、池田厚史等分别对六朝细颈瓶、堆塑罐命名、虎子器形演变、北朝陶瓷源流等展开讨论，对研究六朝陶瓷的形制演变与对外交流提供了借鉴；韩国学者韩芝守《百济地域出土东晋代瓷器历史的意味》、成正镛《百济和中国的贸易陶瓷》、赵胤宰《略论韩国百济故地出土的中国陶瓷》等对韩国百济故地出土的陶瓷器做了梳理，并对从中国南方输入陶瓷的路径与方式做了深入探讨，是研究中国陶瓷对外传播的重要参考资料。

第一章

六朝墓葬分布与丧葬制度

　　六朝是我国历史长河中一段较为特殊的时期，其承汉启唐，对中华传统文化的承续具有积极意义。六朝实际控制区域北达秦岭淮河一线，南至北部湾与中南半岛北部（今越南北部），东临海洋，西至青藏高原东部，这一广袤的区域覆盖了南方众多名山大川。将六朝地域大致分为六大地理单元，自西至东分别为四川盆地、云贵高原、长江中游平原、鄱阳湖平原、长江下游平原及东南丘陵地带。这六大地理单元是六朝墓葬的主要发现地，墓葬造物艺术也最为宏富。六朝墓葬造物艺术研究的主要对象是墓葬遗存，这决定了其对六朝墓葬的依附关系。可以说，六朝墓葬的分布，也反映出墓葬造物艺术的分布情况。六朝墓葬造物艺术的分布与六朝墓葬的分布情况具有较强的一致性。系统研究六朝墓葬的分布情况，是将现代考古学应用于六朝墓葬的发掘，考古界在对近一个世纪考古发掘出土的近 3000 座墓葬（长江下游地区、长江中游地区各约 700 座；鄱阳湖地区约 300 座；两广与福建约 500 座；四川与云贵地区约 300 座）后于近些年做出的初步总结。① 然而，六朝墓葬造物艺术的分布，又不完全等同于六朝墓葬分布，墓葬造物艺术的分布虽依附于墓葬，同时也有其自身的独立性，这主要缘于各地区造物艺术水平的差异性及丧葬文化的多样性。此外，考虑到表述方便及墓葬造物艺术自身的特点，六朝墓葬造物艺术的分布采用朝代更替来分别论述②，即孙吴、东晋、南朝三个阶段，将西晋的相关墓葬遗物放到孙吴时期来探讨，南朝分别论述宋、齐、梁、陈四个朝代（表1-1）。由于每个阶段的墓葬形制、墓葬规模、出土文物等存在一定的差异性，各地区的丧葬制度也具有多样性特征，故将每个阶段的墓葬分为三个级别，分别为帝王陵墓、世家大族墓、一般墓葬。考古调查与发掘情况来看，帝王陵墓与世家大族墓依然是我们了解当时陵园制度、造物水平、丧葬制度等最为重要的对象，对后世隋唐陵墓的造物艺术也产生了重要影响。六朝历代政权除出于政治原因迁都湖北鄂州与荆州几年外，其余时间皆都于南京。南京地区是六朝高等级墓葬最为集中的区域，原因表现为两个方面：一方面，南

---

① 对六朝墓葬做出初步统计的是学者在新中国成立后，经过 50 余年的考古发掘得出的，近年做出统计的学者有王志高与韦正两位六朝考古专家。王志高先生在 2004 年出版的《六朝文物》一书中，统计已公布的六朝墓葬为 1500 余座；韦正先生在 2011 年出版的《六朝墓葬的考古学研究》一书中，统计已公布的六朝墓葬为 2200 余座。笔者根据 2011 年后主流杂志发表的六朝墓葬做统计，截至 2020 年年底，公开发掘的六朝墓葬近 3000 座。

② 六朝墓葬造物艺术的分布即六朝墓葬出土文物的分布，它虽依附于墓葬本身，但更多的是反映墓葬出土文物的分布情况。以出土文物研究六朝墓葬造物艺术分布情况的学者较少，六朝墓葬出土文物品类繁多，以陶瓷器为大宗。所以探讨六朝墓葬造物艺术的分布情况，主要参考陶瓷类文物的分布，兼及其他各类出土文物。

京作为当时的政治中心，政权的核心官员多居于此，死后亦葬于此；另一方面，六朝时期有出仕外地或戍守边疆的官员归葬京畿的传统，这也是南京地区时常发现墓志铭中记载仕于外地官员墓葬的原因所在。

表 1-1　六朝纪年表

政权名称	建都南京时间	都城	备注
孙吴	229—265 年，267—280 年	建业	其间中断为迁都武昌（今湖北鄂州市）
东晋	317—420 年	建康	
宋	420—479 年	建康	
齐	479—502 年	建康	
梁	502—552 年，554—557 年	建康	其间中断为迁都江陵（今湖北荆州市）
陈	557—589 年	建康	

汉末形成了影响整个中国历史进程的门阀阶层。这些世家大族墓及其出土遗物，也成为六朝时期在墓葬形制与纹饰等方面也最具特色。这种现象大量出现在南方广袤的大地上，尤以都城建康（吴称建业）为最，在都城建康发现的世家大族墓数量最多、规模最大、等级最高、墓葬遗存最为宏富。世家大族墓以发掘的东晋时期的墓葬最为典型，这时的墓葬形制、排葬方式等皆具有很强的统一性，是东晋一朝最具代表性的墓葬形式。一般墓葬即除却帝王陵墓与世家大族墓之外的墓葬，这类墓葬占据着目前考古发掘墓葬中的绝对多数，其墓砖及出土遗物中有大量纪年信息，是我们研究当时丧葬制度、造物水平、造物特征等方面重要的参考资料。考虑到这类墓葬数量众多，等级差异较大，其中不乏一些载入史册的大员之墓，所以本书在探讨这类墓葬时着重于一些墓主身份可考或有明确纪年的墓葬。

六朝时期的丧葬制度依朝代更替呈现出不同的面貌，墓葬形制也不尽相同。孙吴时期区域内社会相对安定、经济发达，主要承袭了汉代的厚葬制度，墓葬形制也更为多样，有多室墓、双室墓、单室墓等。东晋时期统治者汲取西晋灭亡的教训，整个东晋一朝皆采取薄葬制度，墓葬形制趋于单一，多为"凸"字形单室墓。然而东晋又是一个皇权衰落的朝代，由世家大族轮番把持朝政。因此，南京地区出土了众多大型家族墓葬群，墓内出土的遗物代表了当时最高的造物工艺水平，也是了解当时域内外交流的直接例证。南朝时期主体上延续了东晋的薄葬传统，墓葬形制多为"凸"字形单室墓，墓葬装饰更加繁复，尤其是当时佛教盛行，佛教相关图式被大量应用于墓葬造物艺术装饰。此外，南朝继承了汉代的埋葬制度，帝王陵墓相较于孙吴与东晋时期更显华丽，如将大量地面建筑运用于墓区的营造，装饰享堂、瑞兽、华表等。

第一节　六朝墓葬分布与分区

六朝墓葬的分布具有一定的稳定性，大多延续了东汉时期的分布状况，主要分布在重要的城市与交通沿线附近。都城建康与武昌的城市地位在此时得到了空前提升，特别是都城建康，一跃成为中国南部政治、经济、文化的中心，也是六朝时期墓葬最为集中、等级最高的地区。六朝时期的各大城市之间通常由陆路与水路连接，这些路线沿途的停经点，地理位置特殊，出现了比较集中的墓葬聚集区，墓葬等级较各大城市墓葬为低。笔者考察上述各大城市及交通沿线毗邻地区的六朝墓葬的形制与造物艺术特征，发现彼此间存在一定的时代差异及造物艺术流变的痕迹，造物艺术具有独特的区域特征。

一、六朝墓葬分布

六朝墓葬的分布具有一定的规律性，多集中在区域大中型城市周边，由于这些城市经由先秦两汉的发展，至六朝时期已经形成了相当的规模，在政治、经济、军事、文化等领域皆有较大的影响力，且处于人口流动、文化交流较为频繁的地区。从已刊布的资料看，今南京、武汉、长沙、成都、广州等都是当时墓葬最为集中的区域，出土遗物数量多、等级高，皆代表了六朝墓葬造物艺术的最高水平。下面对六朝墓葬的分布情况作一概述。

1. 南京及其毗邻地区

南京及其毗邻地区主要包括南京、镇江、常州、安徽马鞍山等，既是高等级墓葬最为集中的区域，也是六朝时期帝王陵墓的安葬地。

2. 皖南地区

皖南地区主要包括芜湖市区、宣城等。出土墓葬以六朝中小型墓葬为主。

3. 浙江宁绍平原与金衢盆地

浙江宁绍平原与金衢盆地主要包括杭州、宁波、湖州、绍兴、金华、衢州等。出土墓葬以中小型墓为主，少见六朝早期的多室墓，相较于苏、皖两地，在墓葬数量与类型方面要逊色很多。

4. 浙南、闽北沿海地区

浙南、闽北沿海地区主要包括温州、福州等地。部分地区集中发现了六朝时期中小型墓葬。

5. 赣中南地区

赣中南地区主要包括南昌、吉安、宜春、抚州等地。这一地区出土了众多东晋、南朝时期的中小型墓葬，其中南昌地区的东晋墓出土遗物较为典型。

6. 湖南湘江一线

湖南湘江一线主要包括长沙、湘潭、株洲、衡阳等地。墓葬形制相似于同时期的江西墓葬，多为东晋至南朝时期的墓葬。

7. 鄂东南地区

鄂东南地区主要包括鄂州、武汉、黄陂、黄冈等地。出土了孙吴时期的高等级墓葬及众多东晋、南朝时期的中小型墓葬。

8. 湖北、陕西、河南汉水一线

湖北、陕西、河南汉水一线主要包括湖北襄阳，陕西汉中、安康，河南邓州等地。以出土南朝画像砖墓最具时代特色。

9. 两广地区

两广地区主要包括广东广州、韶关、梅州，广西桂林、梧州、贺州等地。以出土东晋、南朝时期的中小型墓葬为主，少见孙吴时期的墓葬。

10. 四川成都与广元地区

四川成都与广元地区主要包括成都、德阳、绵阳、广元等地。以出土东晋后受长江中游地区影响的墓葬为主。

11. 云南昭通至大理一线

云南昭通至大理一线主要包括昭通、昆明、楚雄、大理等地。以出土两晋时期的中型墓为代表，墓葬形制受长江中游地区的影响更大，其中有些墓葬结合了当地少数民族的丧葬制度。

12. 重庆至秭归一线

重庆至秭归一线主要包括重庆万州、湖北秭归等地。以出土石室墓与砖石混筑墓最为典型。

以上是六朝墓葬各地大致的分布情况①，由于六朝行政区划受战争因素影响时有进退，所以，部分长期处于北方政权统领下的区域，没有纳入六朝墓葬分布范围。

二、六朝墓葬分区

六朝墓葬具有较强的地域特征，对于墓葬的分区研究，已有多位学者从墓葬的形制方面做了较为详尽的论述②。本书参考前人的研究成果，结合墓葬出土遗物的造物特征，将六朝墓葬分为长江下游、长江中游、闽广、西南四区。墓葬分区只是地域概念的划分，由于六朝文化在不同时期相互影响与借鉴，墓葬形制与纹饰特征也具有不同程度的共通性，所以，应辩证地看待六朝墓葬的四个分区，这样才能更加准确地把握六朝墓葬各区的时代特征与相互关联。

（一）长江下游地区

长江下游地区主要包括江苏、安徽、浙江三省，此三省在六朝墓葬形制与出土遗物方面具有较强的共通性，其中江苏南京因六朝京畿的特殊地位，其墓葬在等级、数量、随葬品类等方面皆远胜于他地。六朝前后共历40余帝，陵墓大多位于南京及其毗邻地区，如南京的栖霞、江宁，镇江的丹阳、句容，安徽马鞍山等。这些地区的陵墓除南朝时期部分墓主身份可考且残留少量地面遗存外，其余皆不可考。孙吴、东晋时期的帝王陵墓由于遭盗掘与损毁，地面已无任何遗存，更无可考的墓主信息，只能参考相关文献判定墓主身份。相较于帝王陵墓，江苏、安徽出土的世家大族墓显得尤为重要。南京为六朝京畿之地，主要的高门贵族多居于此，死后亦葬于此。此外，一些殁于外地的旧勋或官员多有归葬京畿的传统，这就造成南京及其毗邻地区为世家大族墓葬最为集中的地方。长江下游地区还是一般墓葬出土最多的地区，这些墓葬形制演变信息明确、出土遗物品类丰富，反映了当时的丧葬礼俗，其中不乏一些载于史册且具有较高地位的人物的墓葬，是研究六朝墓葬造物艺术的重要资料。

---

① 韦正. 六朝墓葬的考古学研究 [M]. 北京：北京大学出版社，2011：9-16.
② 对六朝墓葬分区做研究的学人及其论著主要有蒋赞初的《关于长江下游六朝墓葬的分期和断代问题》《长江中游六朝墓葬的分期和断代：附论出土的瓷器》，罗宗真、王志高的《六朝文物》，韦正的《六朝墓葬的考古学研究》。

（二）长江中游地区

长江中游地区主要包括湖北、湖南、江西三省。区域内发现的六朝墓葬数量众多，其中不乏一些王室墓。该地区是仅次于长江下游的重要六朝墓葬出土地区。湖北鄂州曾是孙吴的都城，也是宗室贵族主要活动区域，20世纪后半叶鄂州西山南麓出土了两座大墓，专家推测为孙吴宗室墓。此外，长江中游还是世家大族墓较多的地区，这些墓葬多以族葬的方式出现，由于盗毁严重，墓主身份信息可考的墓葬不多，江西南昌火车站东晋墓葬群是较为难得的一例。据考，墓主雷氏是当地旺族，属豫章五姓之一，这处墓葬群应为雷氏的家族墓地，墓葬形制与长江下游地区具有较强的一致性。长江中游地区也是六朝时期一般墓葬的集中地，数量仅次于长江下游地区，其中不乏规模较大、墓主身份信息可考的墓葬，对研究六朝的丧葬制度具有重要的参考价值。湖北、湖南、江西三省由于地处六朝中部，区域内文化面貌呈现多样性特征，在丧葬制度方面也不尽相同。其中湖北三峡库区墓葬更多地接近于西南地区墓葬的特征，多石室墓与砖石混筑墓；而江西南部地区墓葬与闽西北墓葬更为一致，从孙吴开始就流行一种砖柱墓，形成鲜明的地域特色。

（三）闽广地区

闽广地区主要包括福建、广西、广东三省。由于地处东南边郡之地，区域内发现的六朝墓葬的数量、等级远逊于长江中下游地区，有土坑墓、土坑砖室墓、砖室墓三种类型。墓葬形制方面，因其与长江中游地区有更多的交通往来，所以受江西、湖南地区的影响更为明显，长江下游对其影响略逊。该地区的墓葬多属等级较低的品类，少见大中型墓葬，主要为东晋、南朝时期墓葬。墓葬形制有多室墓、双室墓、单室墓等，单室墓有砖柱墓、"凸"字形墓、刀形墓与长方形墓四种，皆为券顶结构。南朝中期，闽西北地区流行的砖柱墓可能受到江西的影响；而同时期"凸"字形墓室后部设砖砌棺床、甬道及"三顺一丁"的砌筑法，应是受到都城建康的影响。

（四）西南地区

西南地区主要包括四川、贵州、云南、重庆三省一市。三国时期属蜀汉统辖，魏灭蜀后加强了对西南地区的管辖，包括三峡库区在内的广袤地区文化交流更加频繁，在丧葬制度与墓葬形制方面逐渐形成了鲜明的地域特征。东晋以后，西南地区与长江中下游地区的联系更为密切，都城建康的影响波及于此，表现在墓葬形制方面，便是地方色彩与建康风格的融合。

墓葬造物艺术方面则是出土瓷器与长江中下游地区出土瓷器相似，为数不多的墓室壁画，又显现出与北方，甚至是朝鲜半岛地区相同的旨趣，其人物造型与表现手法也颇为相近。西南地区墓葬大致可分为石室墓、砖室墓、砖石混筑墓、崖墓和土坑墓五类，多为中小型墓。石室墓主要集中于贵州平坝、马场，重庆云阳，以及湖北秭归等地。砖室墓可分为双室墓与单室墓，双室墓较为少见，仅出现几例西晋时期墓。单室墓可分"凸"字形、刀形、长方形三类，多为东晋以后墓葬，均为券顶墓，受长江中下游地区影响明显。砖石混筑墓是颇具地域色彩的墓葬形制，是用砖、石两类材质构筑的墓葬，主要分布在云南及三峡库区，有多室墓、双室墓与单室墓三种。崖墓也是地域色彩浓厚的丧葬形制，指垂直于崖壁开凿的墓室，是对汉代崖墓的继承，至南朝后期已基本消失。这种墓葬形制，在今四川、云南、贵州三省均有发现，以绵阳、成都、广元、德阳等地最为多见。

　　以上四区是据六朝时期较为稳定的统辖范围做出的宏观划分，然而，丧葬文化的传播与墓葬形制的输出，并不因行政区属的划分而相互隔绝，它们在形成鲜明地域特征的同时也存在相互交流与影响。因此，区域内的丧葬制度与墓葬形制有时表现为更多的不确定性，具有多文化融合的特征。如赣中南、闽西北地区的墓葬形制明显具有较强的统一性，这一区域交通发达、商贸频繁，因此，在墓葬制度方面属于同一系统，墓葬形制与造物艺术特征比较相似。六朝早期赣中南地区的墓葬形制多为双室墓，券顶，其中不乏带有砖柱的，这种现象与同时期的闽西北地区较为一致。墓葬出土瓷器特征同长江中下游地区出土瓷器，但器物类型更为单一，釉色泛青，说明瓷器烧造工艺受长江中下游地区瓷业的影响，尤其受长江中游地区影响，窑址主要分布在赣江下游与樟树市一带。器型以明器与日用器为主，如仓、灶、猪棚、鸡笼、碗、碟、钵、壶、盂、盆等。青瓷上的褐彩装饰与长江下游，特别是南京地区出土瓷器的褐色点彩颇为相似，应是受浙江地区青瓷窑业的影响。西南地区典型墓葬有南昌孙吴"永安六年"墓[1]、南昌孙吴高荣墓[2]等。

①　秦光杰. 江西南昌市郊吴永安六年墓 [J]. 考古, 1965 (5): 258-259.
②　刘林. 南昌市东吴高荣墓的发掘 [J]. 江西历史文物, 1980 (1): 24-34.

第二节 孙吴时期的厚葬风习

孙吴（222—280）[①] 是历史上在南京建立的第一个政权，也是六朝时期的第一个政权。由于地缘政治、社会风习、经济状况等因素影响，孙吴的丧葬制度大体延续了汉代的厚葬制度，而没有开启六朝薄葬制度的序幕。虽然孙吴时期社会各阶层多沿用汉代的厚葬制度，然而该时期墓葬相较于汉代的厚葬，无论是规模，抑或随葬遗物方面，皆逊色很多。因此，孙吴的厚葬可视为汉代厚葬风习在六朝的余韵。

一、延续厚葬风习的贵族阶层

孙吴对汉代厚葬风习的承袭是全方位的，在丧葬制度、墓葬形制、随葬遗物等方面均有所体现。从已刊布的孙吴大型墓葬出土遗物看，数量之多、质量之高，可谓是六朝之最，远比东晋、南朝更为宏富，这一方面与孙吴政权选择的丧葬制度有关，另一方面与当时长江中下游地区政局相对稳定、经济发达有关。

（一）汉代厚葬风习的形成

在中国的丧葬文化史上，始终存在着厚葬与薄葬两种不同的丧葬观。这两种丧葬观中以厚葬观占有绝对的优势，主导着我国丧葬制度的发展方向。汉代虽不是厚葬风习的起点，也不是灵魂观念的初创期，却是将灵魂观念与丧葬思想融合的重要时期。

1. 灵魂不灭观

生人之所以要厚葬死者，首先是基于对死后世界的相信，认为人死并不是生命的终结，而是进入另一个世界。鲁迅先生说："中国本信巫，秦汉以来，神仙之说盛行，汉末又大畅巫风，而鬼道愈炽。"[②] 汉人灵魂不灭的观念广泛体现在阴阳五行、谶纬迷信、神仙方术方面，汉末形成的本土道教又进一步将灵魂观念融入丧葬制度，至桓帝时，形成了"街巷有巫，闾里有祝"的局面。此外，汉人将对死后世界的描绘落实于可以直接感受的造物形象中，这也促进了厚葬之风在汉代的盛行。

---

① 按孙吴政权正式建国时间为 229 年，此时都城为建业，即今江苏南京，共历三代四帝。然而，早在 211 年孙权将治所由"京"城（江苏镇江）迁到秣陵（江苏南京）起，南京已为孙吴政权事实上的政治中心，其间孙权两次将治所（都城）设在鄂州（今湖北鄂州市），分别为 221—229 年、265—267 年。

② 鲁迅. 中国小说史略 [M]. 北京：人民文学出版社，1972：188.

2. 孝道观念

汉代厚葬风习的形成还受到儒家孝道观念的影响，在推崇儒术的汉代，孝道观念往往被放置与宗教信仰等同的地位，使人们的心灵与情志得到确实的勘慰，而厚葬方式即是恭行孝道的最佳途径。他们把送死与养生等量齐观，认为送死是践行孝道的最后机会，对其重视程度甚至超过养生。《论语》曰："慎终追远，民德归厚矣。"① 《中庸》载："事死如事生，事亡如事存，孝之至也。"② 由此可见，先秦时期人们即重视对于死的关照，这种儒家思想在汉代得到继承，甚至走向了一个极端，认为厚葬即为孝道的直接表现，葬礼中随葬物品的多寡成为衡量孝道的标准。《盐铁论·散不足》载："宫室舆马，衣服器械，丧祭食饮，声色玩好，人情之所不能已也，故圣人为之制度以防之。间者士大夫务于权利，怠于礼义，故百姓仿效，颇逾制度。"③ "虽无哀戚之心，而厚葬重币者，则称以为孝，显名立于世，光荣著于俗，故黎民相慕效，以致发屋卖业。""古者，德行求福，故祭祀而宽；仁义求吉，故卜筮而希。今世俗宽于行而求于鬼，怠于礼而笃于祭，嫚亲而贵势，至妄而信日，听訑言而幸得，出实物而享虚福。"④ 这些现象虽与孝道观念相悖，然而在汉代的社会各阶层中广泛存在。

3. 社会经济

汉代社会普遍流行的厚葬风习，与当时的社会经济状况分不开。汉代土地私有制的形成和私营工商业的兴起，造就了一批有较多财富的中产阶层，他们是汉代厚葬风习有力的推动者，也是今日汉代考古发现的最大墓主群体。汉代墓葬中普遍存在的仿生器，如房舍、鸡舍、猪圈、灶等，说明墓主生前一定拥有较多的财富，才有能力模仿奢侈生活于地下，希冀死后继续享有。

（二）孙吴厚葬风习的表现

魏晋南北朝时期，是中国历史上最倡丧事俭薄的时代，提倡薄葬思想，贯彻薄葬制度最为彻底，给人以一种鼎新的感觉。这中国丧葬史上颇为引人瞩目。当统治者们看到前朝古墓多被盗掘，为求身后得以安生，大多极

① 陈晓芬，徐儒宗. 论语 大学 中庸 [M]. 北京：中华书局，2011：11.
② 陈晓芬，徐儒宗. 论语 大学 中庸 [M]. 北京：中华书局，2011：321.
③ 桓宽. 盐铁论 [M]. 北京：中华书局，2015：293.
④ 桓宽. 盐铁论 [M]. 北京：中华书局，2015：309.

力提倡薄葬。因此，六朝明器相比于汉代呈现出一种较大的改变，这种变化是在统治者大多提倡薄葬制度的背景下产生的。三国时期北方曹魏政权的曹氏父子可谓薄葬之风的倡导者与践行者，如曹操在建安十年（205）下令禁厚葬，为此他身体力行，于建安二十三年（218）六月为自己墓葬选址时下令："古之葬者，必居瘠薄之地。其规西门豹祠西原上为寿陵，因高为基，不封不树。"① 遗令说："天下尚未安定，未得遵古也。百官当临殿中者，十五举音，葬毕便除服。其将兵屯戍者，不得离部。"②《晋书》卷二十《礼中》载：

> 魏武以礼送终之制，袭称之数，繁而无益，俗又过之，豫自制送终衣服四箧，题识其上，春秋冬夏，日有不讳，随时以敛。金珥珠玉铜铁之物，一不得送。文帝遵奉，无所增加……魏文帝黄初三年，又自作终制曰："礼，国君即位为椑，存不忘亡也。寿陵因山为体，无封树，无立寝殿，造园邑，通神道。"③

曹操之葬虽薄，却依然随葬了"衣服四箧"，其子曹丕在践行薄葬思想方面更甚，认为"骨无痛痒之知，冢非栖神之宅，礼不墓祭，欲存亡之不黩也，为棺椁足以朽骨，衣衾足以朽肉而已"④，死后"自殡及葬，皆以《终制》从事"。其生前营建寿陵时所作《终制》说：

> 故吾营此丘墟不食之地，欲使易代之后不知其处……自古及今，未有不亡之国，亦无不掘之墓也。丧乱以来，汉氏诸陵无不发掘，至乃烧取玉匣，金镂骸骨，并尽是焚，如之刑也，岂不重痛哉，祸由乎厚葬封树。⑤

相较于北方的曹魏政权，孙吴统治者却没有推行薄葬制度，而是在一定程度上继承了两汉的厚葬风习。究其原因，一方面，孙吴政权偏安江南一隅，汉末的战乱对此地并未产生很大的破坏，北方诸陵无不发掘的破坏行为并没有给此地民众造成较大的心理威慑；另一方面，孙吴统治者采取一系列提高生产力的措施，使得当地经济在很短的时间内便取得了较大的发展，人们生活富足，这也给孙吴地区倡导厚葬之风奠定了经济基础。然而孙吴的厚葬是相较于北方的曹魏政权而言的，与汉之厚葬相去甚远，当

① 陈寿. 三国志 [M]. 北京：中华书局，2011：41.
② 房玄龄. 晋书 [M]. 北京：中华书局，1974：613.
③ 房玄龄. 晋书 [M]. 北京：中华书局，1974：632.
④ 陈寿. 三国志 [M]. 北京：中华书局，2011：68.
⑤ 陈寿. 三国志 [M]. 北京：中华书局，2011：68.

权者也采取了更为灵活的丧葬制度。如吴大帝孙权对于汉代三年之丧的见解，就很有代表性，《三国志·吴书·吴主传》载：

> 夫三年之丧，天下之达制，人情之极痛也；贤者割哀以从礼，不肖者勉而致之。世治道泰，上下无事，君子不夺人情，故三年不逮孝子之门。至于有事，则杀礼以从宜，要经而处事。故圣人制法，有礼无时则不行。遭丧不奔，非古也，盖随时之宜，以义断恩也。①

上文所载说明孙吴早期，天下三分初定，国内外还有诸多不稳定因素，在此背景下，一方面，当权者认为三年之丧是"天下之达制"，另一方面，又关切到当时的现实情况，认为三年之丧只能施行于"世治道泰，上下无事"②之时。鉴于此，为了防止官员们行三年之丧而有碍国家正常运转，号召"以义断恩"，指示有司制订科条，限制甚至惩罚服三年之丧的官员③。当孙吴政权通过一系列改革措施，使国家经济在较短的时间内取得成效后，上层贵族在丧葬礼制方面多采取厚葬制度，上有所好，下必效之，此厚葬风习在民间也颇受推崇。关于厚葬形式，史书少有记载，然而当我们通过对已出土的孙吴贵族墓葬的考察可知，上层贵族大多营建相当豪华的墓穴，其随葬品不仅种类繁多，制作也相当精美，是当时工艺制作的典型代表。如吴末帝孙皓左夫人张氏死时墓中的陪葬物品就极为奢华，《三国志·吴书·妃嫔传》载：

> 皓哀慜思念，葬于苑中，大作冢，使工匠刻柏作木人，内冢中以为兵卫，以金银珍玩之物送葬，不可称计。已葬之后，皓治丧于内，半年不出。国人见葬太奢丽，皆谓皓已死，所葬者是也。④

由此可见，孙吴后期虽然政治、军事都受到北方西晋政权的巨大压力，但皇室在陵墓营建与随葬遗物方面仍很奢侈，依然延续了汉代的厚葬制度。

二、多样的墓葬形制

孙吴时期的墓葬形制是汉代与六朝墓葬形制的过渡，形制较为多样，

---

① 陈寿. 三国志 [M]. 北京：中华书局，2011：951.
② 陈寿. 三国志 [M]. 北京：中华书局，2011：951.
③ 陈戍国. 中国礼制史：魏晋南北朝卷 [M]. 长沙：湖南教育出版社，1995：45.
④ 陈寿. 三国志 [M]. 北京：中华书局，2011：1004.

大体包括多室墓、双室墓、单室墓，其中以宗室陵墓与世家大族墓最具特色，出土遗物也最为宏富。孙吴时期的宗室墓主要分布于南京与鄂州两地，这与此两处都曾作为孙吴国都的历史背景有关。目前，在南京江宁与鄂州西山地区，都发现了较为集中的孙吴宗室墓，从出土情况看，以多室墓最具代表性。世家大族墓主要有安徽马鞍山孙吴朱然家族墓地、江苏南京仙鹤观孙吴世家大族墓地、浙江嵊州大唐岭孙吴 104 号和 105 号墓、江苏宜兴周墓墩西晋周处家族墓地等，以朱然家族墓与周处家族墓最为典型，墓葬形制以双室墓为主。此外，还发现大量的一般墓葬，多为单室墓。然而，孙吴时期单室墓的筑墓方式较前朝有所不同，发展出了一种特殊的墓室结顶方式——穹隆顶，此种方式在东晋早期即已消失。孙吴时期的墓葬形制虽有依墓主身份等级高低呈现由繁到简的变化现象，但因地区差异或丧葬制度未能得到很好落实等，各地多有僭越情况，出现墓葬形制与墓主身份等级不相符的现象。

（一）帝王陵墓形制

孙吴时期，孙氏政权曾两次将政治中心设在鄂州，也就使得孙吴的帝王陵墓除在南京有较多发现外，湖北鄂州也有出土。孙吴政权共历三代四帝，分别为大帝孙权、会稽王孙亮、景帝孙休、末帝（后主）孙皓，除孙皓因卒于洛阳，史载葬于芒山不可考外，其余三帝都葬于国都建业附近。大帝孙权崩于神凤元年（252），葬于蒋陵，位于钟山之阳，皇后步氏、潘氏与其合葬，随后宣明太子孙登亦陪葬于蒋陵。文献记载："初葬句容，后三年移葬钟山西蒋陵，置园邑奉守。"[①] 会稽王孙亮于永安二年（259）被杀，史载死后葬于赖乡："帝年十六，永安二年见杀，崩于候官道上。晋太康中，吴故少府卿丹阳戴显上表迎尸归葬赖乡。"[②] 赖乡，据王志高先生考证位于今南京南郊铁心桥、西善桥至板桥一带[③]。景帝孙休崩于永安七年（264），葬定陵，罗宗真先生据《三国志·吴书》《建康实录》《舆地纪胜》所载，推测孙休应为"永安七年七月癸未卒，十二月葬当涂县东二十五里，朱皇后合葬"。此载与 1987 年在马鞍山市雨山区宋山窑厂发掘的一座孙吴时期的砖室墓记载实情较为契合，发掘人员认为该墓即景帝孙休陵寝。此

① 许嵩. 建康实录 [M]. 北京：中华书局，1986：48.
② 许嵩. 建康实录 [M]. 北京：中华书局，1986：76.
③ 阮国林，李毅. 南京司家山东晋、南朝谢氏家族墓 [J]. 文物，2000 (7)：36-49；华国荣. 南京南郊六朝谢珫墓 [J]. 文物，1998 (5)：4-14.

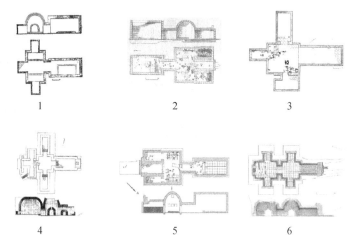

外，还有两座被追尊的陵墓，即孙权父孙坚（谥号武烈皇帝，葬高陵）与孙皓父孙和（谥号文皇帝，葬明陵）。孙坚陵，据《三国志·吴书》《建康实录》《乾隆丹阳县志》载，推测为"黄龙元年四月丁酉追尊，葬丹阳县西十五里孙陵港，吴皇后合葬"。孙和陵，据《太平寰宇记》载，推测为"元兴元年追尊，葬于乌程县西陵山"①。另外还有一座被追尊的皇后墓，即孙权夫人敬怀皇后。据《三国志》卷五十《吴书五·妃嫔》记载："夫人出公安，卒，因葬焉。休即位，遣使追尊曰敬怀皇后，改葬敬陵。"② 敬陵位置不可考。上文虽依文献列出孙吴历代帝王陵寝所处位置，然而迄至今日未能发现一座可确定墓主身份的陵寝。新中国成立后，在长江中下游地区陆续发现了几座孙吴时期帝王级别的陵墓，这些墓葬同样未出土能确定墓主身份的重要遗物，学界近年来根据墓葬规制（图1-1）与出土遗物，并参考相关史籍对其中一些墓葬的墓主做了可能性推测（表1-2）。

图1-1　长江中下游地区孙吴大墓平、剖面图

（1. 鄂城东吴孙将军墓；2. 鄂州鄂钢饮料厂一号墓；3. 武汉黄陂滠口古墓；
4. 江夏流芳东吴墓；5. 马鞍山宋山东吴墓；6. 南京江宁上坊孙吴墓）

① 罗宗真. 六朝考古 [M]. 南京：南京大学出版社，1994：55.
② 陈寿. 三国志 [M]. 北京：中华书局，2011：1002.

表 1-2 考古发掘疑似孙吴宗室陵墓

序号	墓名	发掘年份	墓室尺寸（米）			推测墓主	备注
			总长	宽	高		
1	鄂城东吴孙将军墓	1967	9.03	7.84	2.96	孙述	墓室有前、后两室，前室左右各有一耳室。墓门内接单券顶短甬道，甬道后接前室，为横堂式，前室与后室之间有一过道，后室为长方形，双层券顶①
2	鄂州鄂钢饮料厂一号墓	1991	14.5	5.68	3.22	孙邻	墓室由棺室、过道、横前堂、甬道、东西耳室组成②
3	武汉黄陂滠口古墓	1986	11.4	9.4	3.4	孙壹	墓室由券门、甬道、前室、东西耳室、后室组成③
4	江夏流芳东吴墓	1998	13.8	12.7	3.4	孙承	墓室由券门、甬道、东西耳室、前室、南、北侧室、后室、后龛组成④
5	马鞍山宋山东吴墓	1987	17.68	6.6	4.48（内高）	孙休	墓室由前后甬道、石门、横前堂及左右"凸"字形侧室、石门、过道、后室等组成⑤
6	南京江宁上坊孙吴墓	2005	20.16	10.17	5（残高）	未定	墓室由封门墙、石门、甬道、前室、过道、后室组成⑥

根据孙吴宗室陵墓存在的形制差异，可约略分为三个类型。

A 型，墓葬两侧有耳室，四周有回廊，可能是孙吴宗室中等级最高的陵墓。

---

① 鄂城县博物馆. 鄂城东吴孙将军墓［J］. 考古, 1978（3）: 164-167.
② 鄂州市博物馆. 湖北鄂州鄂钢饮料厂一号墓发掘报告［J］. 考古学报, 1998（1）: 103-131.
③ 武汉市博物馆. 武汉黄陂滠口古墓清理简报［J］. 文物, 1991（6）: 48-54.
④ 武汉市博物馆, 江夏区文物管理所. 江夏流芳东吴墓清理发掘报告［J］. 江汉考古, 1998（3）: 59-66.
⑤ 安徽省文物考古研究所, 马鞍山市文物管理所. 安徽马鞍山宋山东吴墓发掘简报［J］. 江汉考古, 2007（4）: 29-37.
⑥ 南京市博物馆, 南京市江宁区博物馆. 南京江宁上坊孙吴墓发掘简报［J］. 文物, 2008（12）: 4-34.

B 型，墓室两侧有 4 个耳室，可能是孙吴宗室中的王室墓。

C 型，墓室两侧各有 1 个耳室，可能是孙吴宗室中的侯墓。①

由此可见，孙吴采取了与曹魏政权不同的丧葬制度，延续了汉代的厚葬之风。

（二）世家大族墓形制

孙吴时期的世家大族墓的分布具有一定的区域性，主要发现于长江下游地区。相较于东晋时期的世家大族墓，孙吴时期的世家大族墓呈现出区域窄、家族少等特点，造成这一现象的原因，应与世家大族在孙吴时期的发展有关。孙吴时期的世家大族仍处于由东汉至东晋的过渡阶段，且孙吴地处南方，较少受到北方传统政治势力的冲击，政治集团大多是在本土成长起来的，这一现象也直接反映在墓葬中。迄今为止，发现的孙吴时期家族墓葬群仅有数处，其中还包括西晋时期的几处，较为重要的有马鞍山孙吴左大司马、右军师朱然家族墓、南京仙鹤观孙吴世家大族墓地、浙江嵊州大唐岭孙吴 104 号墓和 105 号墓、江苏宜兴周墓墩西晋周处家族墓地、江苏苏州狮子山西晋傅氏家族墓地、安徽凤台南金村三座西晋墓地、福建浦城吕处坞七坊山西晋王氏家族墓地等。以上几座墓葬群中，可称为世家大族墓的只有孙吴朱然家族墓与西晋周处家族墓，其他几座只能称为家族墓地，与传统意义上的世家大族墓相去甚远，结合墓葬发掘资料与相关史籍所载，可以梳理孙吴（含西晋）时期世家大族墓的相关信息（表 1-3）。

表 1-3 孙吴世家大族墓

| 序号 | 墓名 | 发掘年份 | 墓室尺寸（米） | | | 平、剖面图 | 备注 |
			总长	宽	高		
1	安徽马鞍山东吴朱然墓	1984	8.70	3.54	2.94		墓室由甬道、前室、过道、后室组成。根据出土谒和名刺墨书所示，墓主为朱然②

① 王志高，马涛，龚巨平. 南京上坊孙吴大墓墓主身份的蠡测：兼论孙吴时期的宗室墓 [J]. 东南文化，2009（8）：41-50.
② 安徽省文物考古研究所，马鞍山市文化局. 安徽马鞍山东吴朱然墓发掘简报 [J]. 文物，1986（3）：1-15.

序号	墓名	发掘年份	墓室尺寸（米）			平、剖面图	备注
			总长	宽	高		
2	安徽省马鞍山市朱然家族墓（M1）	1996	10.59	3.28	2.06		墓地由四座墓组成，其中M1保存最为完整，由石门、甬道、前室、过道、后室组成。据发掘人员考证，墓主可能为朱然之子朱绩①
3	江苏南京仙鹤山孙吴、西晋墓（M4）	1998	8.86	2.34	1.85		墓室平面呈"吕"字形，由封门墙、甬道、前室、过道、后室组成，前室为四隅券进式穹隆顶，后室券顶，推测为孙吴晚期墓②
4	江苏南京仙鹤山孙吴、西晋墓（M5）	1998	6.28	1.74	1.65		墓室平面呈"吕"字形，由封门墙、甬道、前室、过道、后室组成，前室为四隅券进式穹隆顶，后室券顶，出土一件陶盒底部有"赤乌十年"刻铭③

① 马鞍山市文物管理所. 安徽省马鞍山市朱然家族墓发掘简报 [J]. 东南文化，2007 (6)：34-40.
② 南京市博物馆，南京师范大学文物与博物馆学系. 南京仙鹤山孙吴、西晋墓 [J]. 文物，2007 (1)：27.
③ 南京市博物馆，南京师范大学文物与博物馆学系. 南京仙鹤山孙吴、西晋墓 [J]. 文物，2007 (1)：28.

续表

序号	墓名	发掘年份	墓室尺寸（米）			平、剖面图	备注
			总长	宽	高		
5	江苏宜兴晋墓（M1）	1953	13.12	4.36	5.18		墓由封门、甬道、前室、过道、后室组成，平面呈"吕"字形，前室有两个砖台，后室有一个砖台，随葬品主要放置在三个砖台上。据出土文物载，墓主为"平西将军"周处①
6	江苏宜兴晋墓（M2）	1953	8.95	3.05	3.9		墓由封门、甬道、前室、过道、后室组成，平面呈"吕"字形。与上墓结构类同②

　　朱然家族墓地是孙吴时期最为重要的一处世家大族墓，该墓地位于马鞍山市东南郊雨山乡的一座土坡上，1984 年发现了朱然墓，1996 年发现了朱绩墓（一说为朱治墓），此后又于周围发现了几座同时期的墓葬，专家推测为朱然的家族墓（图 1-2）。朱然累迁至左大司马右军师，吴赤乌十二年（249）三月卒，终年 68 岁。朱然之所以能步步升迁，一方面由于他确有极高的军事才能，另一方面可能与他的家族地位密切相关。史载："朱然字义封，（朱）治姊子也，本姓施氏。初治未有子，然年十三，乃启（孙）策乞以为嗣。策命丹杨郡以羊酒召然。然到吴，策优以礼贺。"③ 由于朱然家族墓是迄今发现的级别最高的孙吴时期世家大族墓，其形制及出土遗物的规格都极高，这对我们研究当时上层社会的丧葬制度与造物艺术，都有很高

---

① 罗宗真. 江苏宜兴晋墓发掘报告：兼论出土的青瓷器 [J]. 考古学报，1957（4）：85.
② 罗宗真. 江苏宜兴晋墓发掘报告：兼论出土的青瓷器 [J]. 考古学报，1957（4）：86.
③ 陈寿. 三国志 [M]. 北京：中华书局，2011：1089.

的参考价值。

周氏家族墓是目前发现较为重要的一处西晋世家大族墓群，该墓位于宜兴市东南一个叫作周墓墩的狭长土丘上。南京博物院分别于 1953 年、1976 年先后两次对其进行考古发掘，共发现 6 座砖室墓，有单室、前后室及带有侧室三种形制。根据砖铭所示，发掘者认为墓主都属于世家大族义兴（宜兴）周氏，世称"江东之豪，莫强周沈"。周氏一族在当时具有很高的政治地位。周氏家族自周鲂父周宾始，到鲂子周处和处子玘、札，"四世显著""一门五侯"，至东晋初被北来的豪族王敦所灭。这批墓中出土了相当多的青瓷器，对研究吴晋时期陶瓷器造物形制的转变具有重要参考价值。

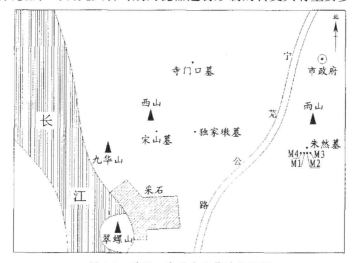

图 1-2　孙吴　朱然家族墓地位置图

（采自马鞍山市文物管理所：《安徽省马鞍山市朱然家族墓发掘简报》，《东南文化》，2007 年第 6 期，第 34 页）

（三）一般墓葬形制

一般墓葬即除去上文所述的帝王陵墓与世家大族墓的所有墓葬，这是整个六朝墓葬中数量最为庞大的一部分，在形制与造物风格等方面都存在巨大差异。墓葬出土的随葬器物与其可以反映墓葬的纪年材料，对于我们研究六朝社会、政治、民俗、艺术、宗教等内容提供了重要的第一手材料。

孙吴政权偏安一隅，以长江中下游一带为中心，南京与鄂州都曾作为国都，因此，这两地的一般墓葬最具代表性。由于孙吴统治的地域内许多地方有其相对独立的文化背景（主要以东周时期的楚、吴、越为主），因此，丧葬制度呈现多样化特征。加之南京与鄂州曾为京畿之地，各地官员死后都有归葬京都的传统，因此，南京与鄂州两地不仅是帝王与世家大族墓的集中地，同样也是一般墓葬发现最多的地区。西晋立国较短，所以南方旧有的社会风习并没有很大的改变，丧葬礼仪同样如此，我们从墓葬形制与出土遗物可窥见一斑。因此，孙吴故地的丧葬制度在西晋时期得到了继承与发展，直到东晋形成了制式较为统一的墓葬制度后才有所改变。孙吴、西晋时期有一种特殊的墓室结顶方式——穿隆顶，它的砌法可分为两种：一种是"四面结顶式"或"四边券进式"，即从四边向中间平行券进，使四角向中心形成接缝，顶中部为一平面，四边则为带弧度的斜面，从剖面看，整个顶部呈梯形；另一种是"四隅券进式"，底部多以三顺一丁组砖2组或3组砌成一段基墙，基墙之上由中部用砖侧立斜砌，接缝的地方呈倒"人"字形，墓室前部则由甬道（过道）里口顶部用砖侧立向上斜砌，整个墓顶为4组侧立斜砌倒人字形砖合为一体，如湖南安乡刘弘墓，墓室形制为典型的"四隅券进式"（图1-3）①。"四隅券进式"墓顶很好地解决了之前墓壁作为墓顶重量单向承载的问题，将墓顶与墓壁连接为一体，并且加强了墓室四个角券之间的有力配合，使它在墓室中的作用得到加强。这种墓顶叠砌方法在东晋早期即已消失，随之消失的还有多见于孙吴、西晋墓中的随葬明器，如堆塑罐、釉下彩绘器等，民间风习有着极强的延续性，它的突然消失必然有着强有力的外部力量干预，专家推测可能与东晋政权的政治取向有关②。依上文所述，孙吴、西晋时期的一般墓葬可按几个地区分别论述。

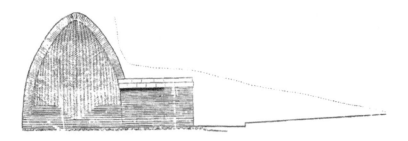

图1-3　湖南安乡刘弘墓平面图

（采自安乡县文物管理所：《湖南安乡西晋刘弘墓》，《文物》，1993年第11期，第2页）

---

① 罗宗真，王志高. 六朝文物［M］. 南京：南京出版社，2004：118.

② 韦正. 六朝墓葬的考古学研究［M］. 北京：北京大学出版社，2011：151.

长江下游地区的孙吴、西晋墓,无论是墓葬规模、数量,抑或出土遗物的等级,都是全国之最,以南京地区墓葬最为突出,有多室墓、双室墓与单室墓三种形制。多室墓数量较少,墓室规模宏大,有汉代遗风。这类墓葬通常为合葬墓,多人同葬一个墓穴中,是当时较为流行的祔葬方式,墓葬本身的演变规律较难把握,墓室的多少与墓葬等级无关①。双室墓较为多见,通常呈"吕"字形分布,墓顶结构不同,有前室后室均为穹隆顶、前室为穹隆顶后室为券顶、前室后室均为券顶三种类型。单室墓通常规模较小,可分为"凸"字形、刀形和长方形三类,其中"凸"字形墓最具代表性,是东晋时期主流的墓葬形制,由短甬道与券顶组成。刀形墓由"凸"字形墓演化而来,因其甬道偏向墓室的一侧形似"刀"字而得名。长方形墓的结顶也有两种方式,一种为券顶,另一种为叠涩顶,券顶墓相较于叠涩顶墓结构更为复杂,叠涩顶是一种更为简易的结顶方式,规模甚小,仅够容下一具木棺,无甬道与墓门,四壁用墓砖平砌,封顶砖两端横跨墓室两侧,以平砖封顶,剖面呈梯形。另外,还有一种单室墓更为简单,一般只在墓的底部平铺一层墓砖,这大概是当时社会最为底层的人民的墓。根据上文所述多室墓、双室墓、单室墓的各自特点,结合已发掘的墓葬,较有代表性的墓葬有江苏南京高淳化肥厂孙吴墓,由甬道、前室、后室组成,前室平面呈长方形,券顶;左后室平面呈长方形,券顶;右后室平面呈正方形,穹隆顶②。安徽南陵县麻桥东吴墓,单室,由甬道、墓室两部分组成,呈"凸"字形,墓室为券顶③。江宁黄家营 5 号墓,由前室、后室、墓道组成,呈"吕"字形,墓室为穹隆顶④。江苏南京长岗村 5 号墓,由封门墙、甬道、耳室、墓室组成,平面呈长方形,顶部平砌⑤。此外,还有南京御道街 1 号墓、南京石闸湖 5 号墓等也较为典型。

长江中游地区的孙吴、西晋墓葬在整个六朝时期同样具有重要地位。江西南昌,湖北鄂州、武汉,湖南长沙出土了较多的中型墓葬,包括十余座墓主身份可考的、有较高学术价值的墓茔。总体而言,两湖地区的墓葬形制更为统一,以多室墓与双室墓为主,显现出对东汉墓葬形制的继承;而江西地区的墓葬有着较强的地域特点,以"凸"字形墓为主,其中更有

---

① 齐东方. 三国两晋南北朝时期的祔葬墓 [J]. 考古, 1991 (10): 943-949.

② 镇江博物馆. 镇江东吴西晋墓 [J]. 考古, 1984 (6): 528-545.

③ 安徽省文物工作队. 安徽南陵县麻桥东吴墓 [J]. 考古, 1984 (11): 974-978.

④ 江苏省文物管理委员会. 江宁县黄家营第五号六朝墓清理简报 [J]. 文物参考资料, 1956 (1): 42-44.

⑤ 南京市博物馆. 南京长岗村五号墓发掘简报 [J]. 文物, 2002 (7): 4-10.

一部分与福建西北地区的墓葬形制有着较强的统一性。此外，长江中游地区出现了为数不多的土坑墓与极少的木椁墓，数量少又不具典型，因此，学者很难对其做更深入的形式分析。六朝早期，湖北鄂州、武汉两地是继都城建康之后最为重要的地区，且鄂州曾作为孙吴的都城，因此，这两处孙吴墓葬居多，形制以多室墓与双室墓为主，多室墓较为典型者如武汉黄陂滠口墓、鄂州鄂钢饮料厂1号墓等。双室墓多呈"吕"字形，代表性墓葬如鄂州塘角头4号墓、鄂钢西山铁矿孙吴墓等。湖南长沙地区的墓葬则相对较晚，以西晋墓葬更为典型，墓葬形制偶见多室墓，以双室墓（多呈"吕"字形）、单室墓（多呈"凸"字形）最为多见，其中多室墓主要有江西南昌西边山孙吴墓[1]等，双室墓有南昌叠山路4号墓、江西瑞昌马头西晋墓[2]等，单室墓有南昌叠山路2号墓等。江西地区的墓葬还呈现出一种特点，即孙吴时期开始流行的砖柱墓，这种做法最早见于江西地区的东汉晚期，经历六朝数百年的演变，在建造形式方面虽有局部革新，但总体上并没有太大的变化，可见这种筑墓形式与葬俗在该地区具有一定的稳定性。这一葬俗传播到其他地区后则有较明显的改进。砖柱墓可分为两种类型：一种为长方形墓室两壁中间、前后壁中央和拐角处砌建砖柱，可起加固墓室作用，同时把墓室自然分隔成前后两部分，典型墓例有南昌市郊永安六年墓、南昌徐家坊孙吴墓、新建老屋村西晋墓等；另有一种是在双室墓的后室侧壁和后壁砌建砖柱，从而把墓室分隔成多室，如靖安虎山西晋墓等[3]。

闽广地区的孙吴、西晋墓葬相较于长江中下游地区墓葬，无论是数量，抑或出土文物方面，都不能相提并论。根据出土墓葬的形制可见，闽广地区的墓葬更多地受长江中游地区的影响，尤以江西中南部地区为最，偶见长江下游地区墓葬的影子。墓葬形制分为砖室墓、土坑墓、土坑砖墓三种，砖室墓又可分为双室墓、单室墓，代表性墓葬有广西贺州芒栋岭M2、广西融安安宁M5、广东韶关市晋墓[4]等，土坑墓与土坑砖墓因形式较为单一，且见诸报道的资料甚为简略，出土文物较少，不具更多的学术价值，故不作赘述。

西南地区主要包括今之四川、云南、贵州、重庆三省一市，即古之蜀汉主要管辖范围。这一地区的墓葬表现为两种特征：一是独具特色的西南

① 南昌县博物馆. 江西南昌县发现三国吴墓 [J]. 考古, 1993 (1)：91-94.
② 江西省博物馆. 江西瑞昌马头西晋墓 [J]. 考古, 1974 (1)：27-32.
③ 罗宗真, 王志高. 六朝文物 [M]. 南京：南京出版社, 2004：138.
④ 杨豪. 广东韶关市郊的晋墓 [M] //考古学集刊. 北京：科学出版社, 1981：190-196.

丧葬形式；二是外来丧葬礼仪在此地的表现。墓葬形制主要有砖室墓、土坑墓、石室墓、崖墓和砖石混筑墓五类。砖室墓可分为双室墓与单室墓，其中双室墓较为少见，多为西晋时期墓葬；单室墓可分为"凸"字形、长方形和刀形三种，多为东晋以后的墓葬。石室墓在贵州平坝尹关、马场与重庆云阳、湖北秭归等地有所发现，贵州地区石室墓多用不规则的石块砌筑，仅室内的一面经过加工，外壁则参差不齐，底无铺石。三峡库区石室墓多用规整条石砌筑，墓底亦多用石板、石条平铺。石室墓有长方形墓和"凸"字形单室券顶墓两种。① 砖石混筑墓由砖与石两种材质砌筑，其主体多为石材，只在墓底、墓壁或墓顶用砖构筑，主要分布于云南与三峡库区，有多室墓、双室墓、单室墓三种类型。较具代表性的多室墓有云阳杨沙村墓地群中的一座，该墓规模较大，由墓道、甬道、前室、后室、左前室、左后室、右耳室组成，各部分均有过道连接，墓室主体以石条砌筑，墓顶由砖构筑。双室墓以湖北巴东茅寨子湾 M6② 、云南大理荷花寺村西晋墓③ 、云南姚安洋派水库西晋墓④ 等为代表。单室墓可分为"凸"字形与刀形墓，代表性的墓葬有云南大理喜洲镇西晋泰始五年（269）墓，该墓由短甬道与长墓室组成，甬道与墓室下端用长条形石块砌筑，上端用砖砌建。此外，云南昭通后海子东晋霍承嗣墓⑤ 、湖北巴东黎家沱 11 号墓⑥ 也较为典型。崖墓也是西南地区极具地域特色的墓葬形式，指在石崖的外壁向内开凿出一座墓室，六朝崖墓通常由墓道、墓门、墓室组成，墓门通常以砖或石块封堵，墓室一般为单室，有时伴有甬道。根据墓室形制的变化可将六朝崖墓分为前后两个时期；前期以两晋时期为代表，通常为长方形或前窄后宽的梯形墓；后期以南朝刘宋、萧齐为代表，墓室呈椭圆形，墓顶前低后高。崖墓主要流行于西南的四川、云南、贵州等部分地区，时间跨度较长，上至王莽时期，下达南朝早期。至蜀汉时期出现衰亡的迹象，其流行的区域较之东汉大为缩小，主要发现于四川绵阳、成都、广元及重庆部分地区。迄今发现最晚的崖墓是四川昭化宝轮镇元嘉十九年（442）墓，该墓外狭内

① 罗宗真，王志高. 六朝文物［M］. 南京：南京出版社，2004：151.
② 四川省文物管理委员会. 四川忠县涂井蜀汉崖墓［J］. 文物，1985（7）：49-95.
③ 大理市文管所. 大理市荷花寺村西晋墓清理简报［J］. 考古，1989（8）：710-713.
④ 孙太初. 云南姚安阳派水库晋墓清理简报［J］. 考古通讯，1956（3）：25-28.
⑤ 云南省文物工作队. 云南省昭通后海子东晋壁画墓清理简报［J］. 文物，1963（12）：1-6.
⑥ 山东大学考古系. 巴东黎家沱遗址发掘简报［M］//湖北库区考古报告集：第一卷. 北京：科学出版社，2003：11-46.

宽，呈袋状。已挖掘的崖墓主要有四川忠县涂井蜀汉崖墓①、彰明常山村崖墓、佛儿崖晋代崖墓②、广元鞍子梁西晋崖墓③等。

综上所述，孙吴时期墓葬尤其是大型陵墓的形制，总体上继承了东汉中晚期的墓葬形制，以家族墓地的多室墓最具代表性。其中，长江中游孙吴早期墓发现较多，应与此时曾都于武昌（今鄂州）有关。大型墓葬形制有"十"字形墓、"吕"字形墓及带有耳室的多室墓，小型墓以刀形墓与"凸"字形墓为代表，具有东汉旧制的痕迹，并延续至孙吴中晚期。长江下游地区少见孙吴早期大中型墓葬，孙吴中晚期墓葬形制受到长江中游墓葬形制的影响，以前四隅券进式穹隆顶，后券顶的"吕"字形墓为代表，少见"十"字形墓，可能与都城建业远离东汉政治中心，且受三国时期的薄葬制度影响。

第三节　提倡薄葬的"晋制"

在中国丧葬礼制发展史上，厚葬占据绝对主流，是丧葬制度主体特征的典型代表。在厚葬之风大行其道的同时，一些有识之士也提倡薄葬。虽然他们的主张源自不同的目的，但较具务实的精神，与主流思想相抗衡的胆魄令人钦佩，对古代丧葬观念、丧葬制度、丧葬礼仪与丧葬制度的多样化，具有积极的意义。薄葬思想源自先秦，发展于秦汉，至魏晋时期迎来高峰。尤其是两晋时期，形成了我国中古时期与周制、汉制并列的晋制，对后世薄葬制度的发展影响至深。由于西晋国祚短暂，晋制的主要以东晋为主。晋制的形成具有两个方面的因素：一方面，是古代薄葬思想的积淀；另一方面，曹魏政权主导的掘墓行为也直接促进了晋制的形成。在此过程中士族阶层始终起主导作用，尤其是帝王与世家大族对晋制的形成有直接的影响。

一、倡导薄葬的士族阶层

东晋时期的薄葬制度虽沿袭西晋，但是薄葬思想则可上溯至先秦时期，由诸子提出的薄葬思想最先在盛行厚葬的汉代得到了有限度的实行，直至曹魏时期才在北方地区展开，两晋进一步实行了这一薄葬制度。一种新制

---

① 四川省文物管理委员会. 四川忠县涂井蜀汉崖墓 [J]. 文物, 1985 (7)：49-95.
② 石光明. 四川彰明县常山村崖墓清理简报. 考古通讯, 1955 (5)：37-43.
③ 广元市文物管理所. 四川广元鞍子梁西晋崖墓的清理 [J]. 文物, 1991 (8)：62-65.

度往往是由社会当权者制定并推行，薄葬制度亦如此，推行这项制度的人群主要是社会的士族阶层，他们掌握着主要的社会资源，制定对自身阶层有利的相关制度；然而，考察已发掘的东晋宗室与世家大族墓的具体情形，薄葬制度并没有在社会上层得到很好落实，而是仅限于普通民众阶层。

（一）东晋薄葬制度形成的渊源

1. 先秦薄葬思想的提出

先秦是厚葬思想的发端期，也是薄葬思想的肇始期。儒家、墨家、道家对薄葬思想的提出做了重要贡献，为后世薄葬观的发展奠定了理论基础。

孔子从孝道伦理角度对丧葬礼仪做了规定，是汉代厚葬思想的重要来源之一，然而，考其言行，孔子实是薄葬思想的主要倡导者，主张抑奢崇俭。林放问礼，孔子回答说："礼，与其奢也，宁俭。丧，与其易也，宁戚。"[①] 他认为丧葬之事，与其注重仪式的隆重，不如遵从内心的哀伤。在主持一场朋友的葬礼时，孔子说："朋友之馈，虽车马，非祭肉，不拜。"[②] 认为朋友有通财之义，即使馈赠车马这样的贵重礼物也不拜谢，如果馈赠祭肉，则要拜谢，这体现了孔子崇尚精神性悼念的主张。孔子不仅在思想上提倡薄葬，并且落实于具体行动上，颜渊被孔子视为好学的典范，是其最为得意的学生，颜渊去世后孔子伤心不已，哭道："噫！天丧予！天丧予！"然而，当学生们提出厚葬颜渊时，孔子提出反对意见，后来学生们仍以较高规格厚葬颜渊，孔子对此一直耿耿于怀。孔子对丧具的规格亦提出一定的标准，他说："称家之有亡。""有，毋过礼。苟亡矣，敛首足形，还葬，县棺而封，人岂有非之者哉！"[③] 孔子提倡的薄葬礼仪在当时没有得到有效的落实，但后人对其薄葬观仍给予了很高的评价。

墨家是先秦时期与儒家并称"显学"的流派，虽然学术主张与儒家有异，但二者都是薄葬的倡导者。张舜徽先生说："墨子之学，与儒家异趣，其持论尤与儒者不同而致后世讥弹者，则在短丧薄葬。然细绎墨子节葬之说，实亦有为而发，盖墨子目视当时天子诸侯淫侈用殉之酷，不胜愤嫉，欲以除其弊。"[④] 墨子的薄葬观源自其"兼爱"思想，从"利民"角度出发，提倡节用节葬。"节用"是墨子特别强调的一种观点，他抨击君主、贵

---

① 孔子. 论语 [M]. 北京：中华书局，2015：18.
② 孔子. 论语 [M]. 北京：中华书局，2015：115.
③ 王文锦. 礼记译解 [M]. 北京：中华书局，2001：100.
④ 张舜徽. 周秦道论发微 [M]. 北京：中华书局，1982.

族，反对奢侈无度，认为君主应像古代大禹一样过着清廉俭朴的生活，在宫室、饮食、衣饰、婚丧等方面遵守一定的限度；超过这个限度则是奢侈，就会侵害百姓的利益，进而造成严重的后果。墨子的薄葬观主要表现在《墨子·节葬》一文，曰：

> 今逮至昔三代圣王既没，天下失义，后世之君子，或以厚葬久丧，以为仁也，义也，孝子之事也。或以厚葬久丧，以为非仁义，非孝子之事也。曰："二子者，言则相非，行即相反。"皆曰："吾上祖述尧、舜、禹、汤、文、武之道者也。"而言即相非，行即相反，于此乎后世之君子，皆疑惑乎二子者言也。若苟疑惑乎之二子者言，然则姑尝传而为政乎国家万民而观之，计厚葬久丧，奚当此三利者。我意若使法其言，用其谋，厚葬久丧，实可以富贫众寡、定危治乱乎？此仁也，义也，孝子之事也。为人谋者，不可不劝也。仁者将（求）兴之天下，谁贾而使民誉之，终勿废也。意亦使法其言，用其谋，厚葬久丧实不可以富贫众寡、定危理乱乎？此非仁、非义、非孝子之事也。为人谋者，不可不沮也。仁者将求除之天下，相废而使人非之，终身勿为。①

墨子将薄葬与富贫、众寡、治乱相联系，认为厚葬久丧与富贫众寡、定危治乱相悖，不利于国家的长治久安，应该加以禁止并废弃。

墨子为了维护劳动人民的利益，提出"节用"和"节葬"观念，主张不分贵贱，一律用三寸厚的木板做棺材，禁殉葬物品，反对三年之丧，并抨击丧葬期间"强不食而为饥，薄衣而为寒""扶而能起，杖而能行"的毁坏身体的繁重丧仪。墨子指出：厚葬把有用的财富埋在地下，结果必将使人民更加贫困；久丧毁坏身体，又使男女隔离，必然使人口减少；居丧期间贵族不能过问政事，人民不能从事生产经营活动，结果使得"国家必贫，人民必寡，刑政必乱"②。墨子的"节葬"主张虽有利于广大人民，但事实上难以推行，即使如此，仍有巨大的进步作用。

先秦时期的道家也是薄葬的倡导者，与墨家一样，道家也主张节俭。老子说："吾有三宝，持而宝之。一曰慈，二曰俭，三曰不敢为天下先。慈故能勇，俭故能广，不敢为天下先，故能成器长，今舍其慈且勇，舍其俭

---

① 墨子. 墨子 [M]. 北京：中华书局，2015：195.
② 墨子. 墨子 [M]. 北京：中华书局，2015：202.

且广，舍其后且先，死矣。"① 进而提出"民之轻死，以其生生之厚也，是以轻死"的薄葬观。相较于老子，庄子的薄葬观更为明确，对后世的薄葬思想影响也更大。他认为："夫事其亲者，不择地而安之，孝之至也。"② 他自己还身体力行，相传其临死前，学生们想以世俗的方式厚葬他，庄子听说后极力反对，说："吾以天地为棺椁，以日月为连璧，星辰为珠玑，万物为赍送，吾葬具岂不备邪？何以加此。"③ 此外，与庄子思想相近的列子也主张薄葬，他说："生相怜，死相捐。此语至矣。相怜之道，非唯情也，勤能使逸，饥能使饱，寒能使温，穷能使达也；相捐之道，非不相哀也，不含珠玉，不服文锦，不陈牺牲，不设明器也。"④ 道家的薄葬思想实源自乐死的人生观，而该人生观又发自自然无为的哲学思想。

2. 秦汉薄葬思想的发展

秦汉是我国中古时期丧葬礼仪发展的繁盛期，其间厚葬风习最为盛行。与此同时，薄葬思想也发展到一个新的高度，以杨王孙、刘向、王充、王符四人的薄葬观最具代表性。

杨王孙，西汉前期的无神论者，黄老学派的代表人物，裸葬思想的倡导者。《汉书·杨王孙传》曰："吾欲赢葬，以反吾真，必亡易吾意！死则为布囊盛尸，入地七尺，既下，从足引脱其囊，以身亲土。"⑤ 可见，杨王孙不仅是赢葬的倡导者，而且是践行者，其薄葬思想很坚定，受先秦道家薄葬思想的影响，含有"返璞归真"之意，亦可上溯至自然无为的人生观。他认为："盖闻古之圣王，缘人情不忍其亲，故为制礼，今则越之，吾是以赢葬，将以矫世也……且夫死者，终生之化，而物之归者也。归者得至，化者得变……是物各反其真也。反真冥冥，亡形亡声，乃合道情。夫饰外以华众，厚葬以隔真，使归者不得至，化者不得变，是使物各失其所也。"⑥ 认为人的生命由精神与肉体组成，死后形神分离，各归自然，没有离开肉体而独立存在的精神，即否定有灵魂不灭的鬼魂，具有浓厚的唯物主义色彩，是坚定的无神论者。

刘向，西汉后期薄葬的倡导者。其薄葬思想主要集中于《汉书》中，

① 老子. 老子［M］. 北京：中华书局，2008：260.
② 庄子. 庄子［M］. 北京：中华书局，2010：61.
③ 庄子. 庄子［M］. 北京：中华书局，2010：564.
④ 列子. 列子［M］. 北京：中华书局，2014：183.
⑤ 班固. 汉书［M］. 北京：中华书局，2012：2519.
⑥ 班固. 汉书［M］. 北京：中华书局，2012：2520.

希望统治者能够"去坟薄葬,以俭安神"。为此刘向在向皇帝所呈奏状中从三个方面述薄葬。首先,薄葬是上古圣帝明君与前贤所为,将薄葬与明君相关联,他说:"古之葬者,厚衣之以薪,臧之中野,不封不树,后世圣人易之以棺椁……其贤臣孝子亦承命顺意而薄葬之,此诚奉安君父,忠孝之至也。"① 其次,刘向列举了几位帝王因厚葬而陵墓遭"咸尽发掘暴露,甚足悲也"的史实,说明"葬愈厚,丘陇弥高,宫庙甚丽,发掘必速"的道理。最后,通过对"躬亲节俭"的倡议,阐明薄葬行为的益处,以达到"弘汉家之德,崇刘氏之美"之目的。刘向作为汉代皇室宗亲,在流行厚葬风习的西汉提倡薄葬,具有积极的意义,为晋制的形成奠定了理论基础。

王充,东汉前期的唯物主义思想家、无神论者。其观点主要集中于《论衡》一书中的《论死》《死伪》《订鬼》《薄葬》等篇。在"畏死不惧义,重死不顾生,竭财以事神,空家以送终"的厚葬社会,王充的薄葬观与无神论思想无疑是一股清流,他提倡的"死人无知,厚葬无益"观点虽难以被社会接纳,但仍具有进步意义,在《论衡》一书的诸篇中,多次阐明了"人死不为神"的无神论思想。如《论死》篇中明确提出"死人不为鬼,无知,不能害人"② 的主张,并加以详细阐述。他进一步指出:"人死血脉竭,竭而精气灭,灭而形体朽,朽而成灰土,何用为鬼?"认为人的精气必须依赖于具体的物质载体(人体)而存在,没有脱离物质而独立存在的精气,从唯物主义角度阐明了无神论根源。

王符,东汉后期思想家,反厚葬,主养生。东汉后期,政治腐败,民不聊生,掌握政权的士族阶层仍然过着极其奢侈的生活。王符对此现象进行了有力的抨击,揭露了豪强地主的贪婪与暴行,反对耗费大量人力和物力的厚葬。他说:"今京师贵戚,郡县豪家,生不极养,死乃崇丧。或至金缕玉匣,襦、梓、梗、楠,良田造茔,多埋珍宝偶人车马,造起大冢,广种松柏,庐舍祠堂,务崇华侈。"③ 认为这样的厚葬礼制"费工伤农,可为痛心",照此下去则国危矣!此外,王符还提出厚葬并不体现孝道,他说:"养生顺志,所以为孝也。今多违志,俭养约生以待终。终没之后,乃崇饬丧纪以言孝,盛飨宾旅以求名。诬善之徒,从而称之。此乱孝悌之真行,而误后生之痛者也。忠正以事君,信法以理下,所以居官也。今多奸谀以

---

① 班固. 汉书 [M]. 北京:中华书局,2012:1714.
② 王充. 论衡 [M]. 上海:上海古籍出版社,2013:414.
③ 范晔. 后汉书 [M]. 北京:中华书局,2012:1305.

取媚，挠法以便佞。"① 认为孝悌体现在养生而不在厚葬，更加注重对亡者生前的赡养，具有重要的现实意义。

（二）东晋薄葬制度的特点

六朝时期是我国丧葬发展史上最倡俭薄的时代，与前后的汉、唐相比，无论是在墓葬规模，抑或随葬遗物，皆要逊色很多，给人一种鼎新的感觉，形成了颇具时代特征的晋制。晋朝的丧葬礼制大体沿袭曹魏，实行既葬除丧制度。《晋书》卷二十《礼志》载：

> 宣帝豫自于首阳山为土藏，不填不树，作《顾命终制》，敛以时服，不设明器。景、文皆谨奉成命，无所加焉。景帝崩，丧事制度又依宣帝故事。武帝泰始四年，文明王皇后崩，将合葬，开崇阳陵，使太尉司马望奉祭，进皇帝密玺绶于便房神坐。魏氏金玺，此又俭矣。江左初，元、明崇俭，且百度草创，山陵奉终，省约备矣。

又：

> 及宣帝、景帝之崩，并从权制。文帝之崩，国内服三日。武帝亦遵汉魏之典，既葬除丧，然犹深衣素冠，降席撤膳……三年之丧，自古达礼，诚圣人称情立衷，明恕而行也。神灵日远，无所诉告，虽薄于情，食旨服美，所不堪也。不宜反覆，重伤其心，言用断绝，奈何！奈何！帝遂以此礼终三年。后居太后之丧亦如之。②

这两段文字记载了西晋武帝之前三帝的丧葬礼仪，然此三帝并未真正当过皇帝，乃武帝登基后追封。因此，作为曹魏臣子，其主张是否能体现两晋帝王们的意愿，颇值得商榷，但从"武帝亦遵汉魏之典"来看，大体也采取了薄葬制度。此外东晋元、明两帝之葬，《礼志》载其"省约"，不言其详，而两晋其他诸帝的丧葬礼仪，《礼志》中并没有记载，多是谈及当时丧服制度。前贤通过对《晋书》与其他著作考述，对两晋皇室的丧葬礼仪有一概观，考其要者撮述如下。

《晋书》载"武帝亦遵汉魏之典，既葬除丧"，只概述武帝的丧葬观，并未提及更为具体的丧仪制度与形式，而另两篇文章所述则更为详细。

张华《哀策文》载：

> 终制尚俭，率由典度。华幕弗陈，器必陶素。不封不树，所

---

① 王符. 潜夫论 [M]. 北京：中华书局，2018：23.
② 房玄龄. 晋书 [M]. 北京：中华书局，1974：613-615.

在惟固……大隧既启，吉日将征。钟鼓雷震，白虎抗旌。龙螭骧
首，良驷悲鸣。倡者振铎，挽夫齐声。①

潘岳《世祖武皇帝诔》载：

龟筮既袭，吉日惟良。永指太极，宁神峻阳。群后擗踊，长
诀辒辌……四海供职，同轨毕会。茫茫原野，亭亭素盖。缟络解
驾，白虎弭旆。龙辒即定，玄闼载扃。如天斯崩，如地斯倾。②

张华、潘岳皆是西晋人，且都供职于朝廷，具备参与武帝丧礼的条件，
所述内容应较为可靠。其中"终制尚俭，率由典度""不封不树"与"武帝
亦遵汉魏之典，既葬除丧"较为一致，即采取了薄葬制度。而"器必陶素"
虽与"不设明器"有所出入，但作为开国之君，陵中的明器仅使用更为廉
价的素陶器，也可说明晋武帝采取薄葬制度不诬，与东晋陵墓流行陶俑情
况一致。晋室南渡后，明帝在弥留之际下诏曰：

自古有死，贤圣所同。寿夭穷达，归于一概。亦何足特痛
哉……不幸之日，敛以时服，一遵先度，务从简约。劳众崇饰，
皆勿为也。③

从"一遵先度，务从简约"可知，明帝遵循了先帝们倡议的薄葬制度，
不肯"劳众崇饰"。此外，从东晋四篇哀策文也能窥见晋朝帝王们采取的丧
葬制度，欧阳询《艺文类聚》载：

衮龙既袭，玉容斯幽……三筮告期，将归陵墟。陛殒羽翼，
庭纳龙舆。玉轮动运，锡鸾鸣衢……哀哀同轨，喤喤挽夫。④《成
帝哀策文》

仰攀擗踊，触物咸想……卜吉有期，将即玄冥。太常既建，
千乘列庭。晧晧舆服，翩翩素旌。笳箫寥唳，挽夫齐声。六骥蹢
躅，萧萧悲鸣。⑤《康帝哀策文》

三辰吉良，五谋同休。祖载华庭，晏驾崇丘。俯执馈奠，仰
攀龙辒。炎炎黼翣，飘飘素旒。⑥《穆帝哀策文》

同轨毕至，内外成列。素旗宿悬，辒辌首彻。执祖行于前殿，

---

① 欧阳询. 艺文类聚 [M]. 上海：上海古籍出版社，1979：246.
② 曾国藩. 哀祭 [M]. 北京：昆仑出版社，1996：61.
③ 房玄龄. 晋书 [M]. 北京：中华书局，1974. 164—165.
④ 欧阳询. 艺文类聚 [M]. 上海：上海古籍出版社，1999：252.
⑤ 欧阳询. 艺文类聚 [M]. 上海：上海古籍出版社，1999：252.
⑥ 欧阳询. 艺文类聚 [M]. 上海：上海古籍出版社，1999：253.

奉灵舆而迁逝……攀龙辀以孺慕，抚素膺以泣血。①《简帝哀策文》

以上四篇哀策文皆出自当朝史官之手，应该真实可信。通过对比《晋书》、张华《哀策文》、潘岳《世祖武皇帝诔》中关于宣、景、文、武四帝的论述，可见晋朝的丧葬礼仪是一以贯之的，皆采用了薄葬制度。

晋朝皇后的丧葬礼仪正史记载较少，散见于《晋书·礼志》《晋书·后妃传》《宋书》中。由于史载皇后多与皇帝合葬，而且至今所发现的可确切认定是某位皇帝的陵墓甚少，盗扰严重，加之史载晋朝皇后墓"唯从俭速"，所以，我们这里只对皇后丧葬礼仪中关于墓葬遗物部分简略如下：

其一，"送终之礼"较为朴素，但也包括"珰""襚"等仪节，并以"梓宫"为葬具。这里涉及晋墓中出土的玉握、玉璧、衣物疏等遗物。

其二，筮宅。涉及墓葬选址等，与随葬遗物的摆放位置相关联。

其三，铭旌、"方相"开道。铭旌在丧葬中的使用以汉代最为突出，此风习在六朝沿用，但考古发掘至今没有发现一件实物，应与南方墓葬保存条件相关。《周礼·夏官·方相氏》载："方相氏掌蒙熊皮，黄金四目，玄衣朱裳，执戈扬盾，帅百隶而时难，以索室驱疫。大丧，先柩。及墓，入圹，以戈击四隅，驱方良。"② 六朝墓葬中还能见到方相氏的踪迹，如南朝萧宏墓碑侧面图像中手执兵器做打击状者即"方相氏"。葬仪中进行大傩由来已久，大致肇始于周代，经汉代至六朝，朝野流行。

晋朝各诸侯王的丧葬礼仪《晋书》所载较少，多集中于《丧礼》篇，稀见葬仪环节的记述，并且两晋的丧葬制度有所承袭，诸侯王的丧礼情况也概莫能外。如安平献王司马孚是晋武帝司马炎的叔祖，薨于泰始八年（272），遗令曰："当以素棺单椟，敛以时服。"③ 司马炎得知消息后特下诏："以东园温明秘器、朝服一具、衣一袭、绯练百匹、绢布各五百匹、钱百万、谷千斛以供丧事。"④ 然而，司马孚家人遵孚遗训，所给器物，一不施用。可见司马孚本人也是薄葬思想的践行者，后来齐王司马攸的丧礼也按仿司马孚的标准举行。南渡后，东晋诸王的丧礼延续了晋初的制度，如文孝王司马道子改葬会稽，朝廷特诏："加殊礼，一依安平献王故事。"其他诸侯王大致没有跳出此范围。然而现实中我们还没有发现可以明确认定

① 欧阳询. 艺文类聚 [M]. 上海：上海古籍出版社，1999：254.
② 孙诒让. 周礼正义 [M]. 北京：中华书局，2015：3003.
③ 房玄龄. 晋书 [M]. 北京：中华书局，1974：1085.
④ 房玄龄. 晋书 [M]. 北京：中华书局，1974：1085.

为某位王室的墓葬，仅就已发掘推测为诸侯王的墓葬来看，随葬品之精、品类之多令人咋舌。如 1997 年在南京富贵山南麓西端近太平门处发现两座东晋墓葬，规模虽普通，但出土了一批等级很高的精美随葬品，包括金、银、玉、玻璃、琥珀、铜铁等，远高于一般的士族墓葬标准。加之甬道中设有代表较高身份的木门，发掘者推测墓主可能是司马皇族。①

晋朝士族的丧葬礼仪《晋书》所载颇丰，尤其是世家大族阶层，新中国成立后，发现了多座带有纪年且墓主身份明确的墓葬，可以与史载做比较分析。如西晋时期，王祥原为太保，后晋爵为公。病故前著遗令训子孙曰：

> 气绝但洗手足，不须沐浴，勿缠尸，皆浣故衣，随时所服。所赐山玄玉佩、卫氏玉玦、绶笥皆勿以敛。西芒上土自坚贞，勿用甓石，勿起坟垄。穿深二丈，椁取容棺。勿作前堂、布几筵、置书箱镜查之具，棺前但可施床榻而已。精脯各一盘，玄酒一杯，为朝夕奠。家人大小不须送丧，大小祥乃设特牲。无违余命！②

依王祥的爵位本可匹配很高的丧葬级别，却遗令薄葬，甚至连家人送丧都不准，可见王祥很坚持薄葬思想。但这只是特例，并非晋朝高官的常态。南渡后东晋王氏家族是顶级的世家大族，一度与司马氏皇权相抗衡，史称"王与马共天下"，身为太傅、丞相的王导便是王氏家族最为典型的代表人物。王导共侍元、明、成三帝，死于东晋成帝咸康五年（339），史载其"业同伊尹，道隆姬旦"。有定太子、辅幼主之功。死后"一依汉博陆侯及安平献王故事"，汉博陆侯霍光受汉武遗诏，辅少帝、行周公事，有安宗庙社稷之巨勋。安平献王即司马孚，为晋武帝叔祖，薨后丧葬礼仪给后来王室定了基调。王导的丧葬礼仪参考此二人丧葬标准，死后享有超高规格的葬礼，也可见出东晋大臣的丧礼制度对汉与西晋的传承关系。从以上晋朝皇帝、诸侯王、高级大臣的丧葬礼仪标准来看，我们试可得出以下五点结论。

其一，晋朝社会各阶层皆施行薄葬，践行司马懿《顾命终制》所制定的标准。

其二，晋朝社会的丧葬礼仪依《晋书》所载，形成了四个具有代表性的样板，如明帝司马绍、武帝皇后杨艳、安平献王司马孚、大臣王祥，他们代表了晋朝社会地位最高的等级阶层。

其三，社会各阶层都保留了先秦至汉魏以来丧葬礼仪中的若干部分，

---

① 南京市博物馆. 江苏南京市富贵山东晋墓葬墓地发掘简报 [J]. 考古，1998（8）：35-47.
② 房玄龄. 晋书 [M]. 北京：中华书局，1974：989.

如殡珍、缠敛、设丧位、赴告、筮宅、送葬、反哭、练祥等。

其四，晋朝出现了许多新的丧葬礼仪，如"凶门柏历"风习，《晋书》载："凶门柏历，礼典所无。"再有"挽童引歌"，指组织儿童齐唱挽歌的风习。

其五，皇帝给亡者是否有赐及所赐内容与多寡，成为判断死者身份高低的标准。

晋朝丧葬制度文献记载大致如上文所述，随着新中国成立后大量晋朝墓葬的发掘，由出土遗物分析可知，真实的丧葬与文献记载存有较大出入。以下对出土遗物所反映的丧葬礼仪内容做一探析，由于西晋都于洛阳，姑且不论，仅纳入东晋时期发现的帝王陵墓与世家大族墓，内容主要涉及埋葬制度、随葬遗物、禁碑三个方面。

第一，东晋建都南京，据许嵩《建康实录》，共十一帝，除穆帝司马聃永平陵位于南京幕府山之阳、废帝司马奕吴陵位于吴县外，其余九帝皆葬南京鸡笼山之阳或钟山之阳。其中，元、明、成、哀四帝葬鸡笼山之阳，康、简文、孝武、安、恭五帝葬钟山之阳。1960 年，南京市文物保管委员会在南京富贵山附近发现了恭帝玄宫石碣。以此为线索，1962 年，南京博物院在距石碣约 400 米处的地方发现了一座东晋大墓，专家推测为恭帝陵。① 1972 年，在南京大学北园（今鼓楼校区）又发现了一座东晋大墓，根据墓葬形制与出土遗物分析，符合东晋早期风格，专家推测应为葬于鸡笼山之阳的四帝之一的陵墓。六朝是门阀政治最为活跃的时期，东晋尤甚，门阀一度取得了可与皇室相抗衡的地位。以王、庾、桓、谢四大家族为代表的门阀伴随东晋一朝始终。所谓"上品无寒门，下品无士族"，寒门很难跻身政治权力中心，直至刘裕才打破了这种僵局，进而取代了东晋王朝。自新中国成立以来，在南京先后发现了诸多东晋世家大族的墓葬群，如南京象山王氏墓群、老虎山颜氏墓群、雨花台和铁心桥谢氏墓群等。

我国古代墓葬历来讲究"风水"，即古代"堪舆"术，该名最早见载于《史记·日者列传》，曰："孝武帝时，聚会占家问之，某日可取妇乎？五行家曰可，堪舆家曰不可。"② 此风在晋朝尤为兴盛，所载文献众多。帝王与世家大族们因占有丰厚资源，对"风水"之术则更为讲究。从已发掘的东晋大墓来看，东晋帝王及世家大族墓皆葬在两山环抱的山腰之地，即"背倚山峰，面临平原"，且都不封不树，遵从了司马懿《顾命终制》倡导的"不坟"要

① 南京博物院. 南京富贵山东晋墓发掘报告 [J]. 考古, 1966（4）: 197-204.
② 司马迁. 史记 [M]. 北京: 中华书局, 2010: 7472.

求，先挖好墓坑而后再筑墓，筑好后再回填土夯实，与两旁山梁齐平。

从现已发现的东晋大墓来看，无论是帝王陵墓，抑或世家大族墓皆讲究聚族而葬。族葬之风始兴于汉代，而东晋时尤为盛行，进而形成一种新的丧葬制度。这种制度的施行，肯定了私人对山林川泽的占有，生前在此建田园别墅，死后则聚族而葬，正所谓"山湖川泽，皆为豪强所专，小民薪采渔钓，皆责税直"①。如上文所述富贵山晋恭帝墓与南京大学北园墓，分别代表钟山之阳与鸡笼山之阳两个族葬区。因东晋帝陵墓区不能明确各帝所在具体位置，故而很难对墓主长幼尊卑的顺序做出准确判断。20世纪后半叶在南京发掘了几处世家大族墓群，因其多有墓志，可以明确墓主之间的关系，为我们了解东晋家族墓群的排葬规律提供了借鉴。1964—1965年，南京市文物保管委员会在南京北郊象山先后清理了王兴之墓（1号墓）、王丹虎墓（3号墓）、王闽之墓（5号墓）、夏金虎墓（6号墓）等墓葬。王闽之墓在王兴之墓与王丹虎墓之间的后面居中，王兴之与王丹虎为同辈兄妹或姐弟，其墓并列居前，王闽之子墓则居后，王兴之父王彬继室夏金虎墓则位于偏左之更后，可能是其非王氏本族缘故。此外，7号墓据考可能为王彬兄王廙墓，位于王闽之墓后偏右上方，可见王氏家族墓是按墓主长幼尊卑的顺序排列的。老虎山颜氏家族墓有类似的排葬方式，先后发掘了颜谦夫人刘氏墓（1号墓）、颜含长子颜髦子颜綝墓（2号墓）、颜含三子颜约墓（3号墓）、颜含曾孙颜镇墓（4号墓）。其中1号、3号墓墓主为同辈，2号墓墓主低一辈，4号墓墓主更低一辈。从排葬方式看，1号墓最西，2号墓在东，4号墓最东，3号墓在1号墓与2号墓之间，合乎长者居右（西）规律。此外，雨花台和铁心桥谢氏墓群，孙吴时期宜兴周氏家族墓群也都采用了类似的排葬方式。

从这些墓葬的排葬方式看，它们似有一定的规律，即以墓主辈分排列，大体为北长南幼，或前幼后长，或西长东幼（右长左幼），具体排列也有少许的变化，但总体布局遵守了上述排葬规律。这在以儒立国的晋朝显得尤为明显，也是当时意识形态的真实反映。其实，这种以右为上的观念早在汉代便已形成，《汉书·王陵传》曰："以太尉勃为右丞相，位第一，平徙为左丞相，位第二。"《汉书·诸侯王表二》曰："汉时依上古法，朝廷之列以右为尊。"这种观念在东晋时被世家大族应用于家族墓葬的排列上。②

① 沈约. 宋书 [M]. 北京：中华书局，2018：31.
② 罗宗真. 六朝考古 [M]. 南京：南京大学出版社，1994：106-112.

第二，司马懿《顾命终制》说"不设明器"，相关文献也记录了"元、明崇俭"的传统，三令五申严禁厚葬，特别指出不准随葬金银等贵重品。如《晋书·礼志》曰："江左，元、明崇俭，且百度草创，山陵奉终，省约备矣。"① 帝王实行薄葬制度，官员百姓更是从之。然而，通过近几十年考古发掘的诸多东晋大墓，我们看到的情形与史籍所载相去甚远，墓中多有精美随葬品出土，并伴有金银、玻璃、玛瑙等稀有制品，由此可见，史载"不设明器"条并没有被真正落实，徒为一纸空文。东晋帝陵由于没有确切墓志证实墓主具体身份，不敢妄论，但我们通过已见诸报道的多处高等级墓葬的出土遗物可窥见一二。如南昌火车站东晋墓出土了金环、金戒指、金镯、银镯、银顶针、银火拨等 24 件；南京大学北园墓虽经盗掘，仍出土桃形叶片、花瓣形金片、金珠、镂金饰片等 50 余件；南京象山东晋王氏家族墓共出土金指环、金钗、金铃、金簪、银簪等 60 余件，其中 7 号墓了一件磨花筒形杯，玻璃透明微泛黄，口沿与底有椭圆花瓣，王丹虎墓更是出土了罕见的丹药，引起专家学者们高度重视，在社会上产生了巨大的影响；南京郭家山东晋墓出土金钗、金胜、金片等 130 余件；南京仙鹤观东晋高崧家族墓中有两座未被盗掘，共出土各类金银器 120 余件，包括金胜、金钗、金簪、金镯、金铃、金铛及各类金饰片，银器有银铃、银簪、鎏金带盖小鼎等，另有出土玉器 30 余件。

第三，东晋墓葬中发现的较多的墓志铭，也是颇具时代特征的丧葬礼仪之一，墓志是记录墓主生平、埋葬情况等最为重要的遗物，为我们考订墓主身份、士族联姻、侨州郡县制度、书法艺术提供最为直接的材料。从墓主身份看，他们大多具有显赫的家世，如琅琊王氏家族、琅琊颜氏家族、广陵高氏家族、陈郡谢氏家族、吴郡冠族张镇等。墓志材质有砖质与石质两类，以砖质居多。在众多已发掘的东晋墓葬中只发现 33 件墓志铭，所占比例虽小，却反映了当时的丧葬礼仪。武帝咸宁四年（278）发禁碑诏，这可能与"不封不树"的丧葬礼仪有关，都是对汉代丧葬制度的否定，墓穴既然不设坟头也就无须再立碑以示之。因此，自西晋起在中原地区极少立石碑，转而以在墓内置墓志铭的方式将石碑的功能延续下来，这也就解释了为什么在北方最早发现了较为成熟的墓志，典型墓志有西晋徐美人墓志、王浚妻华芳墓志等，而南方直至东晋早期才发现用墓志下葬的形式。晋室

① 房玄龄. 晋书 [M]. 北京：中华书局，1974：633.

南渡，元帝之后"禁义渐颓""大臣长吏，人皆私立"，至安帝义熙年间裴松之"又议禁断"，此记载说明东晋政府曾多次禁碑；而大家族可能在丧葬制度上享有一定的特权，从墓志大多只出现在世家大族的墓葬中就可以理解了。

二、趋于统一的墓葬形制

东晋的墓葬形制相较于孙吴时期更趋统一，除少数据考可能为帝王陵墓为多室墓外，大多为"凸"字形单室墓。此类单室墓广泛应用于世家大族与普通民众，因墓主身份不同，单室墓的规模与形制也有所区别。世家大族的单室墓可分为长方形单室券顶墓、"凸"字形单室券顶墓、"凸"字形单室穹隆顶墓三种，东晋前期延续了孙吴的穹隆顶墓，至东晋后期为券顶墓所替代。此时的大型墓矿中常见设有墓门的现象，墓门的数量关乎墓葬形制规模，墓门数量越多，墓主身份通常越显贵。

（一）帝王陵墓形制

东晋（317—420）是六朝时期立国最长的一个朝代，共历4世11帝。据《晋书》《建康实录》《六朝事迹编类》等史籍所记，除废帝司马奕被废后葬于吴县外，其余10帝皆葬于都城建康。元帝建平陵、明帝武平陵、成帝兴平陵、哀帝安平陵位于鸡笼山之阳；康帝崇平陵、简文帝高平陵、孝武帝隆平陵、安帝体平陵、恭帝冲平陵位于钟山之阳；穆帝永平陵位于幕府山之阳。此外，史载有陵号的还有废帝庚皇后敬平陵，简文帝母郑太后嘉平陵，安、恭二帝母陈太后熙平陵，孝武帝母李太后修平陵，等等。东晋帝陵相较于孙吴帝陵而言，表现出最大的特点是葬地更为集中，这给我们研究东晋帝陵提供了较多的便利。然而，东晋又是一个皇权衰落的朝代，政治权力的旁落加之政局动荡、经济萎靡及延续西晋时期的薄葬制度，东晋帝陵无论是规模，抑或出土文物方面均呈现出更为衰落的景象，加之由薄葬影响的陵墓多不封不树，且陵前没有标示墓主身份的石兽碑表等物，这给判定墓主身份带来很大的困难。[①]《晋书·礼志》载："江左初，元、明崇俭，且百度草创，山陵奉终，省约备矣。"[②] 由此可见，自东晋立国初始，统治阶级就已极力提倡薄葬思想，这一思想贯穿东晋朝始终。

新中国成立后，经考古工作者多年的努力，在南京地区发现了百余座墓葬，从其形制、出土文物及所处位置判断，其中有几处墓葬可能与东晋

---

① 邹厚本. 江苏考古五十年 [M]. 南京：南京出版社，2000：281.

② 房玄龄. 晋书 [M]. 北京：中华书局，1974：633.

帝陵较为吻合，略述如下。

1960 年南京市文物保管委员会在太平门内富贵山南麓东段发现东晋恭帝玄宫石碣（图 1-4）。该石碣高 1.25 米，立于地表之下，石碣下铺二层砖，说明石碣立于该处并未挪动过，应为最初埋葬地。正面镌刻三行二十六字铭文，右读，隶书。1964 年，在石碣西约 400 米处发现一座东晋大墓，该墓依山凿刻而成，由墓室、甬道、封门墙、墓道、排水沟组成。墓室长7.06 米、甬道长 2.7 米、墓道长 13.5 米，是东晋时期规模较大的墓葬之一。该墓早年虽遭盗掘，仍出土了 71 件文物，包括青瓷鸡首壶、盅、水盂、陶果盒、执盾俑，以及金钉、玉佩、琉璃珠等，从这些文物的类别与形制及制作工艺看，该墓当属帝王陵无疑，专家们据此推测墓主应为恭帝。①

图 1-4　东晋恭帝玄宫石碣
（南京市博物馆藏）

① 南京博物院. 南京富贵山东晋墓发掘简报 [J]. 考古，1966 (4)：197-204.

1972 年南京大学历史系考古组在南京大学北园内发掘了一座东晋大墓。[①] 该墓位于鼓楼岗南麓，由主室、侧室、甬道、墓门组成，总长 8.04 米，宽 9.9 米。墓中出土文物多达 200 件，包括青瓷器、陶器、金银器、铁器、玻璃器、水晶、玛瑙、石器等，品类多，做工精良，具东晋早期造物特征。考虑墓葬所处位置，结合文献所载，专家推测该墓应为东晋元、明、成、哀四帝之一的陵墓。由此，有专家推论晋四陵所处位置，即今鸡笼山西面的鼓楼岗一带；而穆帝永平陵葬地幕府山之阳远较今之幕府山更广，应包括今郭家山、张王山、北崮山大片地区。1981 年，南京汽轮电机厂在基建施工中发现了一座东晋大墓，该墓位于北崮山南面的一个小山坡南麓，为一座"凸"字形券顶墓，由甬道、墓室、封门墙组成，总长 9.05 米、宽 8 米。出土文物百余件，包括青瓷器、陶器、金银器、铜铁器等，另有辟邪、琥珀、玛瑙、玻璃等证明墓主身份极显贵的文物，参考文献所载晋穆帝永平陵所处位置，学者认为两者条件相符，墓主应为晋穆帝司马聃。1982 年，在南京汽轮电机厂北侧发现两座东晋墓葬，两墓相距约 200 米，同为"凸"字形，出土有青瓷鸡首壶、碗、陶案、凭几、香薰、托盘、石黛板、金钗等文物，参考汽轮电机厂墓出土文物，两者风格相近，应为同时期墓，考虑此两座墓位于幕府山南麓，有学者推测墓主为司马氏家族高级成员。

（二）世家大族墓形制

在中国古代，宗族群体早于专制皇权而存在，古老的宗法制度就是以宗族的存在为前提。但是，宗族对土地和劳动者的封建占有，则是专制皇权出现以后的事。专制皇权只看到宗族发展于己不利的一面，而不认识这是必然的趋势，也不认识这种发展终将与自己的利益一致。所以在每一个新的发展阶段的开头，总是企图抑制这种发展。[②] 晋元帝司马睿本没有在江东运转皇权的能力，他在晋室诸王中既不具备深厚的军事实力，又无功劳与威望。因此，他要坐稳江山必须依靠南渡士族与南方本土土族的支持。相比之下，具有实权者多限于侨姓士族，而吴姓士族在政治上则处于弱势。王、庾、桓、谢等一流大族在政治、军事上轮番登场，掌握着国家的军政大权，其权力甚至超过皇权。这一现象在考古发掘中也得到了印证，仅在南京及其近郊便先后发现了王氏、谢氏、颜氏、高氏、李氏等家族墓地。从墓葬形制与出土遗物看，与他们的社会地位相符，为我们研究东晋时期

① 南京大学历史系考古组. 南京大学北园东晋墓 [J]. 文物, 1973 (4)：36-50.
② 田余庆. 东晋门阀政治 [M]. 北京：北京大学出版社, 2012：324.

世家大族墓葬造物艺术提供了珍贵的实物资料。

王氏家族墓地位于南京北郊的象山，迄今已发掘的墓葬有 11 座，埋葬较深，深者 10 余米，均为砖室墓，墓室形制有三种类型，长方形单室券顶墓、"凸"字形单室券顶墓、"凸"字形单室穹隆顶墓。根据墓志所载，可考墓均为东晋世家大族琅琊王氏王彬一支家族墓，如 1 号墓主为王彬子王兴之及夫人宋和之、3 号墓墓主为王彬长女王丹虎、5 号墓墓主为王兴之长子王闽之、6 号墓墓主为王彬继室夫人夏金虎、8 号墓墓主为夏金虎子王仚之、9 号墓墓主为王彬孙王彭之长子王建之及夫人刘氏。7 号墓未出墓志，根据墓葬规模及位置，专家推测墓主为王彬之兄平南将军、荆州刺史、武陵侯王廙。墓葬的排葬方式有一定的规律，根据墓主长幼尊卑先后有规律地分布在象山西麓、南麓西段、中段与东麓，总面积达 5 万平方米。象山墓地虽多遭盗掘，仍出土遗物 300 余件，包括陶、瓷、金、银、铜、铁、玉、石、玛瑙、玻璃、水晶等，其中出土陶、瓷器造物精美、胎釉结合度高，是研究六朝早期陶、瓷风格转变的重要依据。玻璃杯、鹦鹉螺杯等器为我们深入研究丝绸之路与海上陶瓷之路中西贸易提供了不可多得的实物。丹丸、三足炼丹铜滤炉等器物的出土，为我们了解当时道教丹鼎派在上层社会的流行提供了实物依凭。另外，象山王氏家族墓出土的 8 块墓志镌刻精美，字体多为隶楷，沉稳大方、古拙朴实，是东晋时期最具代表性的铭刻类书法精品。

颜氏家族墓地位于南京北郊老虎山，迄今已发掘墓葬 9 座，其中 5 座保存较好，由西向东排列，各墓相距 20~25 米，均为"凸"字形单室墓，甬道中多设木门一道，顶分穹隆顶与券顶两类，墓室规模相近，全长均约为 6 米。从墓葬出土砖志与印章来看，墓主皆属东晋左光禄大夫颜含家族。1 号墓墓主为颜含之子颜谦及其妇刘氏，2 号墓墓主为颜含之孙颜綝，3 号墓墓主为颜含之子颜约，4 号墓墓主为颜镇之，颜镇之不见于史载。据史载，自颜含以下 7 世均葬于金陵幕府山西，根据前述古之幕府山地域远大于今之幕府推测，在今之幕府山、老虎山一带，应还有较多颜氏一族墓葬。该墓葬区早年虽多遭盗扰，仍出土各类遗物 200 余件，分陶、瓷、铜、铁、金、银等材质，砖刻墓志及铜石印章镌刻清秀，均为阴刻，篆体，对研究东晋铭刻类书法艺术有很高的学术价值。

东晋谢氏是与王氏齐名的世家大族，在东晋一朝具有重要的政治地位。谢氏家族墓地位于南京南郊，分两处：一处在雨花门外戚家山，系谢鲲一支葬地；另一处在铁心桥司家山，系谢攸一支葬地。戚家山谢鲲家族墓地在 1964 年被发现，共 5 座，分布于戚家山北麓。其中两座出土砖石墓志，一为太宁元年（323）谢鲲石志[①]；一为刘宋大明年间（457—464）砖质墓志，内容漫漶不清，推断墓主为谢鲲一支成员。司家山谢攸家族墓发现于 20 世纪 80 年代，共 7 座，前后排，均为"凸"字形单室券顶墓，部分墓的甬道中有木门。该处家族墓属东晋晚期、南朝早期墓，共出土 9 块墓志（分属 4 人），6 号墓墓主为谢攸长子谢琰、4 号墓墓主为谢琰弟谢球及夫人王德光、5 号墓墓主为谢琰弟玙之子谢温。该处墓葬早年遭盗掘，所出遗物共百余件，包括陶、瓷、石器等。

高氏家族墓地位于南京东郊仙鹤观南麓，共发现 3 座墓葬，分前、后两排，前排两座墓偏东侧。3 座墓规模都较大，均为单室墓，墓室长 7 米以上，分"凸"字形穹窿顶与"凸"字形券顶两种结顶方式。出土墓志表明，2 号墓墓主为高崧及其夫人谢氏，另外两座墓的主人可能分别是高崧父母高悝夫妇和高崧之子高耆。3 座墓葬中有两座保存完好，出土遗物丰富，共200 余件，包括陶、瓷、金、银、铜、铁、玉、石、玻璃、琥珀、水晶、漆木、云母等，其中出土的成套玉器与铜器最为引人注目。此外，玻璃罐、鎏金铜兽灯等文物是当时中外交流的见证，具有很高的研究价值。高崧墓志刻工精湛，楷意浓厚，有很高的学术价值，是研究六朝书法艺术不可多得的实物精品。

此外，南京吕家山李氏家族墓地、镇江谏壁刘氏家族墓地、苏州吴县张陵山张氏家族墓地等均出土了丰富的遗物。吕家山李氏家族墓出土陶、瓷、铜、铁等材质遗物，6 方砖质墓志口部涂鲜艳的朱砂，制作标准统一，书风各异，有较高的学术价值。吴县张陵山出土张镇墓志，因其制作形式异于同时期的南方墓志，书体采用时下较为流行的隶书，书写端庄沉稳，两面书写，有很高的学术价值，也是见证当时南北文化交流的重要文物。[②]

（三）一般墓葬形制

东晋时期的一般墓葬相较于孙吴、西晋的一般墓葬呈现出较强的统一性与鲜明的时代特征。晋室南渡，随着司马氏与诸多世家大族南迁，建康成为中国南方的政治、经济、文化、军事的中心。东晋皇室与世家大族的

---

① 南京市文物保管委员会. 南京戚家山东晋谢鲲墓发掘简报 [J]. 文物, 1965 (6): 34-36.
② 邹厚本. 东晋张镇碑志考释 [J]. 文博通讯, 1979 (27): 14-17; 王新, 叶玉琪. 吴县张陵山发现晋代铭文砖 [J]. 东南文化, 1985 (0): 40-41.

墓具有较高的集中性，反映在墓葬方面，其形制也趋于统一，此前多室墓与双室墓出现在一般墓葬中的现象此时已极为罕见，多见平面呈"凸"字形的单室墓，可能是受到当时中原地区丧葬制度的影响，以及受当时强大的政治因素所限。与此同时，都城建康以外的地区由于政令难以有效执行，依然可见六朝早期流行的双室墓与穹隆顶墓，墓壁设有直棂假窗，窗上有"凸"字形灯龛，有的在墓葬转角处还设有羊角形砖灯台，东晋后期穹隆顶墓为券顶墓所替代。东晋时期大型墓葬中常设有木门，这在孙吴、西晋时期南方地区甚为罕见，所见只有宜兴周墓墩两座西晋墓设有石门。据此，有专家认为东晋时期墓葬中设木门的风习是受中原地区丧葬制度的影响，墓门多少反映了墓主身份等级的高低。西晋快速亡国的惨痛教训，对东晋统治者必然有重大的启示，政权初立，力主薄葬对于笼络人心、恢复经济有重要作用。因此，东晋皇室墓葬中不见大型室墓与石棺座和繁复的砖拼壁画等。

综上所述，东晋由于实行薄葬制度，社会各阶层的墓葬形制趋于统一。墓葬的营建多选择背倚山峰、面临平原处，且都不封不树。虽然少数陵墓有多室墓现象，但据已发掘的墓葬观察，东晋的墓主要以单室墓为主，其中"凸"字形单室墓最为多见。这些单室墓通常由墓室、甬道、墓门、排水沟组成，其结顶方式有券顶与穹隆顶两类。墓主人身份不同，墓葬大小也存在差异，通常是身份等级越高者其墓葬尺寸也越大。然而，墓葬尺寸并不能作为判断墓主身份等级高低的唯一标准，区域不同，墓葬尺寸大小也不同，存有地区差异。晋制在南朝时期也得到了继承，如多沿袭东晋薄葬制度。当然，相对晋朝而言，南朝在墓葬装饰方面则更趋繁复。

第四节　注重装饰的南朝陵墓制度

丧葬礼制是反映社会礼仪与宗法制度的重要窗口，尤以帝王陵墓制度体现最为直接。六朝的丧葬礼制大体可分为孙吴、东晋与南朝三个时期，但每个时期的特征也不尽相同以陵墓制度表现最为彻底，呈现出了较大的差异性。这种差异一方面反映在陵墓的形制与规模不同，另一方面表现于陵墓内部装饰的不同。南朝陵墓注重室内装饰，应是受到汉代厚葬风习的影响，汉代画像石墓的造物方式对南朝画像砖与墓室壁画多有影响。

南朝是皇权势力更为强大的时期，因此，帝王陵墓的营建较东晋更显豪华。士族势力的旁落也直接反映在墓葬形制与规模方面。此时，东晋遗留的世家大族势力遭到皇权全方位的压制，旧有士族的势力与东晋时期相比，已不可同日而语。据今已刊布的资料来看，东晋时期的士族家族墓地仅有几处，且其规模等级与东晋时期王、谢等家族的墓地相差甚远。南朝墓葬形制多为普通的"凸"字形单室墓，规模较小，墓室的侧壁与后壁呈现出时间愈晚愈外撤的特点，墓壁设直棂假窗已成为此时的定式，分"凸"字形与桃形两种。至南朝后期，一些墓葬出现新的变化，如墓室开始设有耳室等。

一、陵寝制度与装饰

南朝的陵寝相较于孙吴、东晋时期呈现出鲜明的时代特征，主要分布于南京及其毗邻地区。从现已发掘的可确认为南朝帝王陵墓的形制来看，一方面，南朝选择越孙吴、东晋而接东汉的厚葬制度；另一方面，南朝的士族们多为前朝的旧族，他们内心深处仍倾向于前朝的薄葬制度。这就造成南朝墓地多位于背靠山岗、面临平原处，并且在陵墓区多建有神道、享殿等，陵墓形制完全抛弃六朝早期的多室墓，皆采用规模较小的单室墓，伴有墓道与石门。南朝帝王陵墓更加注重内部装饰，使得墓室显得更加富丽堂皇，这一现象贯穿南朝之始终，这种注重墓室装饰的风习也直接影响了士族的墓葬营建，如在南京与襄阳两地都发现了大量受此影响的画像砖墓。

（一）陵寝制度

南朝（宋、齐、梁、陈）四代政权更迭频仍，皆立都于建康，凡 169 年。宋历 9 帝，共 60 年（420—479）；齐历 7 帝，共 24 年（479—502）；梁历 6 帝，共 56 年（502—557）；陈历 5 帝，共 33 年（557—589）。其间帝后陵及王侯墓多葬于京畿及其毗邻地区，包括今南京东郊与江宁、丹阳、句容等地。据学者统计，史籍中称陵或墓并伴有葬地的南朝陵墓计有 50 多处，但受历史更迭、人为盗掘等因素影响，今遗留可考的南朝陵墓仅 35 处。[①] 从已发现的南朝陵墓来看，墓葬的排葬方式有较强的共性，择墓时注重"风水"，皆选择背靠山冈、面临平原处，两侧土丘环抱。许嵩《建康实录》载："皇考墓在丹徒之候山，秦史所谓曲阿、丹徒间有天子气者也。时有孔子恭者，善占墓，帝尝经其墓问之曰：'此墓何如？'子恭曰：'非常地也。'帝由是益自负，行止时见二小龙附翼之，樵渔山泽，同侣亦或睹焉。"[②] 由

---

① 王志高. 南朝帝王陵寝初探 [J]. 南方文物，1999 (4)：67-73.
② 许嵩. 建康实录 [M]. 北京：中华书局，1986：361.

于南京及其周边地区属丘陵地带，山岭众多，因此，较容易得到符合墓葬择地标准的葬地。墓葬通常先开凿墓坑，而后在坑内营建墓室，墓室内的陪葬物由墓道运输，最后封土起坟。南朝陵墓的墓室一般为单室券顶，内设甬道，帝陵甬道通常配两重石门。随时间的推移，墓室由早期的长方形向两壁外撇的方向发展。南方多雨，为防止积水而损坏墓内陪葬物，墓室内底都设有排水系统，即排水沟，这种排水沟由墓底外出一直延伸到墓葬百米开外的低凹处。配合陵园的建设，帝王陵通常在墓前开设神道，神道两侧置对称的石刻群，通常为石刻，依次为石兽、华表、石碑。与墓室相距约 1000 米，并且设在同一中轴线上。南朝延续了东晋盛行的聚族而葬的风习。南朝以法律形式明确了占有土地的合法性，因此，世家大族对土地进行了大量的占有。《宋书·武帝纪》载："先是山湖川泽，皆为豪强所专，小民薪采渔钓，皆责税直。"① 充分说明了南朝初期统治阶层对广大土地占有之甚。每个陵墓都有一个独立的陵园，每个陵园为一个单元，以一个地位较高的陵墓为中心，周围排列若干家族墓，如南京甘家巷梁安成王萧秀墓旁有两座家族墓等。

从以上陵寝制度特征看，南朝丧葬礼制可以说是越魏晋而接两汉。这种丧葬礼制的改变从刘宋便已开始，齐梁时期形成定式。刘裕原为南渡的低层士族，代晋自立取得政权后的刘裕自诩是汉代苗裔，以复兴汉室自居，推行了一系列恢复汉制举措，在丧葬礼制方面亦如此。然而，他所推行的汉制又具有一定的局限性，实行了一百多年的晋制仍对刘宋丧葬制度产生较大的影响，刘宋政权中的多位富有影响力的人物也皆是前朝人，他们的内心深处依然愿意遵守东晋的薄葬制度。

（二）陵寝装饰

南朝陵寝的营造整体呈现出富丽堂皇的特点，如皇帝陵寝墓室的四壁多以花纹砖堆砌。皇帝陵寝所用的花纹砖按制作方法约可分为两类：一类为单砖花纹，另一类为砖拼花纹。花纹砖题材主要有缠枝莲、卷草、忍冬、狮子、麒麟、竹林七贤等。佛教经由汉、晋的发展，至南朝时期达到鼎盛，并一度成为"国教"。在此背景下，上至帝王陵寝下至黎民百姓墓葬，多能见到佛教图式，陵墓中大量出现的莲花纹砖即是最好的见证。砖拼壁画是陵寝中最具代表性的图式，由于制作工艺复杂，仅发现于少数的几座陵寝

① 沈约. 宋书 [M]. 北京：中华书局，1974：29.

中。主要有南京西善桥宫山墓、南京西善桥油坊村罐子山墓、丹阳胡桥吴家村墓、丹阳胡桥仙塘湾墓、丹阳建山金家村墓。丹阳三座陵寝中皆出土了"竹林七贤"图壁画，伴出日、月、羽人戏龙（虎）、车马仪仗等内容。在南京西善桥罐子山墓前甬道中发现了狮子图。南京西善桥宫山墓中出土了"竹林七贤"画像砖，是该类题材中保存最为完整的一例。该画像砖的人物形象，很好地表现了人物的身份与性格，衣褶线条遒劲有力，人物比例匀称，其粉本应是当时技艺高超的画师所绘。

二、南朝墓葬形制

相较于东汉末期和两晋，南朝时期皇权势力更为强大，墓葬形制随之呈现出极端化现象。一方面，帝王陵墓规模异常庞大；另一方面，中小型墓葬则更为简约，失去东晋时期世家大族的中间层级，虽然也有数量较少身份可以考定的家族葬地，但其葬地规模、墓主身份、出土遗物等，均不可与东晋时期的世家大族相提并论。此时的士族墓与一般墓葬均为"凸"字形单室墓，地位较高者伴有石门。南朝后期，开始在墓室内设耳室。

（一）士族墓葬形制

南朝的世家大族墓相较于孙吴、东晋时期要逊色很多，几乎不见豪族葬群，虽然如前述在南京的戚家山、司家山等地发现了南朝早期的家族墓群，但这只是前朝墓葬群的延续，本身并不具有独立性，仅有的几处家族墓群墓主身份、墓葬规模与东晋时期的顶级豪族墓相差甚远。如 2011 年江宁区博物馆在南京淳化咸墅发现的南朝罗氏家族墓即是较典型的一例。该墓群共有 5 座墓，皆为砖室，从发掘情况看虽有 2 座墓残损严重，但根据墓葬遗物分析，当与其他 3 座墓形制相同，都为"凸"字形单室墓。其中 M1 罗健夫妇墓的甬道中设有石门，墓室中还设石祭台 1 座，这种形制与随葬物通常出现在等级较高的墓葬中，显现出该墓形制与罗健夫妇的社会地位较为相符。在该墓葬群中发现带有明确纪年的地券 3 件，根据地券内容可知，M1 墓主为罗健夫妇，罗健生前官至兰陵太守，受封刘阳县（即今浏阳）开国男，葬于刘宋元嘉二十二年（445）。M5 墓主为罗道训，东晋义熙五年（409）袭爵刘阳县开国男，曾先后任武原令、广川令、南广平太守、龙骧将军、左卫殿中将军、行参征北将军事，葬于刘宋元嘉三十年（453）。从其称呼判断，两人为父子关系，罗健为父，罗道训为子①。新中国成立以

---

① 王志高，许长生. 南京淳化新见南朝罗氏地券考释［J］. 文物，2019（10）：88-96.

后，在南京地区发现了较多的世家大族墓群，其中以东晋时期墓群最为典型，罗氏家族墓群是迄今发现的南朝时期家族墓葬群中地位较高的一处。该墓群出土的文物较为丰富，其中陶灶、凭几、陶车、陶俑等具有较强的时代特征，对研究东晋末至南朝初期陪葬物的特点有重要的参考价值。① 考南朝世家大族墓衰落的原因，主要有两点：一是南朝时期流行石灰岩质的墓志，这种材质久经岁月后表面文字容易磨损，变得漫漶不清，考其墓主身份的难度变得很大，许多已发掘的南朝墓葬很难判断墓主确切身份；二是南朝皇室势力强大，因此，世家大族的势力相应变弱，一些原本处于社会上层的豪族急剧衰落，尤其是侯景之乱后，士族势力遭到最为严重的打击。

（二）一般墓葬形制

南朝时期的一般墓葬几乎为统一的"凸"字形与长方形砖室券顶墓，墓室的侧壁与后壁呈现出时间愈晚愈外撇的现象。一些等级较高的墓葬中出现了石门，石门由门额、门柱、门槛和门闩等组成。有的门扇中部装有铁环，周围装饰铺首图案。门额皆呈半圆形，正面为仿木结构的斗拱浮雕，集中表现了"人"字形斗拱与一斗二升斗拱。② 南朝墓的墓室中大多有砖砌棺床，一些大型墓葬的棺床旁还设有石棺座与方形石祭台。墓壁设直棂假窗已成为定式，分"凸"字形与桃形两种。"凸"字形灯龛从南朝早期一直沿用至晚期，桃形灯龛则主要流行于南朝中晚期。至南朝后期，一些墓葬出现新的变化，即墓室中出现耳室，这是南朝前期所不曾见到的，如陈朝黄法氍墓甬道两侧各设一小耳室。南京麒麟门外灵山和西善桥发现的两座南朝晚期墓的墓室内出现了砌多垛砖柱，后壁还有多个长方形壁龛，这种现象也是南朝早期所未见的。这一现象也出现在浙江地区，如新昌齐永明元年墓、金华古方33号墓等。两湖地区西晋时期就已出现了墓室外弧的现象，这种现象不仅出现在"凸"字形墓中，在一些双室墓与多室墓中也有所发现。此外，两湖地区突然出现的直棂假窗现象虽没有长江下游地区的规范，但显然是受到建康葬制的影响，有充分证据说明这种现象通过两湖的传播，其影响波及广东等沿海地区。两广地区南朝中小型墓葬以"凸"字形墓、长方形单室墓最为多见，其中"凸"字形墓后室多砌棺床，棺床前置祭台。随着砖柱墓在南朝流行，墓底从前往后设多级台的现象在广东

---

① 东南大学艺术学院，江宁区博物馆. 南京淳化咸墅南朝罗氏家族墓地发掘简报 [J]. 文物，2019（10）：4-15.
② 南京市文物保管委员会. 南京郊区两座南朝墓清理简报 [J]. 文物，1980（12）：24-30.

也很多见。同时，广东地区还流行在墓室置假棂窗并在甬道或前室砌方形或长方形出水井。

综上所述，六朝时期的墓葬主要分布在长江中下游地区，这一地区无论墓葬出土数量抑或等级，均明显高于其他地区，尤以都城建业与武昌为最。六朝时期各大城市间的交通可分为陆路与水路两种，这既是政治、经济交流的通道，也是各地文化相互借鉴与影响的路径，在此过程中逐渐形成了具有区域特征的丧葬文化，这种丧葬文化虽具有地域特征，然而，与相邻城市甚至都城的联系并未中断，仍然受到许多外来因素的影响。六朝由于处在社会大动乱时期，其丧葬制度并未像汉唐那样得到一以贯之的实行。形成了特色鲜明的三个阶段，即孙吴时期的厚葬现象、东晋时期的薄葬制度及南朝更加注重装饰的丧葬现象。以上所述六朝墓葬分区与各时期丧葬制度，在一定程度上决定了墓葬造物艺术的地域特色与等级性，为我们继续研究墓葬造物艺术的生成因素框定了一个学术背景。

第二章

六朝墓葬造物艺术的形制与纹饰

李倍雷教授说："图案学牵涉图案的二维与三维空间问题，图案二维与三维的不同空间在本质上是造物'形制'与图案'纹饰'的关系。造物的形制即器物的形状，是立体图案的设计，通常也泛称'造物艺术'，在造物形制中常常还有纹样作为器物表面的装饰，即装饰纹样，这就共存一个二维与三维空间的表达。"[①] 诚然，六朝墓葬造物艺术历经300余年的发展，在形制、图案纹饰、工艺特征等方面呈现出比汉代更为复杂多样的时代特征，主要体现于陶瓷器、青铜器、金银器、漆器等多种艺术门类，其中青瓷器最具代表性，不仅形制多样，图案纹饰也相当丰富，两者的有益结合，共同造就了青瓷发展史上的第一座高峰。对造物艺术形制与图案纹饰做深入探究，便于我们深入揭橥墓葬造物艺术的演变规律，进而对六朝墓葬造物艺术的整体风貌做宏观把握。

就形制而言，六朝墓葬造物艺术大致可分为生活用具、文房器具、服装配饰、明器等，随着时代演进，各时期的造物艺术形制也发生相应的变化。一方面，伴随着新形制的出现，一些旧的形制随之消失，如孙吴时期流行的青瓷堆塑罐在东晋时期已不见，而东晋时期流行的青瓷牛车等器形不见于六朝早期。这种适应时代需求的造物形制的变化不仅出现在青瓷器中，在其他艺术门类中也有所体现；另一方面，一些较为成熟的器形在六朝300多年的发展过程中也非固定不变，其中青瓷器的变化最为显著，就圆器而言，呈现出由矮胖向瘦长方向演变的趋势，如罐、瓶、壶、渣斗等。六朝墓葬造物艺术的纹饰相较于汉代有颇多创新之处，通过对出土青瓷器、漆器、青铜镜、画像砖等遗物的分析，可以发现，此时纹饰大致可分为几何纹、动物纹、人物纹、花鸟纹等。六朝墓葬造物艺术的纹饰因载体不同，演变规律也存在差异。如青瓷器纹饰整体上呈现出由立体装饰向平面装饰的过渡，早期流行动物纹、人物纹，后期以植物纹更为多见。六朝青铜镜铸造业的高峰在孙吴时期，当时仍属后蜀的四川地区是全国铸镜业的中心，生产的青铜镜仍以汉镜最为多见，同时也生产一些颇具时代特征的青铜镜，虽然质量不及汉镜，纹饰也不如汉镜丰富，但有颇多创新之处。造物艺术形制与纹饰不仅是器物本身的构成要素，同时还体现出造物本身的等级特征，对于一些没有明确墓主身份信息的墓葬而言，通过对随葬遗物的形制、材质、工艺、纹饰、组合特征等进行分析，结合墓葬形制与所处位置，可

① 李倍雷. 造物"形制"与图案"纹饰"关系研究 [J]. 民族艺术研究，2018（6）：75-82.

以考定墓主身份等级。

第一节　墓葬造物艺术的形制

形制是造物艺术的核心内容，它既是工匠造作之事必须遵行的一项制度，也是体现时代造物风格的重要手段。由于六朝时期墓葬遗存多，分布范围集中，所以墓葬造物艺术的时代特征、演变规律较为鲜明。从已刊布的资料看，墓葬造物艺术主要由青瓷器、陶器、金银器、玉器、金属器五大类构成，其形制、制作工艺、器形演变各有特色。

一、形制分类

（一）青瓷器

东汉时期，浙江东北部曹娥江流域越窑成功烧制了较为成熟的青瓷器，代表着当时制瓷技术的最高水平。在此后 300 多年间，尽管产瓷区不断扩大，但成型工艺、烧制技术、釉面发色等没有发生根本性变革，最大的变化体现在青瓷器的造型方面。从功能角度看，六朝青瓷器形制可分为六大类。

第一，反映农耕经济生活场景的器具，如房舍、谷仓（罐）、灶、井、灯、熨斗、盘、碗、钵、鸡舍、猪圈、牛车等。

第二，反映茶文化的器具，如托盏、擂钵、盅、盘托、三（五）足炉等。

第三，反映酒文化的酒具，如盘口壶、鸡（羊）首壶、尊、耳杯、盘托炉、镣斗等。

第四，反映医药卫生文化的用具，如唾壶、匜、虎子、厕所等。

第五，文房用具，如笔、砚台、书刀、水盂等。

第六，表现人物形象特征的各类人物俑，如仕人、胡人、仆人、乐伎等。

据已刊布的资料看，六朝青瓷在整个南方大部都有发现，以江苏、浙江、湖北、湖南、江西、安徽、福建地区最为多见，其中都城建康出土的青瓷无论在质量还是器形种类方面皆居全国之首。下面以区域为界，分述六朝青瓷的形制特征。

长江下游地区的青瓷器产区以江苏、浙江为主。浙江是六朝青瓷器主要产区，不仅产量巨大，而且质量居全国之最，南京出土的高质量青瓷器多产自浙江。孙吴时期的青瓷器品种主要有罐、盘口壶、尊、盒、碗、灯、插器、水盂、虎子、渣斗、鸡首壶、洗、灶、鸡（猪、狗等）圈、砚台、碓房、井、磨、臼、扫帚、杵、三足盉、人物俑、镇墓兽等；东晋时期的青瓷器品种主要有罐、碗、水盂、钵、盘口壶、渣斗、鸡首壶、洗、盏、熏、砚台、博山炉、方壶等；南朝时期的青瓷器品种主要有罐、碗、盘口壶、渣斗、鸡首壶、盏、砚台、莲花尊等。

长江中游地区以湖北、湖南、江西为主，湖北鄂州因在孙吴时期曾短暂作为国都，所以在此地发现了一些墓主品秩较高的墓葬，且出土了较具地方特色、质量很高的瓷器，如鄂州钢铁厂出土的庭院式建筑模型等。江西南昌也出土了一些质量很高的青瓷，如南昌高荣墓出土的 40 多件制作精良的瓷器等。[①] 孙吴时期的典型器主要有罐、盘口壶、洗、盆、碗、盘、盏、熏、碓、鸡首壶、虎子、鸡圈、猪圈、插器、庭院、井、仓、灶、人物俑、镇墓兽等；东晋时期的典型器主要有罐、盆、碗、灯、盘口壶、砚台、盒、鸡首壶、熏、洗、盏、带把杯、插器、水盂、渣斗等；南朝时期的典型器主要有罐、碗、盘、莲花壶、渣斗、三足炉、瓶、钵、水盂、灶、鸡首壶、博山炉、樽等。

东南地区主要指广东、广西、福建。广东地区的六朝墓葬分布在广州、四会、肇庆、始兴等地，出土的青瓷器多为日常生活用器，包括碗、盘、罐、盏、水盂等，一些较大规模的墓葬也出土鸡首壶、虎子、盘口壶、渣斗等，基本不见苏、浙两地流行的明器。广西地区的六朝墓葬分布在梧州、钟山、恭城等地，出土的遗物也多为日常实用器，包括碗、罐、盘、钵、鸡首壶、三足炉、灯、虎子等。福建地区的六朝墓葬发现较多，有 200 余座，其中纪年墓有 50 余座，这给青瓷的断代提供了有力的实物支持。从出土的遗物看，福建六朝墓葬整体呈现与长江中下游地区墓葬一致的特点，但在青瓷造型、发色等方面明显滞后。孙吴时期的瓷器较少，常见器有碗、罐、钵、盘口壶、虎子、烛台、三足炉等，亦见少量明器，如堆塑罐、猪圈、鸡鸭笼等。东晋时期的青瓷器以日常实用器为主，如碗、罐、盘、钵、盅、盘口壶、盂、砚等。南朝时期青瓷种类更为丰富，主要有碗、杯、盘、罐、钵、盏、盘口壶、砚、熏炉、虎子、莲花烛台、灶等。

西南地区的六朝墓葬发现较少，且丧葬制度与长江中下游地区存在较

---

① 江西省历史博物馆. 江西南昌市东吴高荣墓的发掘 [J]. 考古, 1980 (3): 219-228.

大差异，青瓷器出土也就更少了。据已刊布的资料看，该地区的青瓷器受长江中游瓷器影响较大，器形种类远逊于湖北、江西等地区，主要有罐、盘、盘口壶、渣斗、鸡首壶、水盂、砚台、三足炉等。

（二）陶器

六朝墓葬造物艺术以青瓷器为大宗，除此之外，陶器在墓葬中最为多见。在青瓷器没出现以前，陶器是古代先民生活中最为常用的器皿，直至东汉末期这一现象才得以改变，青瓷器一跃成为人们使用频率最高的器具。通过考古发掘资料可知，六朝墓葬中瓷器很快取代了陶器，但瓷器的发展具有不平衡性，各地制瓷业的发展有较大差异，陶器相较于瓷器而言，在实际应用中所受外界影响更少。陶器在各地区墓葬中的留存状况不尽相同，在一些瓷业发展落后的地方，陶器更能体现当地的丧葬制度。当然，由于瓷器的出现，陶器也呈现出不同于汉代陶器的面貌。孙吴以前，陶器品类繁多，包括灰陶、黑陶、彩陶、釉陶、漆陶等。六朝时期随葬陶器以灰陶为主，除极少部分的实用器外，基本沦为专为丧葬使用的明器。据已刊布资料看，六朝陶明器约可分为三大类，即仿现实生活日用而制造的明器、陶俑、专为丧葬而设计的明器①，现在重点介绍前两类，分述如下。

1. 仿现实生活明器

孙吴、西晋时期的陶质明器最为多样，尤其是国都所在的长江下游地区，出土的陶质明器不仅种类繁多，而且制作精良，为全国陶质明器之最，包括家禽家畜、生活用具、生产工具三类。

一是家禽家畜类，有猪、狗、羊、鸡、鸭、鸽、马等，其中有的以笼、圈养方式存在，如鸡笼、鸡舍、猪圈、狗圈等，皆手捏成型，惟妙惟肖。

二是生活用具类，有缸、桶、灶、盆、井、盖罐、盘口壶、香薰等。这类陶器分为两种，一种是仿生前真实场景的缩小版模型，一种是兼具实用功能的生器，大多造型简单，以圆器为主。

三是生产工具类，主要有磨、杵、筛、舂、臼、箕、帚等，这些工具皆是现实生活用具的微型翻版，造型特征与实物无异。

通过对比后世相关出土遗物，我们发现六朝墓葬造物形制在之后一千多年间并没有明显的形式改变，说明封建社会的社会结构长期处于稳定的状态，而造物艺术形制则依附于这种单一的社会形态。出土这三类工具的

---

① 罗宗真. 六朝考古［M］. 南京: 南京大学出版社, 1996: 180-194.

墓葬多为士族墓，也从侧面反映了当时地主庄园经济面貌。六朝所领地域多为土地肥沃之地，六朝时期又是我国历史上门阀政治最为强盛的时期，世家大族占有大量的私有土地，给庄园经济的兴盛奠定了基础，进而促进了南方的生产力发展。

东晋时期的陶质明器与孙吴、西晋存在较大的差异，早期的家禽家畜、生产工具类明器已少见或不见，而生活用具类明器增多。除却之前已有的盘、罐、碗、钵、砚等日常用器，还出现了许多新品种，如凭几、案几、步障座等。此外，还有一些出现于六朝早期，东晋时更为流行的明器，如陶牛车等。凭几是东晋时期流行的新品种，几面做弧形，下设三个屈腿兽足，兽足与几面分开烧制，后组装在一起。与凭几伴出的还有一种带耳的托盘（又称"案"），都是东晋人经常使用的置物器具。凭几不仅用于室内，亦用于室外，南京象山 M7 出土一驾东晋陶牛车，车厢内放置了一件陶凭几，说明凭几也用于外出驾乘。陶砚与瓷砚一样，是东晋时期较为多见的随葬器，由于陶砚烧制温度低，工艺粗糙，吸水率高，并不具有实用性，因此基本可以判断为仿制瓷砚的明器。东晋步障座也是具有较强时代特征的器物，形制可分为两种：一种为馒头状，中有插孔，直径约 15 厘米；一种为扁圆状，上塑昂首状龙虎，均成对出土于墓室四角。对于该器用途，学界存有不同观点：一种观点认为是帝王陵内的小型帷帐座[1]；另一种观点参考其出土位置、相连配件、阴刻铭文，认为是烛座[2]。

南朝时期的陶器相较于东晋并无明显变化，明器中仍以牛车、凭几、盘、罐、钵、耳杯、仓、灶最为多见，大多延续了东晋时期的形制特点，时代特征不明显，有些只是对前朝陶器做少许改变，如耳杯两端尖而上翘，灶前端封火墙加高，后端排火孔上翘等。南朝时最具特色的明器是镇墓兽，形状似牛，背有鬣毛，多置于墓内祭台前或甬道内，头朝向墓门。据《汉书·司马相如传》"赤首环题，穷奇象犀"可知这种牛形镇墓兽应为"穷奇"。如南京砂石山出土的陶穷奇（图 2-1）[3]。安徽六朝墓出土陶器与南京地区出土陶器基本相同，只有穿山甲形镇墓兽不见于南京地区墓葬。

① 阮国林. 谈南京六朝墓葬中的帷帐座 [J]. 文物, 1991 (2): 86-90.
② 罗宗真, 王志高. 六朝文物 [M]. 南京: 南京出版社, 2004: 208-209.
③ 王德庆. 南京砂石山发现南朝墓 [J]. 考古通讯, 1956 (4): 41.

图 2-1　南朝　陶穷奇

（南京市博物馆藏）

以上为南京及其周边地区六朝陶器的主要特征，受地缘关系、丧葬制度等因素的影响，其他地区的陶器与南京地区仍存在一定的差异。长江中游地区，以湖北鄂州、武汉，江西南昌，湖南长沙四地出土的陶器为最，种类与质量均高于其他地区陶器。器形与南京地区类同，只有个别器物显现出地方特色，如陶井的制作相比南京地区更加细致，有的在井上方加盖一亭子。另外，两湖地区出土的穿山甲、独角兽等镇墓兽及侍俑、佛像等少见于南京地区。长沙地区一座西晋永宁二年墓出土了 3 件陶马俑，鞍桥的一侧有三角形马镫，是迄今为止发现最早的马镫实物模型，但这种单边的马镫还只是早期形态，仅为上下马时方便而设，与后期驾行时所用的马镫功能不同。闽广地区的陶器总体不如长江中下游发达，不仅时代晚而且造型样式单一，受长江中下游地区影响很大，罕见具有地方特色的陶器。福建地区墓葬出土陶器较少，以东晋、南朝时期陶器为多，如纺轮、盆、盏等。两广地区陶器风格相近，主要器形有牛圈、灶、井、盂、屋、马厩、鸡、鸭、猪、牛车、作坊、堆塑罐等，其中犁田模型、禽舍、畜房最具地方特色。犁田模型共出土 4 件，广东连州西晋永嘉六年墓出土 1 件，广州黄埔姬堂西晋墓出土 3 件。以连州墓葬为例，据出土纪年砖"永嘉四年"（310）与"永嘉六年"（312）判断，该墓应为西晋时期墓葬。出土犁田模型表现为水田周围有拦水的田埂，四角筑有排水设施，可以调节水位的高低，便于水生作物成长。水田中间有一隔断，是为了便于蓄水。水田中，两人驭牛耕田，为犁田技术，犁过田后再用耙破碎大块的泥土，同时平整田面，便于播种（图2-2）。这件犁田模型反映出西晋时期广东地区已具备了较为成熟的水田耕种技术，在之后一千多年里没有大的改进。西南地区六朝墓葬中出土的陶器相较于长江中下游陶器逊色很多，品类少且制作粗糙。品种主要有牛、羊、鸡、鸭、狗、马等家禽家畜类；盘口壶、唾壶、罐、盘、盏、钵、灯、耳杯等生活用器类，这些陶器在四川崖墓中较为多见。

图 2-2　西晋　陶犁田模型
（广东省博物馆藏）

2. 陶俑

陶俑虽无金属器的精巧，亦无青瓷器的晶莹，然而是墓葬造物艺术中最具特色的形制之一。有些陶俑凝聚了六朝人对美的追求，散发出独具时代特色的艺术魅力。陶俑可分为动物俑与人物俑两大类，动物俑在上文已做简要介绍，不再赘述，下面主要探讨人物俑的形制特征。六朝人物俑在整体形制方面不如北方人物俑深沉宏大。南京与长沙等地出土的一些人物俑造型优美、做工精细，具有鲜明的时代特征，代表了当时南方陶俑制作的最高水平。从已刊布的资料看，六朝人物俑多为侍从、奴仆之类，皆属社会下层，我们研究六朝服饰具有一定的局限性，但它们是我们研究六朝时人生活状态的重要资料。孙吴、西晋时期出土了一定数量的瓷俑，制作工艺、人物造型等与陶俑颇为一致，因此，一并叙述。

六朝陶瓷俑的分布很不平衡，主要分布于江苏南京、湖南长沙、湖北武汉与鄂州及广东和广西部分地区，而墓葬造物艺术较为丰富的江西、浙江、福建地区则很少发现，西南地区的四川、云南、重庆更罕见。由于陶俑的制作相较于瓷俑更为简单，多为当地所制，各地的形制呈现出地域特色。

　　孙吴、西晋时期人物俑以长江中游的鄂州至长沙一线最为集中，周边的武汉、宜昌、黄陂等也有较多的发现。按人物身份可分为女侍俑、男侍俑、文士俑、武士俑、伎乐俑、仪仗俑、庖厨俑等，此外，还有少量的佛像、镇墓兽、胡人俑（图2-3）。出土陶俑比较典型的墓葬有武汉黄陂滠口墓[①]、鄂城孙将军墓[②]、鄂钢饮料厂墓、湘阴城关墓、长沙晋墓M22号墓等。这些陶俑大多为孙吴、西晋时期新出的品种，同时也见少量东汉风格遗存。如长江中游出土的庖厨俑，呈跪坐状，身前置一案台，案台上放置物品。这类陶俑应是受到长江上游汉代造物风格的影响，与成都、重庆等地同类器造型一致。长江中游还出土较多的胡俑，这类胡俑可分为两类：一类为东汉胡俑形制的延续，是标准的胡人形象，典型特征是高鼻深目，帽尖高耸且略有弯曲；另一类为杂胡，没有标准胡人的特征，所属族群虽不确定，但从其宽额丰颊及魁梧的身材来看，可以肯定并非汉人。他们的服饰虽没有统一的式样，但尖帽与白毫相是杂胡的显著特征。尖帽体现杂胡的民族特征，白毫相则反映了他们的宗教信仰，即佛教信仰，这与佛教在孙吴时期借助胡僧传播的状况相一致。

1　　　　　　　　　2　　　　　　　　　3

图2-3　孙吴、西晋　长江中游陶俑图

（1. 巫山麦沱M47出土；2. 鄂城孙将军墓出土；3. 长沙晋墓M22出土）

　　长江下游地区孙吴、西晋时期的陶俑数量不及长江中游地区，人物造型也没有长江中游丰富，大致可分为三类：一类是源自北方的造物风格，人物造型多为服役的守门兵卒与内务劳动的奴仆形象，就人物的表现手法来看后者要优于前者。如南京郎家山1号墓出土持盾兵卒俑与南京中央门外

---

① 武汉市博物馆. 武汉黄陂滠口古墓清理简报 [J]. 文物，1991 (6)：48-54.
② 鄂城县博物馆. 鄂城东吴孙将军墓 [J]. 考古，1978 (3)：164-167.

新宁砖瓦厂出土执笏俑与女俑①，这些都是北方墓葬中多见的人物俑；一类为具有南方地域特色的人物俑，这类人物俑多体现了南方生活特征，如南京栖霞山甘家巷六朝墓群出土的顶罐陶俑②；一类为长江下游土著人物俑，这类人物俑多表现苏、浙地区庄园经济下的人物样态，如镇江孙吴、西晋墓出土的四件跪坐俑，皆着冠，双手合于胸前③。南京殷巷西晋墓出土的一件人物俑，头顶有圆形小髻，圆眼，阔鼻，鼻孔上翘，耳垂有耳饰，着长裙，双手捧于胸，腰带系成剪刀形④。从着装与发饰特征看，此类人物应是具有较高社会地位，掌握大量社会资源的阶层（图2-4）。

1　　　　　　　　2　　　　　　　　3

图2-4　孙吴、西晋　长江下游陶瓷俑

（1. 南京栖霞山甘家巷六朝墓出土；2. 镇江孙吴、西晋墓出土；3. 南京江宁区张家山西晋墓出土）

　　两广地区孙吴、西晋时期的人物俑在墓葬中更为少见。罕见独立的人物俑，多依附其他器物，如犁田模型、牲畜圈、堆塑罐、灶等，有劳作俑、仪仗俑、武士俑、门吏俑等。两广地区的人物俑具有鲜明的地域特色，主要表现为以下三点。

　　A. 人物多与马、牛、车同置于一块泥板之上。

　　B. 反映士人出行的仪仗俑是两广地区重要的墓葬造物艺术，成组的仪仗俑多包括导从俑、武士俑、鼓吹俑、侍从俑、驾乘俑等。

　　C. 陶瓷俑多着汉式服装，窄袖，帽分平巾帻与尖顶两种，人物多为普通劳作者。

　　同时，墓葬中还出土了数量不多的骑马俑、乘车俑、坐轿俑等，这些人俑大多身着汉式服装，应与东汉末年起中原人口开始大量南迁的历史背

① 南京市文物保管委员会. 南京六朝墓清理简报［J］. 考古, 1959（5）: 231-236.
② 南京博物院. 南京市文物保管委员会. 南京栖霞山甘家巷六朝墓群［J］. 考古, 1976（5）: 316-325.
③ 镇江博物馆. 镇江东吴西晋墓［J］. 考古, 1984（6）: 528-545.
④ 南京博物馆. 南京殷巷西晋纪年墓［J］. 文物, 2002（7）: 11-14.

景有关，他们到达两广后不久便建立起自己的势力范围，成为出骑入辇的新贵。[①]

东晋、南朝时期人物俑的数量整体上呈增长态势，但各地的兴衰情况不完全等同于孙吴、西晋时期。此时，长江下游地区的人物俑明显增多，一度超越长江中游地区成为全国随葬人物俑最多的地区，而长江中游的人物俑则明显呈衰减之势，直至南朝时期才有复苏的迹象。两广地区经由东晋的发展，至南朝时期随葬人物俑的现象明显增多。东晋、南朝时期陶俑的发展状况与墓葬形制的变化较为一致，约略可分为三个阶段：东晋早期陶俑形制与孙吴、西晋时期较为一致；东晋中期至南朝早期是陶俑的演变期，形成了具有一定时代特征的形制；南朝中后期是陶俑的兴盛期，这一时期的陶俑不仅规模大而且制作精良。下面以南京及其毗邻地区为中心，来探讨陶俑的形制特点。

东晋至南朝早期，长江下游地区陶俑整体上呈发展之势，南京及其毗邻地区陶俑最具代表性，多为侍从与奴仆形象，如牵马俑、守门俑、跪俑及少量的胡俑等（图2-5）。出土陶俑较为典型的墓葬有南京象山7号墓、南京大学北园墓、南京石门坎墓、南京富贵山M2、南京隐龙山3号墓、南京郎家山墓、南京北崮山墓、南京油坊桥M2、南京汽轮机厂墓等。其中，象山7号墓中的文吏俑与牛车等在长江下游地区并没有出现，应与永嘉南渡的历史背景有关。东晋成立之初大量北方士族南迁，他们不仅巩固了司马政权，而且带来了北方的丧葬文化，文吏俑与牛车的出现即是这一现象的真实反映。南朝中后期的人物俑最为发达，出土时多成对出现（男女俑各一件），也有同时出土两对或三对的现象，大型的墓葬甚至还出土人物俑群，但不见东晋、南朝早期的守门俑、牵马俑、赶车俑等。这个时期男女俑的形制较前期更为统一，男俑通常戴冠，因身份的差异衣着也有不同，侍俑通常着宽袖长袍，驭手俑着窄袖短衣。女俑发髻编成"丫"形，着宽袖袍服，交领，双手交于腹前（图2-6）。宽大覆额的女俑始见于梁中期，头发如鸟之展翅的女俑始见于南齐，梳辫俑始见于梁晚期[②]。比较重要的墓葬有南京仙鹤门墓、南京花神庙墓、江宁东善桥砖瓦厂墓、明昙嬉墓等。两湖地区南朝人物俑除武汉外整体上呈衰落趋势，人物形象不及南京人物俑形象生动，但也有例外，如武昌吴家湾南朝晚期墓中出土的22件陶俑，

① 韦正. 六朝墓葬的考古学研究 [M]. 北京：北京大学出版社，2011：202-203.
② 韦正. 六朝墓葬的考古学研究 [M]. 北京：北京大学出版社，2011：214.

刻画生动，比例匀称，制作精良，有些人物俑表面涂有赭红色矿物颜料。两广地区的人物俑数量虽不及长江中下游地区，但具有鲜明的地域特征，常见的形象有骑马俑、武士俑、侍从俑、扛旗俑、击鼓俑等，有时这些人物俑不是独立存在的，而是几个俑组合为一组，其下置一底座，代表性的墓葬有广西永福南朝墓等。

图 2-5　东晋　南京地区陶俑

（1. 南京北崮山墓出土；2. 南京尧化门墓出土；3. 南京郎家山墓出土；4. 南京富贵山 M2 出土）

图 2-6　南朝　南京地区女俑（3 号为石俑）

（1. 南京灵山墓出土；2. 南京黑墨营墓出土；3. 南京花神庙 M2 出土；4. 南京灵山墓出土）

（三）金银器

金银器也是重要的六朝墓葬出土造物艺术之一，大多出土于帝王陵墓与世家大族墓。从已见诸报道的墓葬看，出土金银器的墓葬多被盗掘，今各大博物馆所藏遗物，多来源于劫后余存与少量几座完好的墓葬，即使在这种情形下我们仍能通过仅存的遗物窥见六朝金银器的概况。

六朝金银器在南方墓葬中多有发现，以长江中下游地区各大城市最为

集中，又以南京为最，出土金银器不仅数量多而且质量居全国之首，代表
六朝墓葬金银器的最高水平。据已刊布资料看，六朝墓葬金银器出土情况
大致如表 2-1 所示。

表 2-1　六朝墓葬出土金银器概况

序号	出土墓葬	数量（件）	品类	备注
1	鄂钢饮料厂孙吴墓	22	桃形金片、指环、钗等	金器 14 件、银器 8 件
2	南昌孙吴高荣墓	23	金镯、金钗、金耳挖、桃形金片、银唾壶、银钗等	
3	宜兴西晋家族墓	51	簪头、钗、环、珠、顶针、桃形金片等	金器 34 件、银带具 17 件
4	南京西岗西晋墓	43	金戒指、钗、镯、环、金片等	
5	湖南安乡西晋刘弘墓	5	金印、金带扣、金钗等	金印 2 件
6	南昌火车站东晋墓	24	金戒指、环、镯、钗、顶针、耳挖、火拨等	
7	南京大学北园东晋墓	50	桃形金片、花瓣形金片、镂金饰片、金珠等	
8	南京汽轮电机厂东晋墓	9	花形金片、桃形金片、银栉背、银环等	
9	南京象山东晋王氏家族墓	60	金铃、金指环、金钗、金簪、银钗等	
10	南京郭家山东晋墓	130	金钗、花形金片、桃形金片、圆形金饰、虎形金饰等	
11	南京幕府山东晋墓	20	花形金片、钗、桃形金片、鸟形金片等	
12	南京郭家山东晋温峤墓	20	金珠、羊形金饰、金环、金饼、桃形金片等	
13	南京富贵山东晋墓	20	金镯、金钗、釜形金饰、银碗、银簪等	
14	长沙黄泥塘东晋墓	20	金珠、环、钗、花形金片、扁壶形金片、双凤形圆饰等	
15	贵州平坝马场南朝墓	264	钗、簪、镯、戒指、顶针、耳钩等	金器 148 件、银饰 116 件
16	南京甘家巷六朝墓	28	金银饰残件	
17	镇江丹阳胡桥大墓	8	多种步摇饰件残片	

从表 2-1 可看，随葬金银器在孙吴至东晋时期最为流行，并于东晋时期达到高峰，南朝时期呈衰减之势。据学者分析，原因主要有三点。

其一，六朝墓葬多被盗掘，时代愈晚，盗掘越发严重。从已发掘的南朝墓葬来看，中大型墓葬盗毁严重，几乎看不到较为完整的墓葬。加之南朝时期世家大族的地位远不及孙吴、东晋时期，因此，中大型墓葬数量也相对较少。

其二，南朝统治阶层多主张薄葬，甚至对随葬金银器采取禁用政策。《宋书》载："宋台既建，有司奏东西堂施局脚床、银涂钉，上不许。"[1] 明确连银涂饰都不准。《陈书·宣帝纪》载宣帝遗命："凡厥终制，事从省约。金银之饰，不须入圹，明器之具，皆令用瓦。唯使俭而合礼，勿得奢而乖度。"[2]

其三，南朝时期佛教兴盛，寺院林立，佛事活动、寺院建筑、造像等要耗费大量金银。然而据文献所载，此时的金银产量并没有增加，这也就导致了佛事以外金银用量较前朝呈明显减少的现象。[3]

六朝金银器按用途可分为小型装饰件、生活用具、器具附件三类，以小型装饰件金银器最为多见。

小型装饰件又可分为首饰与服饰两种：首饰类主要有镂空动物纹珰、簪、钗、铃、顶针、戒指、项圈、耳挖、方胜等；服饰类主要有多种形状的金箔片、辟邪、鱼、羊、鸟、龟、虎等。魏晋时期，帝王之家及世家大族皆流行以金器作装饰，彰显其高贵的身份地位。《晋书·舆服志》载："皇后谒庙……首饰则假髻步摇，俗谓之珠松是也。簪耳步摇，以黄金为山，题贯白珠。"曹植《美女篇》曰："头上金爵钗，腰佩翠琅玕。"镂空动物纹金珰多为圭形，在主要轮廓线上用很小的金粟粒串联，内部饰各类动物（包括昆虫类）纹，如蝉、凤、龙等。出土蝉纹金饰的墓葬主要有南京仙鹤观 6 号墓（图 2-7）、南京大学北园东晋墓、南京郭家山温峤家族墓等。《晋书·舆服志》载汉晋时期的散骑常侍、侍中冠上皆附有金饰："加金珰、附蝉为饰，插以貂毛，黄金为竿，侍中插左，常侍插右。"[4]

① 沈约. 宋书 [M]. 北京：中华书局，2018：64.
② 姚思廉. 陈书 [M]. 北京：中华书局，1972：99.
③ 罗宗真，王志高. 六朝文物 [M]. 南京：南京出版社，2004：308-309.
④ 房玄龄. 晋书·舆服志 [M]. 北京：中华书局，1974：768.

图 2-7　东晋　南京仙鹤观 M6 墓出土蝉纹金珰

（采自王志高，张金喜，贾维勇：《江苏南京仙鹤观东晋墓》，《文物》，2001 年第 3 期，第 16 页）

　　据考古发现，这类流行于上层贵族的装饰品甚至得到了皇室的认可，南京大学北园墓中也出土了类似的金珰，该墓被考古专家们认为是东晋早期的帝陵之一。桃形金片与花瓣形金片是六朝墓葬中发现最多的金饰品类。桃形金片在较尖的一端多设穿孔，表面通常饰有纹样。如宜兴西晋周处家族墓 M4 出土的桃形金片中压印花形纹饰、鄂钢饮料厂孙吴墓桃形金片四周装饰金粟粒，内部饰"米"字形纹样。花瓣形金片一般饰有六瓣花纹，花蕊间设有穿孔，在花瓣与花蕊的轮廓线上多以金粟粒串联。学者多认为花瓣形金片是东汉、魏晋时期贵妇们所戴步摇的配件。《晋书·舆服志》载："步摇以黄金为山题，贯白珠为支相缪。八爵九华，熊兽、赤罴、王鹿、辟邪、南山丰大特六兽，诸爵兽皆以翡翠为毛羽，金题白珠珰，绕以翡翠为华。"① 出土这类花瓣形金片的墓葬有南京北郊汽轮电机厂东晋墓、仙鹤观 6 号墓等。近年来，许多学者对金银装饰件做了较为深入的研究，得出一些结论。如韦正先生根据六朝墓葬中金银器出土情况，对桃形金珰的使用范围与方式做了推论，他说："蝉纹金珰可作为女性墓主的陪葬品，如汜心容墓与南京仙鹤观 M6 中出土蝉纹金珰，此二例的墓主皆为女性。"② 史籍中明确记载女性可佩戴金珰的史实，《晋书·礼志上》载："女尚书著貂蝉佩玺陪乘，载筐钩。"③ 此外，桃形金片、花瓣形金片等可与金珰组合使用，是

① 房玄龄. 晋书 [M]. 北京：中华书局，1974：774.
② 韦正. 金珰与步摇：汉晋命妇冠饰试探 [J]. 文物，2013（5）：60-69.
③ 房玄龄. 晋书 [M]. 北京：中华书局，1974：590.

命妇服饰的配饰。《晋书·礼志上》载："公主、三夫人、九嫔、世妇、诸太妃、太夫人及县乡君、郡公侯特进夫人、外世妇、命妇皆步摇，衣青，各载筐钩从蚕。"① 这里的步摇即桃形金片、花瓣形金片等相关金器。骑兽形金珰的使用可能也与女性有关。邹城刘宝墓与南京温式之墓均出土骑兽形金珰，且都位于女性墓主身边。文献中也记载了男性使用蝉纹金珰的情况，但考古发现男性墓出土金珰十分罕见，目前仅见北燕冯素弗墓出土了蝉纹金珰。冯素弗墓伴出了范阳公章、辽西公章、车骑大将军章、大司马章四枚金质或鎏金印章，可为金珰的使用范围提供更为具体的参考。②

生活用具类金银器在整个六朝金银器中所占比例较小，从考古发掘情况来看，器形主要有带钩、带扣、火拔、唾壶、箸、鼎等。如湖南安乡西晋刘弘墓出土的金带扣（图2-8），主体图案为镂空的盘曲龙纹，遍身装饰小金粟粒，外沿一圈以菱形纹串联装饰，间以圆形绿玉点缀，使器物显得甚为豪华。南京仙鹤观6号墓出土的鎏金带盖银鼎也很特别，该鼎非常小，通高仅有2.7厘米，但鼎的各部分细节表现得很清楚，且作为实用器而存在，从外底刻、划"第五"二字分析，该器可能是批量生产的。内部残存少量的云母片，据专家分析，魏晋时期道教丹鼎派在社会上层受到极大的追捧，人们迷恋服食成仙，云母即是当时仙药的主要成分之一。《抱朴子》曰：

图2-8 西晋 湖南安乡西晋刘弘墓出土螭龙纹金带扣

（采自袁建平：《金玉之尊——馆藏西晋刘弘墓出土金器、玉器》，《文物天地》，2015年第9期，第38页）

---

① 房玄龄. 晋书 [M]. 北京：中华书局，1974：590.
② 韦正. 六朝墓葬的考古学研究 [M]. 北京：北京大学出版社，2011：239-241.

上药令人身安命延，昇为天神，遂游上下，使役万灵，体生毛羽……药之上者丹砂，次则黄金，次则白银，次则诸芝，次则五玉，次则云母，次则明珠，次则雄黄，次则太乙禹余粮，次则石中黄子，次则石桂，次则石英，次则石脑，次则石硫黄，次则石台……①

因此，从遗留的云母判断，该银鼎极有可能是盛放仙药的容器——"神鼎"。

器具附件类金银器较少，主要有金银钉、银兽蹄、银柿蒂、银辅首、银链等，多为漆木器表面所饰附件及刀剪类连接件。这类附件形式单一，且没有丰富的装饰纹样，更没有深邃的文化内涵。

以上金银器的出土，为我们进一步了解六朝时期的社会风尚与丧葬制度提供了参考，凭借对其形制的研究，可以揭露六朝金银器生产工艺流程与形制的流变情况。

（四）玉器

六朝墓葬出土的玉器在整个遗物中占比较小，形制的演变特征也不甚明显。从见诸报道的资料中仍能见其梗概，以及不同等级墓葬使用玉器的规律。六朝玉器依功能可分为佩饰、剑饰、葬玉（明器）、生活用具四类，试述如下。

佩饰主要有组佩、司南佩、环、辟邪形佩、玦等。组佩十分罕见，大多因墓葬被盗掘而难以判断其原始形态。仙鹤观东晋墓的发现为我们了解组佩的佩系方式提供了依据。该墓出土的组佩为男性墓主腰部的佩饰，由3珩、2璜、2珠组成，每件端部皆有1~4个穿孔供串联（图2-9）②。出土组佩与此相似的墓葬还有郭家山5号墓、幕府山1号墓、迈皋桥小营东晋墓、南昌京山南朝墓等。从出土同类器的形制看，六朝时期的组佩有着一脉相传的承续关系。组佩在汉代已较为多见，相较于六朝时期的组佩，两者在造物形制方面有承续关系，时代特征也较为明显。如六朝组佩不见汉代的玉舞人、龙形佩、玉觿等，而以云头、磬形玉珩、玉璜、玉珠代替。另外，汉代组佩多装饰繁复的纹样，显得异常华丽，而六朝组佩多素面，整体显得简洁大气。司南佩是流行于东汉时期的一种玉佩饰，在六朝时期依然可见。形制是两个扁矮方形的玉柱由一圆柱形串联，可能源于玉琮的形态，

① 王明. 抱朴子内篇校释 [M]. 北京：中华书局，1985：196.
② 王志高，周裕兴，华国荣. 南京仙鹤观东晋墓出土文物的初步认识 [J]. 文物，2011（3）：80-91.

喻地，圆柱的顶端琢一小勺，应为司南形象，喻天。有学者认为司南佩主要用于厌胜避邪，表示墓主希望得到天地的助力。

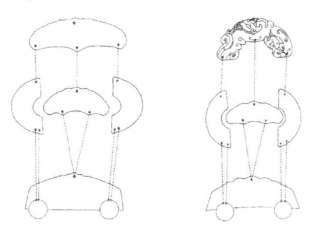

图 2-9 东晋 南京仙鹤观墓出土玉佩复原示意图①

玉剑饰指在剑柄与剑鞘上镶嵌的玉饰，也称为玉具剑，主要由剑首、剑格、剑璏、剑珌四部分组成。《晋书·舆服志》载："汉制，自天子至于百官，无不佩剑，其后惟朝带剑。晋世始代之以木，贵者尤用玉首，贱者亦用蚌、金、银、玳瑁为雕饰。"②可见，这种玉具剑可能承袭于汉代。出土六朝玉具剑的墓葬有镇江丹徒孙吴墓、宜昌孙吴墓、石闸湖西晋墓、富贵山东晋墓、四摆渡东晋墓等。

葬玉主要有玉猪、玉琀等，这类器物源自汉代，形制没有明显的变化。

生活用具玉器主要有带钩、印章、碟、耳杯、樽、卮，以及作为其他器物附件的玉泡、玉扣等。樽是古代的一种酒具，早期为青铜材质，玉樽出现于两汉时期，为仿青铜器造型。湖南安乡刘弘墓出土玉樽（图 2-10）、玉卮是较为典型的玉器，玉樽通高 10.5 厘米，口径 10.5 厘米，足高 2 厘米。玉质为鸡骨白，直筒形，器身分饰上、中、下三道凹弦纹。上层分别雕对称的衔环辅首、两只螭龙、两只长喙独角龙、西王母与持灵芝的仙人。下层雕刻持仙芝戏螭龙的羽人、独角兽与螭龙争抢仙芝、云中嬉戏的熊与独角龙。器底设三熊足，熊作缩首拱背状，腹部下鼓，呈承力状。

① 王志高，周裕兴，华国荣. 南京仙鹤观东晋墓出土文物的初步认识 [J]. 文物，2011（3）：80.
② 房玄龄. 晋书 [M]. 北京：中华书局，1974：771.

图 2-10　西晋　湖南安乡西晋刘弘墓出土玉樽①

　　东汉后期，道教盛行，人们崇尚神仙道术，祈求长生不老，一些玉器也以此为背景创作而成。樽是盛酒器具，酒是通天之物，畅饮之后暂忘世事，不顾荣辱，确也是仙人的境界，以樽壁上神仙羽人的导引，唤出美酒，与知己同饮千杯，同醉今朝，也算是一种解脱吧。② 安徽芜湖南朝墓出土的一件耳杯，南京铁心桥东晋墓出土的一件碟，均为素面。

　　（五）金属器

　　六朝金属器在整个墓葬遗物中发现较多，体现出冶铸水平较东汉有一定的进步，尤其是灌钢技术的成熟，使得铜铁器广泛应用于日常生活中。金属器可分为铁器与铜器两类，早期铜器占比较大，后期随着冶铁技术的成熟，加之军事征伐所需，铁器在社会中更受欢迎，其表现出对铜器的借鉴，两者在类型与形制方面都极为相似。

　　1. 铁器

　　从考古发掘情况看，六朝后期铁器相较于铜器使用频率更高，政府设立专门的部门对其进行管制。如孙吴时期曾参照曹魏政权设立过相关冶铁机构，《宋书》载："江南诸郡县有铁者或置冶令，或置丞，多是吴所置。"由于南方地区地下水位较高，铁器埋入地下后很快便会被腐蚀而难辨其真实的纹饰。据已刊布的资料看，铁器约可分为武器、日常工具、生活用具三大类。因青铜刀易折，所以武器中以铁刀最为常见，器型多环首刀。三国

① 袁建平. 金玉之尊：馆藏西晋刘弘墓出土金器、玉器 [J]. 文物天地，2015（9）：39.
② 袁建平. 金玉之尊：馆藏西晋刘弘墓出土金器、玉器 [J]. 文物天地，2015（9）：37-39.

时，精美的铁刀被称为百辟之刀，曹操《百辟刀令》曰："往岁作百辟刀五枚，适成，先以一与官将。其余四，吾诸子中有不好武而好文学者，将以次与之。"[1] 韦正先生认为该百辟刀可能是环首刀。日常工具主要有斧、锯、凿等，其形制延续汉代风格，在之后一千余年中也没有大的变化。生活用具是铁器中品种最为丰富的一类，包括釜、炉、鼎、镰斗、锁及器物的配件。

2. 铜器

六朝时期的铜器整体上处于稳步发展状态。早期延续了东汉的造物风格，其形制与中原地区铜器颇为相近，以长江中下游地区铜器最具代表性。同时，一些具有鲜明时代特征的也已产生，如孙吴时期新出的鎏金砚滴即是创新产品的典型代表。后期形制趋于统一，西南与岭南地区出土的铜器造型大多能在长江中下游地区找到原型。当然，这时期具有地方特色的铜器并没有全然消失，一些地区的铜器仍然保留鲜明的民族特色，如西南与岭南地区铸造的颇具民族特色的铜鼓等。六朝铜器可以大致分为两种类型：武器与生活用具。武器主要有剑、刀、弩机等；生活用具包括砚滴、青铜镜、印、水注、香薰、洗、唾壶、锁、镰斗、炉等，以砚滴、铜鼓、香薰、镰斗的形制最为特别，具有较高的艺术价值。

铜砚滴是六朝时期新出的品种，可视为铜制品的异类，其精良的铸造工艺、设计的巧思，代表了六朝铸铜工艺的最高水平。如南京仙鹤观东晋高崧家族墓出土鎏金砚滴（图 2-11），为异兽口衔耳杯状，兽四肢屈曲，五爪，头部双角后垂，腹部两侧置双翼，弋长尾。内部中空，与背部圆孔相通。长 16.6 厘米、宽 7.2 厘米、高 6.4 厘米。江宁区博物馆于 2017 年在江宁湖熟街道的一座墓葬中发现了一件同类器物，据该墓的形制推测，墓主应为孙吴时期的豪门贵族甚至是王室，这可能与江宁湖熟与上坊两地是孙吴皇室的主要葬区有关。铜砚滴不仅存世极少，且拥有者皆为当时豪族，东晋高崧家族墓所出可能为孙吴时期所铸。

---

① 杨泓. 古代兵器通论 [M]. 北京：紫禁城出版社，2005：185.

图2-11　东晋　南京仙鹤观 M6 墓出土鎏金砚滴

（采自南京市博物馆：《六朝风采》，第 173 页）

　　铜鼓也是六朝时期较有民族特色的造物艺术，分布范围大抵西到澜沧江，北至大渡河，东至广西柳江、黔江和贵州鸭池北盘江，南达元江流域。铜鼓的前身是一种原始的木鼓，后由于铜鼓的发明，原始木鼓逐渐被代替，但在一些偏僻地区仍保存下来，就是我们今天还能在云南边境地区看到的象脚鼓。[①]

　　在古代，金、石、丝、竹、匏、土、革、木是最为常见的八种物质，制成乐器后被称为"八音"。铜鼓是南方最为多见的乐器之一，在部分少数民族手中，它是一种简单的伴奏乐器，在擅长歌舞的南方地区起到一种调节节拍的作用。《岭表录异》载："蛮夷之乐，有铜鼓焉，形如腰鼓，而一头有面。鼓面圆二尺许，面与身连，全用铜铸。"[②] 从考古发现来看，铜鼓的使用最早出现在春秋与战国相交之际，经由两汉的发展，至六朝时期迎来高峰，一直沿用至今。

　　《晋书·食货志》载：

　　　　钱，国之重宝，小人贪利，销坏无已，监司当以为意。广州夷人宝贵铜鼓，而州境素不出铜，闻官私贾人皆于此下贪比轮钱，斤两差重，以入广州，货与夷人，铸败作鼓。其重为禁制，得者科罪。[③]

　　《太平御览》引录裴渊《广州记》载：

　　　　俚僚贵铜鼓，惟高大为贵，面阔丈余，方以为奇，有是鼓者，

①　汪宁生. 试论中国古代铜鼓 [J]. 考古学报，1978（2）：189.
②　孙廷林，王元林. 珠江中古学说学派：千年南学兴旺期 [M]. 广州：广东旅游出版社，2018：336.
③　房玄龄. 晋书 [M]. 北京：中华书局，1974：795.

极为豪强。

《隋书·地理志》记述岭南二十余郡时称其皆铸铜为大鼓，曰：

（大鼓）初成，悬于庭中，置酒以招同类。来者有豪富子女，则以金银为大钗，执以叩鼓，竟乃留遗主人，名为铜鼓钗……有鼓者，号为都老，群情推服。[1]

可见，铜鼓是财富和权势的象征，从已刊布的资料看，它仅出土于高等级贵族墓葬，与上文提及的"有是鼓者，极为豪强""号为都老，群情推服"相印证。

六朝铜鼓的主要特征是鼓面的直径略大于鼓身，鼓身由胸、腰、足三部分组成。鼓面上多绘有各类动物，如蛙、马、鸟、牛等，以蛙最为多见，为蹲坐式，数量4~8只不等。鼓耳多做环形和桥形，与六朝青瓷器中的部分形制相类似，如桥形系即是东晋时期最具典型特征的形制，反映出铜鼓造型对青瓷造型的借鉴，同时也体现长江下游地区的造物文化对西南与东南的影响。

二、成型工艺

就墓葬造而言，六朝与其说是汉唐之间的过渡阶段，毋宁说在此时形成了具有鲜明时代特征的墓葬造物艺术，部分门类新颖的造物工艺是形成这种时代特征的要素之一。在诸多造物艺术门类中，最具时代特征的类别当为青瓷器，它遍及六朝大部区域的各级墓葬，上至帝王将相陵墓下达平民百姓墓中都能见到它的身影。造繁简不一，有些造型复杂的青瓷其表现技法超乎想象，为六朝墓葬造物艺术的典型代表。六朝青瓷工艺在前朝釉陶烧制技术的基础上，丰富与加强了审美与实用性，使得我们在许多士族墓葬中经常能发现精品之作，代表了一个时代造物艺术的最高水平。此外，陶器与青铜铸造工艺的成熟，也促成了一些新的形制的产生。

（一）制瓷工艺的成熟

我国对于六朝青瓷的研究相较于先秦两汉的釉陶研究为早，在新中国成立以前，学术界多根据有限文献资料进行瓷器的研究，这样脱离实物支撑的研究难免失于偏颇，甚至出现将"晋瓷"作为我国瓷器发端的观点，这显然与事实相背离。新中国成立后，随着一大批考古发掘遗物问世，六朝青瓷的真实状况开始更加全面地展现在世人面前，对风格的流变、烧制

---

① 魏徵. 隋书 [M]. 北京：中华书局，1973：888.

技术的革新、制作工艺的提升等都梳理出了更为清晰的发展脉络，甚至可以对同一时代的青瓷作年代分期和风格断代。

近年来，对孙吴时期青瓷器的研究取得了进一步进展，其间发现的几座纪年墓葬起到了关键作用，这些纪年墓葬主要分布于长江中游的鄂州及长江下游的南京，两处高等级墓葬的发掘得益于它们曾作为孙吴时期的国都，在全国政治、经济、文化中有举足轻重的地位。青瓷可分为两类：一类为两汉青瓷或釉陶的延续，它们具有烧制温度低、瓷化率低、吸水率高、装饰简单等特点；另一类是六朝时期较为典型的青瓷，其中的佼佼者是继承了东汉青瓷特点并有较大创新的越窑青瓷，具有吸水率低、胎釉结合致密等特点，孙吴时期出土的一些颜色青翠、装饰丰富、瓷化率高的青瓷，多为浙江越窑的产品，或为其周边地区的南山窑（均山窑）、瓯窑、婺州窑及德清窑产品，这些瓷窑的产品虽受到越窑影响，但发展到后期也多形成了自己的风格，甚至成为富有特色的主打产品，为后世的产品断代与鉴别提供依凭；而长江中游地区的长沙窑与洪州窑在六朝早期还处于形成期，其产品烧制很不稳定，但从众多出土的青瓷中能看到这一地区的青瓷具有较强的地域特色。就青瓷质量而言，六朝时期的越窑青瓷是高质量的代表，形成了以上林湖周边青瓷为中心的越窑系，其影响波及整个长江下游地区，对长江中游青瓷的生产也有一定导向作用。下面对长江中下游地区代表性青瓷窑烧制技艺、成型工艺等做一梳理。

1. 越窑

越窑是我国古代最为著名的窑址之一，在陶瓷发展史上具有非常重要的地位，其创烧于东汉后期，经六朝的发展在晚唐、五代迎来了高峰。中古时期，越窑青瓷对整个陶瓷业起到了引领作用。唐朝诗人陆龟蒙有诗云："九秋风露越窑开，夺得千峰翠色来。"是对越窑青瓷最好的注解。在长期实践过程中，越窑工匠们积累了丰富的经验，对胎釉的选用、器物的成型与装饰、窑炉的结构与烧制工艺等都进行了改进，烧制出了造型独特、胎釉致密、釉色青翠的产品。六朝时期的越窑产品在成色方面大体呈现出两种类型：一种是孙吴早期，由于继承了东汉釉陶的特色，在产品创新上几近于无，大部分产品虽然在器型上有所创见，但在胎釉成色及致密度方面并没有太多的改善；另一种是孙吴后期生产的较有代表性六朝青瓷，这类青瓷一直延续到六朝后期，对之后隋唐青瓷也有很大影响，直接促进了青瓷高峰的到来。瓷窑数量由孙吴时期的 30 余处发展至西晋时期 60 多处，产品经曹娥江航运至杭州湾，然后向西经古运河达京口（今镇江）、建业等城市，或由京口入长江两岸的各大城市。这时期的青瓷大多胎质坚硬，呈青灰色，釉面以淡青色为主，胎釉结合牢固，少有剥釉现象。越窑青瓷的烧制成熟得益于对高质量胎土的选用，这种胎土呈现以下几个特征。首先，高硅低铝，胎土的主要成分与当地盛产的瓷石十分接近，说明制作青瓷的主要原料是瓷石，没有耐高温的高岭土，但加入了一些紫金土，增加瓷土的可塑性。其次，胎土中的铁、钛含量较高，这也是越窑青瓷胎骨颜色普遍呈青灰色的主要原因。此外，越窑青瓷的釉也具有一定的地域特征，在近千余年的烧造史中，釉的配方及其化学组成没有太大的变化，属于典型的石灰釉，用瓷石、石灰石与草木灰配制而成，主要有以下几个特点。首先，钙高、磷高（CaO 13%~21%，多数为 16%~18%；P_2O_5 1%~2%），这种配方造就了一批青瓷釉水表面呈现青亮的特点。其次，釉中铁、钛含量因原料位置不同而有一定差异，如上林湖和上虞一带土壤铁、钛含量高，鄞州地区土壤的铁较低而钛却相当高。通常情况下铁在还原气氛下釉呈绿色，在氧化气氛下则呈绿中偏黄色。[①]

六朝越窑对窑具与烧制技术做了许多改进与提高，这对越窑青瓷在六朝时期的引领地位起到重要作用。窑具方面，六朝早期的窑具主要以直筒型、钵型垫座，间隔具以三足支钉及类似锯齿状的盂形为主。尤其是西晋窑工们对于间隔具的改进，增加瓷器底部的着力点，进而使得瓷器的成品率大为提高，同时也增加了窑具的重复使用率。此外，六朝后期窑工们又发展了一种泥点间隔叠烧法，这一方法的使用对产品质量、制瓷效率的提高及制瓷成本的降低，都起到了重要作用。烧制技术方面，越窑窑工们对烧成气氛的掌握，是越窑青瓷长期处于领先地位的主要因素。烧成气氛主要是指窑内自由氧的压力大于或小于氧化物的分解压力，即窑内的空气量。入窑的空气量多于窑内所需燃烧的空气量，则处于氧化气氛，窑内的青瓷多呈现灰黄色。入窑的空气量少于窑内所需燃烧的空气量，则处于还原气氛，使得青瓷胎釉中的 Fe_2O_3 还原为 FeO，窑内的青瓷通常显得较为青翠。正因如此，今天我们依然可以看到青翠欲滴的越窑青瓷，即瓷胎通常为深浅有别的灰色，细致坚硬，釉为淡青色或青灰色，纯净青亮。

2. 婺州窑

婺州窑的历史可上溯至商代晚期，在东汉后期成功烧制出了较为成熟

① 张福康. 中国古陶瓷的科学 [M]. 上海：上海人民美术出版社，2000：44-45.

的青瓷，直至明代许多窑址仍在烧制，是浙江地区较为重要的青瓷窑。主要成就表现为对化妆土的使用，三国时期，婺州窑青瓷的胎普遍呈浅灰色，颗粒较粗，原料淘洗不匀，而且烧制温度也不够，导致釉面的玻化程度较差。这一现象的主因是当地的土层为粉砂岩层，瓷土矿较为分散，难以形成较大面积的集中开采。到西晋后期，窑工们就地取材，利用当地容易得到的黏土做坯，这种红色的坯料中氧化铁与氧化钛含量较高（Fe_2O_3O 为 3.02%，TiO_2 为 1.02%），导致胎骨呈深紫色，直接影响了青瓷的成色。受此影响，窑工们创见性地在胎的表面施一层化妆土，化妆土的成色统一，大大提高了青瓷釉面的发色，使釉面更显滋润清亮。[①] 今浙南与闽北地区发现的一些胎骨粗糙，胎釉间有一层薄化妆土的青瓷，多为婺州窑所产。

3. 德清窑

德清窑创烧于东晋时期，于南朝后期停烧，其烧制时间只有短短百余年。位于杭嘉湖平原的西端，南临余杭，北接吴兴，天目山脉横亘其间，东茗溪由南而北流经县城入太湖，水陆交通便利。[②] 德清窑它是六朝时期规模最大的烧制黑瓷的瓷窑，产品行销江南大部分地区，长江下游的江浙地区出黑瓷土数量最多、档次最高。德清窑黑瓷的胎骨多为紫色或褐色，其中氧化铁的含量较高，为3%左右，在高温下，这样的含铁量直接影响了胎的白度。釉面较厚，色如漆并伴有流釉现象。这种釉水的发色通常是用含铁量较高的紫金土调配而成，氧化铁是主要着色剂，含铁量多达6%~8%。黑瓷烧制方法与青瓷类同，只是着色剂方面做了调整，因此，德清窑是青瓷与黑瓷并烧的窑口。黑瓷的创烧大大提高了德清窑的产量，也丰富了六朝瓷器的品类，为后世色釉瓷的大量烧制提供借鉴。

4. 洪州窑

洪州窑是我国南方中部地区的著名瓷窑，创烧于东汉，经吴晋时期的发展，在六朝晚期迎来了烧制高峰，至晚唐衰落。洪州窑在我国陶瓷发展史上具有重要地位，其烧制工艺的创新对周边许多窑系都产生了深远的影响。其烧制工艺的创新主要表现在以下几个方面。

其一，火照的使用。东晋以前，窑工们主要靠烧制经验来判断窑内陶瓷的生熟情况，这种方法具有诸多的不确定性。东晋后期，洪州窑进入了兴盛期，对陶瓷烧制技术进行了大胆改进，在全国率先使用了火照来观察

---

① 中国硅酸盐学会. 中国陶瓷史 [M]. 北京：文物出版社，2006：143-144.
② 汪杨. 德清窑调查散记 [J]. 文物，1957（10）：60-62.

窑内陶瓷的烧制情况，对陶瓷烧制温度进行有效的控制，大幅提升了产品的质量，提高了产品烧制成功率。

其二，使用匣钵装烧。之前，瓷坯都是直接放置在窑塘内，面对明火的灼烧，这种方法对瓷器造成很大的负面影响。东晋晚期，洪州窑的窑工创制了专门盛放瓷坯的匣钵，匣钵的应用使得瓷坯不再直接面对窑火，使瓷坯受热均匀，加之匣钵耐高温，胎体较厚，有较高的承重力，可以做到一匣内放置数件瓷坯，节约了窑内空间，进而提高了产品产量。

其三，芒口瓷的使用。芒口也被称为"涩边"或"毛边"，主要特征是在口沿处璇削一圈素胎，其他部位施满釉，由两件相同大小的钵对口仰覆扣烧。此前发现最早的芒口瓷是出土于河北曲阳县涧滋村的五代定窑白瓷，1992—1993年在江西丰城（古属洪州）象山窑址、寺前山窑址发掘了东晋时期的芒口瓷钵，这一发现将芒口瓷的烧制历史向前推进了600余年。芒口瓷的成功烧制，大大提高了瓷器生产效率，节约了大量的资源与时间。南朝时期，洪州窑对芒口瓷的烧制方法进行改良，将芒口瓷的烧造质量提到了一个更高的水平。

（二）陶俑制作工艺的成熟

陶俑大致可分为动物俑与人物俑两大类，按成型工艺看，有捏制与半模制两种。捏制指由手捏而成，造型较随意，细节表现不够明显，捏制完成后有的用竹刀修整，表现俑的面部表情与衣着纹饰。六朝动物俑及早期的人物俑多采用此塑形方法，如猪圈、狗圈、鸡舍等。湖南长沙西晋墓出土的人物俑是典型，这些人物俑皆由手工捏制而成，将头、身、足、手分别捏制后再黏合，人物造型生动自然，富有意趣，具有很高的艺术表现力（图2-12），是六朝早期人物俑的代表作品[①]。半模制成型方法多用于人物俑，使得人物形象更加逼真，较捏制人物俑在技法上更加先进，东晋南朝时期多用之，直接促使人物俑在南朝时期迎来了高峰。如南京大学北园墓出土的两件人物俑，头戴冠，身穿窄袖右衽长衣，手持圆形陶棒。头部、身部、足部分段模制，双足上部呈杆状直插俑体内，套合而成。[②]

[①]　湖南省博物馆. 长沙两晋南朝隋墓发掘报告 [J]. 考古学报, 1959 (3)：75-105.
[②]　南京大学历史系考古组. 南京大学北园东晋墓 [J]. 文物, 1973 (4)：36-50.

1　　　　　　　2　　　　　　　3

图 2-12　西晋　陶俑①

（三）青铜镜铸造工艺的衰落

　　六朝时期不仅在政治上承汉启唐，其青铜镜铸造业也呈现出明显的过渡特征。从青铜镜的生产制作工艺、图案特征方面看，六朝青铜镜主要体现出对东汉青铜镜铸造工艺的延续。三国时期，天下大乱，孙吴虽处乱世，却保持了相对安定的社会环境，青铜镜铸造业也获得了难得的发展机遇，形成了会稽（浙江绍兴）与武昌（湖北鄂州）两个制镜中心。所铸青铜镜仍以东汉以来流行的样式为主，如规矩镜、夔凤镜、龙虎镜、神兽镜、画像镜等，形制没有明显的变化。仅新出了四叶八凤佛兽镜与辐射状画纹带佛兽镜两款，将佛教造像与传统的神兽与夔凤等图式结合，反映了佛教在吴地的流传情况。表现手法较汉代略有不同，一改东汉的线刻与浅浮雕样式，出现了扁圆纽、高浮雕的神兽镜，增强了图形的立体感，视觉艺术效果更强。东晋时期，北方因"八王之乱"而社会长期动荡，青铜镜铸造业也几乎停顿，南方的青铜镜铸造业也受到较大冲击。一些工艺繁复的青铜镜在此时基本绝迹，如重列神兽镜和辐射状重列神兽镜等，只有半圆方枚神兽镜仍在流行，但铸造工艺已大不如前，图案也更为简单粗糙。之前流行的图像镜，如神兽镜、仙人镜等，较为少见，代之而起的是二神二侍加二兽等简单图案镜，制作工艺更加粗陋。南朝时期由于铜料缺乏和社会动乱，青铜镜铸造业更为衰退，有较高艺术水平的青铜镜已很难看到。与此同时，南方的铁镜铸造技术经由东晋的发展于南朝时期达到鼎盛，在南京、镇江等地的大中型墓葬中多能看到铁镜的身影。

① 1-2 采自湖南省博物馆. 长沙两晋南朝隋墓发掘报告 [J]. 考古学报, 1959 (3)：75-105. 3 采自南京大学历史系考古组. 南京大学北园东晋墓 [J]. 文物, 1973 (4)：36-50.

三、演化规律

六朝墓葬出土遗物品类较为丰富，包括青瓷器、陶器、金银器、玉器、金属器等。其中青瓷最具时代特色，演化规律也最为明显。陶器除较有特色的俑外，大多数圆器造型与青瓷器较为相近，演化规律也甚为类同。除陶瓷器外的其他类型遗物较为特殊，它们虽然也有较为明显的时代特色，但受生产工艺与审美思潮影响较小，很难看出清晰的演化轨迹，仅有的一些变化还得仰仗青瓷演化规律的得出才能做出些许总结。因此，对于六朝墓葬造物艺术演化规律的探讨主要集中于陶瓷类，其他品类的遗物暂不作探究。

六朝青瓷器在 300 余年的发展过程中，随着生产工艺的成熟、审美观点的改变、生活习俗的变化，器形本身也产生了一定的变化。一方面，有些器物只出现于特定的时期，且只流行于特定的区域。如堆塑罐（魂瓶）主要流行于长江下游地区，其他地区甚为罕见，仅在孙吴、西晋时期集中出现，东晋以后便不再使用；另一方面，同一类器形随着时代演进也出现了较大变化。如罐、壶一类的圆器，孙吴、西晋时期表现为矮胖形态，东晋后呈现增高的趋势，至南朝时则演变为瘦长、广口、大平底器型。六朝时期，长江下游地区陶瓷业最为发达，下面按墓葬造物艺术的分类与分期，列举最具代表性器型作形制特征的梳理，以期对陶瓷器的演化规律作较为系统的揭橥。

罐。罐是六朝陶瓷器中最为多见的器型，按形制特征约略可分为五种类型，分别是敞口罐、敛口罐、盘口罐、筒口罐、重沿罐。敞口罐有大口、小口之分，有时在肩部贴双系、四系不等。还出现在肩部贴塑的罐，六朝早期最为流行，贴塑主要有鸡首、羊首、虎首、龙首等，鸡首最为多见，且流行时间最长，龙首罕见，目前仅在南京市江宁区牧龙孙元村发现一例。器型总体上由早期的矮胖型向瘦长型转变，这也是大多数陶瓷圆器共同的特征。敛口罐的口沿为圆唇，微向内收，其他特征与敞口罐相近。盘口罐的主要特征是口沿为盘口形，数量较少，主要流行于东晋以后。筒口罐的口沿为直筒形，高度达罐身的一半，器型愈晚愈扁，东晋后出现带有鋬手的筒口罐，出土典型筒口罐的墓有南京童家山墓[①]、南京铁心桥镇马家店村

① 南京博物院. 南京童家山南朝墓清理简报 [J]. 考古, 1985（1）: 26.

墓①等。重沿罐发现不多，但较有时代特征，通常为内沿直口，外沿侈口，其他同于常见青瓷罐。出土典型重沿罐的墓有南京刘家山墓、南京西善桥墓等。

盘口壶。早期呈矮胖状，圆腹，粗颈，盘口较大，高宽比约为1∶1，东晋以后器型整体更为修长，高宽比达2∶1以上，盘口较大且深，罐体增高，上腹渐收，下腹和底足变大。盘口约略可分为两种：一种为浅盘口，流行于六朝早期；如南京江宁上坊社区建材厂墓、南京江宁上坊众彩物流市场墓等。另一种为高盘口，流行于南朝时期，如有南京栖霞区东杨坊南朝墓、南京隐龙山南朝墓等。

渣斗。孙吴、西晋时期整体较矮，腹部更为扁平，口部较大，高足，后逐渐变高，向盘口、平底、鼓腹方向发展。渣斗共分两种，一种为浅盘口，向下渐收，这种渣斗在六朝时期均有发现，但于孙吴早期更为流行。典型墓例有南京邓府山墓、南京江宁牧龙孙元村墓等。另一种为高盘口，颈部内收。这是东晋以后出现的新品种，沿用至南朝时期，出土数量不及浅盘口类型。典型墓例有南京江宁秣陵街道江宁大学城墓等。

鸡首壶。早期鸡首壶的鸡首置于盘口壶肩部，为当时典型的样式，呈矮胖状。鸡首尖嘴无颈，嘴与腹部不相通，只是作为盘口壶的装饰，在鸡首相对的位置塑有鸡尾造型。典型墓例有南京江宁上湖窑厂墓、南京板桥石闸湖墓等。东晋以后鸡首壶造型发生较大的变化，执壶的功能得以加强，鸡首饰有高冠，下有长颈，圆喙，与腹部相通，起到流的作用。鸡首相对位置有鋬手，装饰于盘口与肩部之间，盘口接缝处常饰有线纹，似爪手，起到加固鋬手与壶体的作用，有时在盘口接缝处塑有龙首，作龙首衔盘状。典型墓例有浙江苍南县藻溪墓、南京甘家巷墓等。

虎子。亵器，因仿伏虎形象而名之，早期为素面，提梁印绞索纹或斜方格纹，后来演变为伏虎的形状，口部饰为张开的老虎大口，身体两侧刻有飞翼，应是一种神兽，而非现实生活中的老虎形象。典型墓例有南京五塘村墓、南京江宁滨江开发区新民金村墓、江宁东山街道上坊东宁建材厂墓等。

砚。六朝时期都有发现，东晋以后形成定式，砚面从早期的平面发展为后期的中间隆起，内圈一周形成墨槽。砚足多寡不一，从3个到20余个

① 南京博物院，雨花台区文化局. 南京铁心桥镇马家店村南朝墓清理简报［M］//南京市博物馆. 南京考古资料汇编. 南京：凤凰出版社，2013：1780-1786.

不等，东晋时期流行的兽足最具代表性，后演变为蹄足。典型墓例有南京蛇山墓、南京江宁开发区将军山印塘山村墓等。

灯。六朝早期多为人形与动物形，东晋以后发展为圆柱形，柱体上有时装饰龙纹、莲花纹等，后期又出现灯盘与盘足、灯罩。典型墓例有南京丁墙村墓、南京前新塘墓等。

插器。孙吴时期多见狮形插器，西晋以后则多为羊形插器，器型相较于狮形为大，东晋时的羊形插器插孔分布于两处：一处为头顶，一处为背部，为管状。南朝以后插器少见，出现蛙形插器新品种。典型墓例有南京禄口墓、南京江宁上坊东宁建材厂墓、南京象山 M7 等。

香薰。按形制可分为两型，为托盘状香薰与提篮状香薰。托盘状香薰孙吴、西晋时期薰体通常有三排圆镂孔，西晋还出现了三兽足承盘，炉身有三排三角形镂孔，顶置鸟形钮。东晋时期出现平底承盘，炉体分上下两部分，中间以柱状相连，上部薰体接缝处以子母口套合，上部开三角形镂孔，顶置鸟形钮，南朝墓少见香薰。提篮状香薰仅出现于六朝早期，后期不再流行。典型墓例有南京岔路口墓、马鞍山朱然墓、南京殷巷墓、南京老虎山 M4 等。

据上述六朝典型器的演化规律，参考南京地区出土相关遗物，列表 2-2 所示。

表 2-2　南京地区出土青瓷器演化规律一览表

器型	孙吴—东晋早期	东晋中期—南朝早期	南朝中后期
罐			
盘口壶			

器型	孙吴—东晋早期	东晋中期—南朝早期	南朝中后期
渣斗			
鸡首壶			
虎子			
砚			
灯			
插器			

器型	孙吴—东晋早期	东晋中期—南朝早期	南朝中后期
香薰			

注：以上器物为南京市博物馆与江宁区博物馆藏。

综上所述，器物形制是体现造物艺术时代风格、制作工艺的重要手段。六朝时期虽疆域辽阔，但区域内的造物艺术形制整体上具有较强的地域特征，墓葬造物艺术的材质虽较为多样，但单一材质的造物艺术其时代演变具有一定的规律性。因此，对各类造物艺术作形制分类与演化规律分析成为可能。在众多门类的造物艺术中，青瓷器最具代表性，其烧制工艺与典型的时代特征，成为判定墓葬等级与断代的主要参考。

第二节　墓葬造物艺术的纹饰

流传至今的六朝时期的绘画作品极为罕见，一些传为六朝的绘画作品也多为后世摹本，尤其是六朝早期孙吴、西晋时期的绘画作品更是难寻其踪迹。近些年通过考古发掘出土的墓室壁画、砖画、漆画，以及青瓷器、金属器，多有保存较好的作品，这些作品通常伴有各式纹饰，给我们研究六朝绘画、纹饰提供了可靠的一手材料，在诸多方面填补了六朝艺术的空白。考古发掘的墓室壁画、砖画及漆画的作者，多为当时社会下层的画工或司职于某类工艺的艺人。由于专职于某种工艺或纹饰，多具有较高的艺术表现能力。六朝墓葬造物艺术的纹饰因载体不同，内容与表现手法也存有差异。总体而言，六朝墓葬造物艺术的纹饰按装饰手法可分为装饰性与绘画性两类，按表现内容可分为几何纹、动物纹、人物纹、植物纹等。有时因造物需要，出现一件器物同时采用几种不同题材的纹饰，或一组器物采用多种题材纹饰的现象。

一、纹饰题材

（一）青瓷器纹饰

青瓷器是六朝时期最为多见的造物艺术，其时代特征鲜明、表现手法多样、应用范围广泛，也是墓葬中最具代表性的随葬遗物。六朝青瓷是在汉代釉陶及早期青瓷基础上发展起来的，其装饰风格在一定程度上既具有汉代遗风，又有鲜明的时代特征，同时六朝青瓷的纹饰题材、表现手法在某种程度上代表了当时墓葬造物艺术的最基本形态。因此，对于六朝青瓷纹饰特征的研究能促进其他载体纹饰风格的探讨，进而有助于在宏观上把握六朝墓葬造物艺术纹饰特征的整体面貌。六朝青瓷器的纹饰题材大致可分为几何纹、动物纹、宗教三类，特征如下。

1. 几何形纹饰

六朝早期几何形纹饰最具代表性，主要有弦纹、方格纹、联珠纹及少量的钱纹等。它们或独立置于器物的肩部，或与其他纹饰，通过刻、划、堆塑、印等装饰手法组合成一幅丰富的画面，形成较强的视觉效果。

2. 动物纹饰

动物纹饰是六朝青瓷中较为常见的表现题材，主要有龙、辅首、狮子、飞翼等形象。通过贴、划、绘等手法装饰在罐、壶等圆器上。

3. 宗教纹饰

受道教与佛教影响，六朝青瓷中出现大量表现道教升仙主题的纹饰与佛教图式，主要包括仙人、佛像、莲花、忍冬纹等。值得注意的是，孙吴时期的釉下彩绘器，虽出土数量较少，且集中出现于南京地区，却是我国陶瓷绘画发展史上的一抹亮色。

在青瓷器纹饰中，几何纹饰具有较强的程式化，主要流行于六朝早期，装饰手法单一。动物纹饰的表现手法多以贴、划为主，在孙吴时期的青瓷堆塑罐与青瓷彩绘器中均有成熟的表现。宗教纹饰贯穿六朝青瓷器之始终，以贴、划为主要表现手法，流行于六朝早期与晚期两个阶段，早期以道教纹饰为主，以佛教纹饰为辅，晚期则以佛教题材为主要纹饰，莲花纹最为多见。

（二）漆器纹饰

六朝时期战乱频仍，加之青瓷器的盛行，漆器制造业较汉代有衰退迹象。虽漆器数量减少，但制作更加精巧，并有向小型化发展的趋势，已沦为社会上层人士的专享。四川地区是当时漆器制造业的中心，大量出土标有"蜀郡"（治今四川成都）、"广汉郡"（治今四川梓潼）的铭文器，说明四川地区的漆器行销至全国大部地区，尤以长江一线的各大城市最为多见，如鄂州、南昌、马鞍山、南京等。从已刊布的资料看，六朝漆器纹饰存在明显的阶段性特征。东吴至东晋早期，漆器不仅种类多样，装饰纹样也更为繁复。东晋中后期至南朝早期漆器数量较少，器型也更加单一，装饰纹样则多以素面为主。南朝中后期漆器更为少见，仅有的一些漆器也只是延续了东晋时期的漆器风格。据已刊布资料梳理，六朝漆器的出土情况如表2-3所示。

表2-3　六朝墓葬出土漆器概况

序号	出土墓葬	年代	漆器	纹饰内容	来源
1	马鞍山朱然墓	孙吴	案、盘、果盒、砚、凭几、壶、虎子	圣贤、列女、老子、宫闱宴乐、贵族生活、狩猎、祥瑞、花鸟鱼藻、升仙	《文物》，1986年第3期
2	南昌高荣墓	孙吴	果盒、耳杯、盘、钵、洗	飞禽、走兽、云气、几何纹、缠枝	《考古》，1980年第3期
3	鄂城 M2215			游鱼、相扑、云气、舞蹈	《鄂城六朝墓》，2007 年版
4	南昌火车站雷锦墓	晋	盘、耳杯、盒、奁、砚	游鱼、水草、飞禽、祥瑞	《2006 中国重要考古发现》，2007 年版
5	江宁官家山墓	晋	盘、耳杯、碟、盒	人物、四神、飞鸟、云气、祥瑞、飞仙	《文物》，1986年第12期
6	南昌火车站 M2	东晋	九天玄女器	九天玄女、西王母、飞鸟、龙	《文物》，2001年第2期
7	南昌火车站 M3	东晋	奁、盘、耳杯、圆柱形器	车马人物、宴乐、飞鸟、祥瑞	《文物》，2001年第2期
8	南京仙鹤观 M6	东晋	盒、盘、唾壶	弦纹、水珠纹、云纹	《文物》，2001年第3期

如表2-3所示，六朝漆器在孙吴至东晋早期最为流行，纹饰方面并没有太多的创新之处，多延续汉代的传统，但制作较为精良，是六朝漆工艺最为兴盛的时期。东晋以后漆器制作走向衰落，一方面器型更为单一，制作也更为粗陋，纹饰虽沿袭了孙吴时期漆器图式，但构图更为简略，出现大量素面漆器。漆器纹饰约略可分为两类：一类以装饰性的图案为主，主要图式有弦纹、云气纹、柿蒂纹、花鸟纹、瑞兽纹等；另一类为以人物故事为背景的图式，主要内容有宴饮、狩猎、乐伎、车马、人物典故等。

（三）青铜镜纹饰

六朝青铜镜铸造工艺呈现明显的阶段性特征，与墓葬本身的演化较为一致。孙吴、西晋时期青铜镜量多且质高，出了几款颇具时代特征的新样式。青铜镜不仅是一种生活必需品，同时还蕴含某种特殊意义，即所谓"以镜喻鉴"。因此，时常作为馈赠与赏赐之物，朝鲜半岛与日本列岛出土了数量较多的孙吴青铜镜即是最好的证明。此时青铜镜纹饰可分为三大类：一类为汉代纹饰的延续，如典型的昭明镜、规矩镜、兽首镜、夔凤镜等；另一类为新出的更富立体感的神兽镜与画像镜，包括龙虎、西王母、东王公及其他历史人物与鞍马出行等。纹饰构图一改汉式镜的同心圆式，代之以环列式、重列式、对置式、单向式等多种更为灵活的构图方式；再一类为受佛教传入的影响，新出的四叶八凤佛兽镜与辐射状画纹带佛兽镜两款，将佛教造像与传统的神兽与夔凤等图式结合，反映出佛教传入之初，对我国传统纹饰题材的依附关系。西晋时期，受战乱影响，全国青铜镜业几近停滞，青铜镜铸造开始走向衰落，数量与质量都有所下降，青铜镜纹饰也缺乏创新。晋室南迁后，北方一度流行的规矩纹、蟠龙纹、"位至三公"纹被带到南方。因此，在以南京为中心的长江下游地区多出土与西晋时期青铜镜风格相近的青铜镜。此时铁镜较为盛行，但纹饰没有创新，延续了青铜镜的纹饰风格。南朝时期青铜镜业更为衰落，早期大面装饰繁复纹饰的青铜镜已很难见到，出土的高等级青铜镜多为前朝遗留产品，此时青铜镜制作粗糙，流行纹饰简洁的小型青铜镜（直径为3~5厘米），可能是专为随葬用的明器或取火用具。[1]

二、表现技法

六朝墓葬造物艺术因载体不同，表现技法也大相径庭，不同的载体孕育相应的技法，造就了六朝造物艺术多样性特征。下面对六朝墓葬出土的青瓷器、漆器、青铜镜三大类器物的纹饰的表现技法做一阐述。

六朝青瓷器纹饰按表现形式可分为刻划、印、彩绘三大类。以刻划花表现技法最为多见，贯穿六朝青瓷装饰的始终，对后世宋代刻划工艺的成熟起到促进作用。刻与划表现手法虽相近，但两者还是有着一定的区别。首先，划花通常以利器（多为竹制品）在青瓷坯的表面以中锋用笔的方式均匀划出纹饰，上文所述的菱形纹、水波纹、弦纹、联珠纹等均是划花

---

① 孙机. 中国圣火：中国古文物与东西文化交流中的若干问题［M］. 沈阳：辽宁教育出版社，1996：1-14.

工艺的成果。其次，在一些瓷雕中也常能见到划花工艺作为辅助手段的现象，如青瓷虎子中的羽翼、狮形插器中的鬃毛等。刻花主要流行于六朝后期，是以竹刀在坯胎上以半刀泥的手法刻出纹饰，而后施釉烧制，烧成后刻花的积釉处呈现出明显凹凸感。南朝时期的莲花纹多用此法表现。印花也是青瓷装饰的重要手段，孙吴时期的印花最具代表性，主要出现在等级较高的青瓷产品中。印花是将花纹制作为木模或陶模，在瓷坯半干时将纹饰印在坯胎上，达到美化效果，同时也起到加固青瓷坯胎的作用。印花工艺可分为拍印、戳印、压印三种。装饰纹样有席纹、钱纹、几何形网格纹等，典型器有江宁上坊孙吴大墓出土的钱纹罐及六朝早期的网格纹圆器等。釉下彩绘是六朝青瓷装饰的罕见品种，数量极少，对后世彩绘工艺的成熟有着重大影响。釉下彩绘按表现内容看，可分为釉下彩绘与点彩两类。釉下彩绘是孙吴后期出现的一种装饰手法，使用范围较小，目前仅在南京发现了3件使用该技法的较为完整的瓷器，其余皆为残件。点彩也称点褐彩，它与釉下彩绘一样都是以含铁量较高的矿物料为着色剂，西晋后期出现，流行于东晋、南朝时期。尤其是东晋时期，因当时的社会风尚为追求简约，所以这时的造物艺术在形制与纹饰两方面都较前朝更为简约。在青瓷表面点缀一些褐彩既不会显得繁缛又富有趣味，迎合了当时文人的审美追求，具有一定的社会影响。点彩装饰通常表现为两种形式：一种是在器皿的口沿、盖、把手、肩、腹部加入点彩；另一种是在器皿的表面点出各种有规律的图案。彩绘方式均为釉下装饰，即在成型的胎壁绘制图案，然后罩以青釉再入窑烧制，从部分瓷器釉面的爆釉现象看，当时的胎釉收缩比还不一致，爆釉点下面干涩的褐黑色彩绘亦可证实该类器的彩绘方式确为釉下彩绘。

六朝漆器制作工艺大体有扣器与金银镶嵌、绿沉漆、犀皮、夹纻造像、彩绘漆器五大类，其中带有纹饰的仅有彩绘漆器类，以马鞍山孙吴朱然墓与南昌火车站东晋墓群两处墓葬出土漆器为代表。朱然墓出土的宫闱宴乐图漆案、季札挂剑漆盘、童子对棍图漆盘、百里奚会故妻图漆盘，南昌火车站出土的彩绘宴乐图漆平盘、车马出行图漆奁等均为六朝彩绘漆器的扛鼎之作，代表一个时代的最高水平。漆画虽表现在较小的器皿内，却描绘了较为完整的场景，体现出六朝时期人物画绘制的高超水平。色彩以红、黄、橙等暖色为主，多用红、黄两色，以勾描及渲染的手法绘制而成。朱然墓漆画用黑中带红的漆作底，再以黑漆勾画轮廓，根据构图需要在轮廓内以金、红等漆渲染。人物脸、手通常以金漆勾描，以黑漆表现发式、五官。袍服则依形制用红、灰绿等漆渲染，以黑漆勾描衣领与袖口等处。形成层次分明、色彩丰富的艺术效果。南昌火车站 M3 出土的漆器通常以朱漆作底，红、黑、灰绿、黄、橙漆勾描人物、车马、祥瑞等，线条飘逸流畅，富有动感，表现手法与朱然墓出土漆器较为相近，体现出两者的传承关系。漆画构图方面相较于汉代漆器有所不同，画面通过渲染使其表现手法更加注重写实，一改之前对称、散乱的构图方式。线条勾描更加细腻，富有运动感。善于通过人物的衣着、发饰体现身份特征、尊卑关系，通过对面部表情的刻画表现特定场景中人物的情感，这些都是六朝漆绘艺术表现技法的时代特征。

三、装饰规律

六朝墓葬造物艺术因历时较长、门类众多，纹饰题材丰富，所以呈现出一定的装饰规律，其中玉器、金银器出土数量较少，所以很难得出明确的演变规律。六朝青瓷器虽然呈现出各地发展不平衡的状态，但就其纹饰而言有着较为相近的时代特征，具体表现为以下几个方面。

一是装饰手法由早期的立体装饰向平面装饰过渡，虽然两种装饰手法在整个六朝时期都有使用，但前后的流行程度存在较大差异。六朝早期更多地使用贴塑手法，釉下彩绘较为少见。东晋以后线条装饰手法更为普遍，刻、划工艺大量应用于青瓷装饰，贴塑工艺则较为少见。

二是装饰题材由动物纹向植物纹过渡，早期青瓷器中动物纹、人物纹，东晋中后期至南朝则是植物纹更为多见，大量应用于盘、碗、尊等圆器上，如莲花纹、忍冬纹等。

三是青瓷装饰中出现大量的域外因素纹样，包括飞天、联珠纹、莲瓣、忍冬、狮子、胡人等，这些纹样如上文所述，动物、人物纹主要流行于六朝早期的孙吴至东晋早期，植物纹则盛行于东晋中期至南朝时期。

四是六朝青瓷装饰纹样的风格前后也呈现出显著变化，早期表现出朴实敦厚、繁复华丽的特征，后期则更为清新自然、怡淡雅丽。正如宗白华所说："魏晋六朝是一个转变的关键，划分了两个阶段。从这个时候起，中国人的美感走到了一个新的方面，表现出一种新的美的理想。那就是认为'出水芙蓉'比'错彩镂金'是一种更高的美的境界。"[1]

---

[1]　宗白华. 艺境 [M]. 北京：北京大学出版社，1987：325.

六朝时期漆器纹饰也呈现出了一定的变化规律，从马鞍山朱然墓与南昌火车站 M3 出土漆器纹饰看，六朝漆器纹饰总体上呈现出以下规律。

一是孙吴漆画上承东汉，在纹饰题材与表现手法上与汉代漆画保持一致。如朱然墓 58 号漆案上的宴饮场面，构图与汉画类同，左上角为帝后帷帐座，右侧分上下三列，上列是宴饮者，中列为乐伎，下列为宫门及侍者，这些都具有典型的汉代风格。

二是一器纹饰只表现一个主题，汉代漆画往往将多画面罗列于同一器物之上，这种做法导致画面显得较为凌乱，主题不突出，而马鞍山朱然墓与南昌火车站 M3 漆画通常一件器皿纹饰只表现一个主题。

三是人物刻画更加传神，东晋顾恺之提出"传神论"，是对前期绘画艺术的总结，而非东晋一朝所独有。马鞍山朱然墓与南昌火车站 M3 漆画纹饰更加注重人物神情的刻画与肢体语言的动态表达，从而达到人物传神的目的。[①]

从已刊布资料看，六朝青铜镜铸造业相较于东汉呈衰退趋势，青铜镜出土数量与类型均远逊于前朝，创新产品更是少见。此外，青铜镜铸造业还表现出鲜明的不平衡性，首先，时代发展的不平衡，孙吴时期延续了东汉青铜镜铸造工艺与纹饰特征，东晋以后便急剧衰落。其次，地域发展的不平衡，六朝青铜镜依出土情况看，长江中下游地区出土数量最多，质量居全国之最，而两广与西南地区在出土数量与质量方面，皆逊于长江中下游地区。青铜镜纹饰的装饰规律依附于青铜镜铸造工艺的发展变化，呈现出以下几个特点。

一是东汉中期开始流行的青铜镜纹饰在孙吴、西晋时期仍是主要纹饰类别，这类纹饰青铜镜出土数量多且质量较高，包括神兽镜、四叶对鸟镜、位至三公镜等。

神兽镜又分为重列式、对置式、同向式、环绕式、三段式五种样式。重列式神兽镜相较于东汉时期呈现出一定的变化，直行铭文消失，以双线式分隔栏划分层次，区划更加明显，有时以长短不一的双勾划分区域，有时以多层台、凸形、方格来区分界栏。神兽在镜纹中所占空间显著增大，如青龙、白虎及其他神兽形体更为突出，占据了更大的空间。对置式神兽镜中，汉代神人两侧的龙凤图开始向体躯更大的双禽变化。同向式神兽镜，

① 杨泓. 三国考古的新发现：读朱然墓简报札记 [J]. 文物，1986（3）：16-24.

早期镜钮上方多为三神或四神，孙吴时期为二神或一神。四叶对鸟镜也称"夔凤镜"，东汉时期流行变形四叶兽首、夔凤、对凤三种镜纹。孙吴时仍多见变形四叶兽首式，但已有一定的变化。佛教的传入使得佛教造像在孙吴时期被大量应用于多种工艺品类中。在变形四叶兽首镜中经常见到佛、菩萨、飞天等形象，他们大量应用于叶瓣与连弧纹中与其他神兽或凤鸟组合成新的图式。位至三公镜主要流行于北方的西晋时期，永嘉之乱后，此镜在东晋时期一度也颇为流行，但随着青铜镜铸造业的衰落，该镜也逐渐消失在人们的视野中。

二是汉代盛行的一些镜纹至孙吴、西晋时期呈衰落趋势，主体纹饰与汉代有较大区别，此类镜包括规矩镜、变形四叶镜、内向连弧纹镜、龙虎镜四类。

规矩镜又称博局镜，西汉末年出现，流行于东汉早期，六朝早期仍多见，但数量与质量皆远逊于东汉时期。六朝时期，东汉流行的四神与禽兽规矩镜已较为少见，主要纹饰与规矩均已简化，制作也相当粗糙。内向连弧纹镜分为云雷连弧纹与凹圈带连弧纹，孙吴时期的连弧纹镜出现了一些变化，圆弧更大，甚至连弧间不相连，连弧外出现乳丁纹。六朝内向连弧纹镜仅出土于鄂州的孙吴墓葬中。龙虎镜是东汉时期颇为流行的镜式，分为对峙式、环绕式、盘龙（虎）式等，六朝早期已不再流行，各地出土数量较少。纹饰简化严重，甚至出现一龙一虎纹镜。

三是六朝时期青铜镜纹饰较多地受汉代青铜镜纹饰的影响，同时也出现了一些具有时代特点的镜纹。青铜镜虽数量不多，质量较差，但仍然反映了一个时代的造物水平，这些青铜镜主要包括多乳神人镜、云纹镜、禽兽镜、鸟纹镜。[1]

综上所述，六朝墓葬造物艺术的纹饰以青瓷器、漆器、青铜镜三类器物的纹饰最具代表性，孙吴至东晋时期的纹饰代表六朝时期的最高水平。青瓷器纹饰可分为几何形纹饰、动物纹饰、宗教纹饰题材三种，其中宗教体现出较强的道教色彩，佛教纹饰居于辅助地位，与六朝早期宗教的发展状况相一致。六朝漆器相较于东汉呈衰落趋势，但孙吴至东晋时期仍出现了一些制作精良、时代特征鲜明的漆器，其品类繁多、纹样繁复，代表了六朝漆器发展的最高水平。青铜镜业受社会环境影响较大，与青瓷器、漆

---

[1] 中国社会科学院考古研究所. 中国考古学：三国两晋南北朝卷［M］. 北京：中国社会科学出版社，2018：319-331.

器一样，孙吴至东晋早期是青铜镜业发展的高峰，也发展出体现时代特征的纹饰，如富有立体感的龙虎镜、西王母东王公镜，这类镜一改前朝同心圆式构图，代之以环列式、重列式、对置式等构图方式。另外，青铜镜中新出了具有鲜明时代特征的四叶八凤佛兽镜与辐射状画纹带佛兽镜，这两类青铜镜的纹饰通常与传统的祥瑞图组合，反映出六朝早期佛教与道教的依附关系。

第三节 造物形制与纹饰的等级特征

等级，是指奴隶制国家和封建制国家中一定的社会集团，这些集团由国家的成文法律或不成文礼教伦常制度所规定其成员享有的某种权利。① 虽然等级本身即指享有不同权力的阶层，但由于各等级之间享有的特权不同，所以，形成了统治与被统治的关系。纵观六朝墓葬，凡是出土了墓志的墓葬的墓主大多是享有特权的阶层，上自帝王下至基层官吏，这类墓葬不仅规模较大，随葬遗物也更为丰富与精致，代表了六朝墓葬的主体面貌。可以说，六朝墓葬造物艺术的发展史即是六朝等级社会的发展史，体现等级阶层的丧葬文化与制度。

一、社会等级结构

六朝社会等级结构依据享有的特权与可支配的生产资料情况，约略可分为四个等级，即皇室与高门士族的贵族等级；中低级官吏、寒门庶民地主、寺院地主、富商巨贾的中坚等级；个体编户农民、个体手工业者、金户、银户、盐户、潖民的平民等级；屯田户、部曲、军户、百工户、牧户、奴婢的贱口等级。② 从等级结构看，贵族等级通常为皇室与极少的高门贵族，随着朝代更替贵族阶层也时有变动。如孙吴时期的顾、陆、朱、张四姓是当时最为显贵的家族，西晋灭吴后四大家族的社会地位急剧下降，沦落为中坚等级。再如两晋之际，永嘉之乱后，北方原有的贵族大多被入侵的蛮族消灭，其中一些原本并不是最为显贵的家族跟随司马睿南迁，等东晋建立后他们一跃成为最为显贵的家族，以王、庾、桓、谢四大家族为代表。中坚等级主要指手握大量土地的地主与政府衙门中的普通官吏，以及少数的富商巨贾。这批人既占有社会巨大的财富，又享有政府提

① 葛承雍. 中国古代等级社会 [M]. 西安：陕西人民出版社，1992：3.
② 朱大渭，刘施，梁满仓，等. 魏晋南北朝社会生活史 [M]. 北京：中国社会科学出版社，2005：18.

供的特权，是社会资源的重要占有者，六朝墓葬即以这个等级的人群的墓为主。平民等级是社会较低阶层，他们一方面依附于中坚阶层，另一方面又拥有自己相对稳定的经济来源，有少量的财富积累。贱口等级主要指社会最底层的人群，他们通常没有人身自由，更没有财富积累，是真正上意义的无产者。

在已发掘的六朝墓葬中，从伴出铭文或墓志的墓主身份信息来看，中坚等级墓占多数，其次是宗室与高门贵族等级墓，再次是平民等级墓。平民等级与贱民等级由于没有或较少拥有财富，没能建造一座适合保存尸身的砖室墓，通常为土葬，这种墓葬今日很难见到。

二、造物等级特征的形式表现

评定墓主人身份等级的高低，最为直观的方式是依据出土具有明确身份信息的遗物来判断，如墓志、物疏、买地券等。但在大多情况下，墓葬出土遗物中并不能发现明确记载墓主身份信息的遗物，那么墓主身份等级是否变得不可考？结合前人的研究成果，对墓葬形制与出土遗物两个方面进行考察，参阅相关文献，我们虽然不能考究墓葬的绝对年代与墓主的确切身份，但可以对墓主的身份等级做相对定位，进而为我们研究六朝时期的丧葬礼仪、社会习俗等提供依据。町田章先生综合墓葬规模与结构特点，从宏观上将南京的六朝墓葬划分为王陵级大墓、中型南朝高级贵族墓、小型中级官僚墓，以及普通官庶墓四类。[①] 冯普仁先生将南朝"凸"字形墓划分为四等。[②] 日本学者中村圭尔从人类学角度将墓主的籍贯、等级与墓葬的形制、规模作比较考察。相较于从墓葬规模来判定墓主身份等级，墓葬出土遗物的研究似乎更为直接。究其原因，一方面，墓葬形制与规模在整个六朝时期有着明显的演变特征，且同时期的墓葬因墓主阶层不同，规模与形制也各异；另一方面，六朝尤其是东晋、南朝时期，京畿之外似乎没有严格的等级制度，一些较为偏远地区的墓葬甚至出现了只有都城附近最高级墓葬才有的现象。由此可见，在都城以外的地区，一些品秩较低的官吏由于身处偏远地区或仰仗于某些权势，其墓葬规模僭越了当时的丧葬制度。

数十年来，依据大量的六朝考古发掘，许多学者已经对依据出土遗物判断墓主身份等级的工作做了有益的尝试，但囿于出土遗物品类繁多、研究视角不同等因素的限制，从墓葬造物艺术角度分析墓主身份等级的研究

---

① 町田章. 南北朝时代坟墓图集 [J]. （南京之部稿本）私人收藏，1980：100.
② 冯普仁. 南朝墓葬的类型与分期 [J]. 考古，1985（3）：269-278.

并未得到应有的重视，仅有的研究成果多由海外学者所取得，本土学者在这方面的研究反而着力较少。除依据墓葬出土记载墓主身份信息的遗物与墓葬形制判断墓葬等级外，对随葬品与墓葬装饰的研究成为判明墓葬等级的主要手段。对随葬品的研究主要集中于五个方面：形制、材质、工艺、纹饰、组合特征。[①] 形制甄别是判明墓葬等级最为直观的手段，虽然各地区因丧葬制度不同，随葬的器物也有差异，但同一地区或同一葬俗下相近等级的墓葬，其随葬品通常呈现出较强的统一性。材质也是判断墓葬等级的主要手段，表现为较高等级墓葬，其随葬品的材质品类更为丰富，一些较为罕见的材质的随葬品通常只出现在等级较高的墓葬中；等级较低的墓葬，其随葬品类更为单一。工艺是反映墓葬等级的重要手段，不同等级的墓葬，其随葬品的工艺特征也有明显的区别。即使是相同材质的随葬品，其工艺也有较大差异。通常情况下，等级较高的墓葬，随葬品的造物工艺更为复杂；等级较低的墓葬，随葬品成型工艺也更为简单。器物纹饰可大致分为二维纹饰与三维纹饰两类，纹饰因墓葬等级的不同也呈现出差异。较高等级的墓葬，随葬品的纹饰通常更为繁复；较低等级的墓葬，随葬品的纹饰更为简单，甚至没有纹饰。器物组合也是判定墓葬等级的参考因素之一，器物组合在整个六朝墓葬中并不多见，只在一些东晋时期高等级的墓葬中发现几例，可见组合的器物应是当时上层社会的专属产品。以上从随葬品判断墓葬等级的五个方面其实就是器物本身的五个特征，有时只反映在单一的器物中，有时在一件或一组器物中便可体现以上五个特征，最终要落实到具体的实物来判断，以下列举六朝时期各阶段代表性的器物作较为详尽的分析。

孙吴时期的青瓷器是在汉代釉陶基础上发展起来的，关于其流行时期历来有不同的说法。李蔚然先生认为长江下游地区以陶器为主，青瓷为辅，青瓷器在整个孙吴、西晋时期的墓葬器物中所占比例不大[②]。罗宗真先生则提出相反的观点，认为孙吴时期长江下游地区的青瓷已取代部分铜器、漆器、陶器，成为墓葬中主要的随葬品，其中明器最具特色[③]。孙吴、西晋时期一部分青瓷明器主要是仿制前朝的陶器造型，还出现了一些青瓷实用

① 谢明良. 从阶级的角度看六朝墓葬器物 [J]. 台湾大学美术史研究集刊, 1998 (5): 1; 40.
② 李蔚然. 试述南京地区六朝墓葬青瓷来源及其有关问题 [C] //中国考古学会第三次年会论文集 1981. 北京: 文物出版社, 1984: 135-139.
③ 罗宗真. 江苏东吴青瓷工艺的成就 [C] //中国考古学会第三次年会论文集 1981. 北京: 文物出版社, 1984: 128-134.

器，这种实用有的尚未使用便用来随葬，说明当时青瓷器的使用还没有普及。有些青瓷器只见于大中型墓，在小型墓中并未发现。如流行于吴晋时期的青瓷堆塑罐（魂瓶），仅见于大中型的单室墓或双室墓，笔者 2013 年参加牛首山佛文化公园基建工作的勘探发掘时，在一座约为孙吴晚期的墓中发现了一件堆塑罐，罐位于墓室右前角，釉色泛青，是同类器中较为典型的一例。出土该器的墓葬是一带前甬道的"凸"字形墓，早年严重被盗，伴出的还有青铜镜、青瓷盏等，是出土堆塑罐墓中较为简单的墓葬。此外，宜兴周墓墩 2 号墓、庐江太守墓、吴县猴子山东明亭侯墓等均出土了堆塑罐。日本学者冈内三真主张堆塑罐是秩 1000 石至 2000 石的江南豪族特有的随葬品。① 从出土地域判断，虽然江西瑞昌与福建霞浦等地也曾出土，但该类器主要发现于长江下游地区，应是当时贵族专属的随葬品。有学者认为，堆塑罐上部的构造实则代表当时豪强地主赖以生存的庄园，四周的角楼则是为了增强庄园的防御性，是东汉末期至孙吴时期社会现实的真实反映，墓葬中伴出的香薰、磨、臼、杵、牛车等模型明器与猪、狗、鸡、羊等俑则是贵族穷奢极欲生活的真实写照。② 由此可见，堆塑罐的使用通常只在贵族等级与中坚等级，中坚等级使用最多。

2006 年在南京江宁上坊发现一座孙吴墓，该墓规模较大，出土器物相当精美，品类繁多，其中一件青瓷罐因体积庞大、纹饰精致被称为"六朝青瓷罐之最"。该器灰白胎、青灰釉，施釉不及底。盖呈弧顶、子母口，纽呈辟邪状，张口，垂须，四肢曲屈，两腹刻羽翼，长尾。罐口微敞、平沿、短颈、溜肩、鼓腹、下腹内收、平底内凹。颈部与肩部各饰弦纹两道，弦纹间饰连珠纹一圈。上腹饰双圈与"十"字纹，圈外饰放射状栉齿纹，下腹饰叶脉纹（图 2-13）。结合该墓的形制与伴出遗物的特点，发掘者将墓主推定为孙吴晚期的一位宗室之王与他的两位王妃。③ 由此可见，如此精致的青瓷器多由贵族阶层使用。

---

① 冈内三真. 五连罐と装饰付壶［C］//古代探丛Ⅱ：早稻田大学考古学会创立 35 周年纪念考古学论集，早稻田大学出版部，1985：699.

② 仝涛. 从魂瓶看吴晋时期的庄园生活和丧葬礼俗［J］. 四川大学学报，2004（2）：137-143.

③ 王志高，马涛，龚巨平. 南京上坊孙吴大墓墓主身份的蠡测：兼论孙吴时期的宗室墓［J］. 东南文化，2009（3）：41-50.

图2-13 孙吴 青瓷钱纹罐

（南京市博物馆藏）

　　长江中游地区出土的院落模型明器也是孙吴时期较具地方特色的随葬品，在孙将军墓、鄂钢饮料厂1号墓、武汉黄陂滠口墓、江夏流芳镇李陈湾墓中均有发现。体积较大，造型繁复，多由围墙、门楼、角楼、房舍、前堂、正房、厢房等部分组成，俨然就是当时贵族宅院的缩小版。釉较薄，泛黄色，胎釉结合不牢，与长江下游高质量的青瓷器还有一定差距。据发掘报告，孙将军墓与鄂钢饮料厂墓均为大型砖室墓，出土了许多精美的随葬品。孙将军墓随葬品以陶瓷器为主，院落明器最为珍贵，其中一套14件，整体呈长方形，围墙内置8间房舍，四角各立一碉楼，大门正上方置一门楼，瓦盖内刻有"孙将军门楼也"六个字。其中还有鎏金铜饰、金器、漆器等。鄂朝饮料厂墓的随葬品更为丰富，按功能可分为五类：青瓷日用器，包括碟、盘、四系罐、薰等；陶、瓷及石质的仓厨、畜禽等明器；铜、铁质生产用器、生活用器、兵器等，如铜弩机、凿、釜等；鎏金装饰品，如铜搭扣、铜环、金丝线、金片等；钱币，计有"半两""五铢""货泉""大泉五百""大泉五十"等。出土墓葬的鄂州位于长江中游，武汉市东部，三国初期，孙权曾迁都于此，因南依"武昌山"，取"以武而昌"之意，改称"武昌"，并在此大修武昌城，孙吴开始了对长江中游的经营。自新中国成立以来，在鄂州发现了六朝墓葬400余座，按墓葬所处位置可分为4个墓区，即西山东麓墓区、西山（又称樊山）南麓墓区、雷山南麓墓区、洋澜湖墓区。上述两座墓葬即位于孙吴墓最为集中的西山南麓墓区，从墓葬形制与出土遗物判断，墓主皆为孙吴时期的达官显贵，甚至可能是孙吴宗室成员。据专家考证，孙将军墓与鄂钢饮料厂墓应为孙邻、孙述父子墓。《三国志》卷五十一《宗室》载："邻年九岁，代领豫章，进封都乡侯。在郡垂二十年，讨平叛贼，政绩修理。召还武昌，为绕帐督……邻迁夏口沔中督、威远将军，所居任职。"① 院落模型明器的使用虽只出现于长江中游地区，但从墓葬形制及遗物推测应是孙吴、西晋时期达官显贵们专属的随葬品，属于贵族等级的专享物。

玉器也是体现墓主身份等级的重要载体之一，六朝玉器多出自东晋墓，南朝墓次之，孙吴墓最少。这种现象与孙吴时期玉料难求、玉作不振有关。《宋书·礼志》载："吴无刻玉工，以金为玺。孙皓造金玺六枚是也。"连皇室都无玉做玺，民间用玉的情形就更可想而知了。东晋时期的用玉略好于孙吴，但也仅限于东晋早中期的贵族阶层。墓葬中发现的玉器很可能是沿用了西晋旧玉，或西晋带来的玉料在东晋时期琢治。包括仙鹤观高崧家族墓在内出土的玉器，很可能都属于这种情况。六朝佩玉体现出一定的等级制度，一方面表现在玉料色泽上，另一方面体现在葬玉数量与类别上。史载晋代皇帝、皇后、诸侯王、妃嫔、公、侯等采用严格的佩玉制度。用玉分为白玉、瑜玉、山玄玉、于阗玉、水苍玉等。从南京已出土的墓葬用玉情况来看，主要有青、白、青灰、墨绿色等，应该就是用玉等级的反映。其中少数玉呈灰白色，类似于滑石，且东晋后期越发严重，可能与东晋时期南北战争导致商品贸易受限，很难通过与北方贸易获得上等玉料有关。湖南安乡西晋刘弘墓是六朝时期出土玉器最多、类型最为多样的墓葬，南京东晋高崧家族墓是东晋时期出土玉器最多的家族墓葬群。从这两处出土玉器的类别来看，两者似乎存在等级差异。刘弘墓出土了组佩、心形佩、带钩、剑饰、玉猪、印章、樽、卮等，其中印章、樽、卮东晋高崧家族墓未见，玉环、玉璧共4件。高悝墓出土剑饰，高崧墓不见；高悝墓出土的玉珩也较高崧墓出土的玉珩更为精致。《晋书·刘弘传》载刘弘官至荆州刺史、镇南大将军、宣城公，官阶在高悝之上，高悝为丹阳尹、光禄大夫，位同九卿，官阶又在高崧之上，高崧为侍中、骑都尉。从以上三人的官阶及墓葬出土玉器情况看，随葬玉器的等级与墓主身份有关，官阶越高者随葬玉器品质越高、类别越丰富。②

六朝墓葬中出土的陶（瓷）俑也是墓主等级身份的反映。从已刊布的资料看，无论是出土数量还是生产质量，六朝陶（瓷）俑相比同时期的北

① 陈寿. 三国志［M］. 北京：中华书局，2011：1011.
② 罗宗真，王志高. 六朝文物［M］. 南京：南京出版社，2004：329-330.

方陶俑要逊色不少。然而，六朝陶（瓷）俑本身也体现出一定的地域特征，尤其是青瓷俑的出现在一定程度上是对陶俑的补充。陶（瓷）俑的造物形象与墓主身份等级有关。陶（瓷）俑地域分布广泛，在六朝疆域的大部分地区都能见到它们的身影，以江苏南京、湖南长沙、湖北鄂州与武汉四地最为集中，数量多且质量高。如南京地区的江宁黄家营5号墓、六合瓜埠元康九年墓、南京大学北园东晋墓、南京北郊象山7号墓等；湖北地区武汉黄陂滠口墓、鄂州孙将军墓、武昌吴家湾南朝晚期墓等；湖南地区长沙金盘岭3座西晋墓等出土的陶（瓷）俑。从出土陶俑看，多发现于较高等级的士族墓葬中，有些甚至是出土于帝王陵墓，如南京大学北园墓出土两件陶俑，该墓推测为东晋某位皇帝的陵。象山7号墓出土陶俑14件，多数表面施白粉，有剥落现象，其中分裆俑5件，下部呈喇叭状9件，该墓是东晋豪族王氏的家族墓地。[①] 湖南长沙金盘岭9号墓出土的若干瓷俑，尤其是青瓷对书俑（图2-14）颇具特色，两俑对坐于一长方形座上，中间隔一长条形案，案上置一长方形砚与一个四齿状笔架，架上有两支毛笔。一人手执一案，上置简册；另一人左手执笔，右手执简，作书写状。据学者推测墓主应为西晋时期一高级文官。

图2-14　西晋　青瓷对书俑
（湖南省博物馆藏）

从出土陶（瓷）俑的造型特征看，墓主具有较高的身份地位。以南京出土物为例，因孙吴时期陶俑并不流行，瓷俑更是昙花一现，时代特征不甚明显。东晋、南朝时期才是陶（瓷）俑的高峰，尤其是南朝中后期，陶（瓷）俑甚至成群出现。此时人物俑最具代表性，东晋时期多见侍从与奴仆形象，如牵马赶车俑、持物守门俑、立俑、跪俑等。南朝时期人物俑多成对出现，甚至出现陶俑群，青瓷俑呈衰减趋势。不见守门俑、牵马俑、赶车俑，可能与南朝时期世族势力衰弱、皇权增强有关，但人物俑仍然是服务于士族阶层的专属产品。由此可见，陶（瓷）俑的使用通常仅限于贵族等级墓葬。

综上所述，由于六朝时期具有鲜明的等级制度，所以，墓葬造物艺术也体现出一定的等级性。依墓葬等级的差异性，造物艺术呈现相应的变化，这种变化主要体现在形制、材质、工艺、纹饰、组合特征五个方面，其中形制与纹饰是造物等级特征的主要表现手段。造物形制与纹饰虽存在一定地区差异，但同一文化区域内仍具有较强的同一性。对造物形制与纹饰的分析研究，有助于对造物艺术的等级进行分类，进而有助于评定墓主人的身份等级。

第三章

六朝墓葬造物视觉形象的形成

张道一说："严格地说，这方面的'人造物'，不能算作纯'物质文化'，而是带有文化综合性，我称之谓'本元文化'"① 诚然，六朝墓葬造物视觉形象的形成具有多元化特征，它一方面受到传统丧葬观念的影响，另一方面又受到当时社会相关因素的制约，两者共同造就了六朝墓葬造物视觉形象的时代特征，这也是其独特魅力所在。具体而言，六朝墓葬造物艺术主要受到传统灵魂不灭观、社会风习及士族阶层庄园生活三方面的影响。灵魂不灭观是人类启蒙时期的一种对待生死的观念，我国的灵魂不灭观念由于历时较长，对丧葬制度、丧葬制度影响较深，进而影响墓葬造物艺术的形成。风俗是人们在长期的生活实践中形成的一种社会风尚，其影响波及人们生活中的方方面面，丧葬制度是其中较为重要的一项。六朝时期，人们崇尚"事死如事生"的丧葬观，因此，墓主生前所享有的物质通常被带入地下，以期死后能够继续享用。此外，六朝时期独特的社会习俗也是影响墓葬造物艺术形成的重要因素，如禁碑、哭丧等，这些习俗一方面是受制于政府政令，另一方面是社会的约定俗成。它们对墓葬造物艺术的影响主要表现为两种方式：一种是将原有的直接随葬，甚至是墓主生前所使用器物；另一种是将当时的社会习俗艺术化处理后表现于某种载体，这种载体一般称为"明器"，是反映一定时期丧葬制度的重要形式。士族阶层是六朝时期重要群体，其时表现出由盛而衰的现象，东晋时期是转变的分水岭。孙吴、东晋时期士族阶层强大，时人争相建造属于自己的庄园，这类庄园不仅是休息、娱乐的私密场所，还是彰显其在政治、经济、文化等领域享有特殊地位的场所。由此可见，代表庄园生活的建筑是士族阶层希冀死后继续享受优渥生活的载体。此外，宗教也是影响墓葬造物艺术形成的重要因素，六朝宗教对造物艺术的影响复杂多样，因此单列。

第一节 灵魂不灭观念之延续

在我国丧葬文化发展史上，灵魂观念是影响丧葬礼制的重要因素之一，对丧葬观念、丧葬制度、丧葬礼仪、丧葬制度均有一定的制约作用。灵魂观念是人类蒙昧时期的产物，许多国家和地区都有。我国的灵魂观起自旧石器时代中期，发展于先秦，成熟于两汉，至六朝时期由于思想的多元化，

---

① 张道一. 张道一文集 [M]. 合肥：安徽教育出版社，1999：355.

灵魂观念相较于两汉呈衰微之势，但仍是影响六朝丧葬礼制的重要因素。由灵魂观念引发的"事死如事生"的丧葬礼俗，依然是主导六朝时期的丧葬思想，明器的大量使用便是最好的例证。

一、灵魂不灭观念溯源

灵魂不灭观大致起源于旧石器时代中期，距今约6000年，主要特征是相信灵魂永存，认为人死后肉身与灵魂的分离，肉身虽会败坏但灵魂不灭，仍能祸福子孙，干预人事。在此观念影响下，相应的丧葬礼俗便产生了，而这样的丧葬礼俗反之又加深了人们对灵魂不灭观念的认可。灵魂不灭观最早表现为对祖灵的崇拜，认为灵魂具有祸福子孙的能力。随着氏族不断壮大，分化为若干家族，神灵崇拜又演变为祖先崇拜。至新石器时代，随着生产力提高，私有制应运而生，人类的丧葬礼俗也随之有了较大改变，在灵魂不灭观的影响下，厚葬制度随即产生。营建高大的墓穴和随葬大量的物品成为这时期丧葬礼俗的典型特征，甚至出现以活人殉葬的现象，以此标榜地位与炫耀财富。夏商时期灵魂观念得到进一步的发展，《礼记·表记》载："夏道尊命，事鬼敬神而远之。"[①]《礼记·檀弓上》载："夏后氏用明器。"说明夏人对鬼神深信不疑，并且在墓葬中随葬明器，在二里头文化遗存中发现大量的动物骨骼及用动物肩胛骨制作的卜骨，应是这一观念影响下的产物。商人对于灵魂观念的认可比夏人更甚，《礼记·表记》载："殷人尊神，率民以事神，先鬼而后礼，先罚而后赏，尊而不亲。"[②]可见殷人认为鬼神高于一切，经常举行大型的祀鬼神活动。殷墟出土的数十万卜骨，以及大量人祭、牲祭场所，说明殷人对鬼神的崇拜达到前所未有的高度。殷人对于鬼神的崇拜还直接反映在丧葬制度方面，厚葬风习的流行即是最好的证明。一方面，贵族阶层的墓穴规模浩大，营建也较为讲究；另一方面，墓穴中多随葬了大量的青铜器，甚至还有人殉或牲殉现象。周代商后，依然将鬼神崇拜摆在十分重要的位置，正如《左传·成公十三年》载："国之大事，在祀与戎，祀有执膰，戎有受脤，神之大节也。"[③]将祭祀与战争视为国家两件最为重要的事情。周人在对待鬼神方面与夏商保持一致，《礼记·表记》说："周人尊礼尚施，事鬼敬神而远之。"正是夏人"夏道尊命事鬼敬神"和商人的"敬鬼神畏法令"的延续。周人的灵魂观念自

---

① 戴圣. 礼记 [M]. 北京：中华书局，2017：1056.
② 戴圣. 礼记 [M]. 北京：中华书局，2017：1056－1057.
③ 左丘明. 左传 [M]. 上海：上海古籍出版社，2016：440.

然也体现在丧葬礼俗中，西周早期仍受商代丧葬礼俗影响为重，实行厚葬制度，至中后期厚葬风习有所减弱，最为直接的表现是人殉减少与列鼎制度的出现，表明周人已逐渐摆脱殷人的尚鬼风习，礼制在社会中起到了更为关键的作用。春秋战国时期，随着王室对各诸侯国统治能力的缺失，社会处于礼崩乐坏状况，人们的意识形态也发生变化，一些颇具前瞻性的思想家对灵魂观念产生怀疑，要求摆脱"天上帝"的主宰。在"神"与"民"的关系上，主张由过去的"天上帝"改为"神之主"，强调了"民"的主导作用。这种对于"神"的怀疑，实则是人们观照世界的一种进步。

秦汉时期，灵魂不灭观念取得了较大发展。灵魂观念被附会于阴阳五行、谶纬迷信、神仙方术等，社会上下整体弥漫着长生、升仙等迷信思想。秦始皇便是一位好神仙方术的帝王，《盐铁论·散不足》载：

> 秦始皇览怪迂，信禨祥，使卢生求羡门高，徐市等入海求不死之药。当此之时燕、齐之士，释锄耒，争言神仙，方士于是趣咸阳者以千数。言仙人食金饮珠，然后寿与天地相保，于是数巡狩五岳、滨海之馆，以求神仙蓬莱之属。①

汉武帝时，国力经由文、景二帝的经营已至鼎盛，汉武帝取得巨大功绩同时他也是一位笃行神仙方术的有神论者。在他的影响下，神仙思想充盈社会各阶层，"事死如事生"的丧葬观成为主调，带来的直接结果便是厚葬的盛行。厚葬是当时人们鬼神崇拜的反映，通过随葬大量的物品以达到希望死后继续享用生前奢华生活的目的。西汉后期，佛教传入我国，经由早期依附于道教的传播，将佛教中的许多思想与道教相比附，使得灵魂不灭观念更加深入人心，甚至连帝王都笃信佛教。佛教中的佛祖、菩萨、罗汉、阎罗王、夜叉、罗刹等形象，开始进入中国人对生后世界的想象。六朝早期，道教进入社会上层布教，影响已波及社会各个阶层。此时相信灵魂不灭、因果报应、谶纬迷信、灵魂转世、长生升仙等宗教迷信，成为社会普遍心理。鲁迅先生说："中国本信巫，秦汉以来，神仙之说盛行，汉末又大畅巫风，而鬼道愈炽；会小乘佛教亦入中土，渐见流传。凡此皆张皇鬼神，称道灵异，故自晋迄隋，特多鬼神志怪之书。"② 此时虽有一些进步人士提出"无神论"的唯物主义思想，如南朝齐人范缜在《神灭论》中明确阐明佛教的因果报应是一种迷信，但相较于已深入人心的灵魂观念，也

---

① 桓宽. 盐铁论 [M]. 北京：中华书局，2015：326-327.
② 鲁迅. 中国小说史略 [M]. 苏州：古吴轩出版社，2017：45.

无力改变什么。

二、"事死如事生"丧葬观念的表现形态

灵魂不灭观念引发的直接变化便是厚葬的兴起，以秦汉时期最为典型，对六朝墓葬造物艺术影响也最为深入。此时墓葬中多发现与"事死如事生"丧葬礼仪相一致的明器，如仓、灶、井、厕等，明器的出现是墓主希望死后继续享用生前所拥有的财物，也是灵魂不灭观念影响下的产物，正所谓"厚资多藏，器用如生人"①。这种厚葬现象汉末前多出现在贵族甚至是王室阶层，随着时间的推移，灵魂观念的影响波及普通大众，上有所好，下必效焉，民间也随即实行厚葬。按理说六朝时期宗教迷信与鬼神观念如此深入人心，应该普遍实行与汉代一致的厚葬制度。但此时战争频仍，经济凋敝，民不聊生。因此，魏晋统治者多推行薄葬制度（孙吴政权推行了有限制的厚葬制度），其后的南朝大体也采用这一制度，即便如此，"事死如事生"的丧葬礼仪仍保留下来，加之六朝时期风水之术的兴起，明器类型与形制等均见出对汉代"事死如事生"丧葬礼仪的延续。

风水之术即"堪舆"之术，最早见于《史记·日者列传》："孝武帝时，聚会占家问之，某日可取妇乎？五行家曰可，堪舆家曰不可。"然而，将风水之术与"事死如事生"的葬仪相联系，最早出现在东汉，《后汉书·袁安传》载：

> 安父没，母使安访求葬地，道逢三书生，安问何之，安为言其故，生乃指一处，云："葬此地，当世为上公"。须臾不见，安异之。于是遂葬其所占之地，故累世隆盛焉。②

又《后汉书·郭镇传》载：

> 顺帝时，廷尉河南吴雄季高，以明法律，断狱平，起自孤宦，致位司徒。雄少时家贫，丧母，营人所不封土者，择葬其中。丧事趣辨，不问时日，巫皆言当族灭，而雄不顾。及子诉孙恭，三世廷尉，为法名家。③

以上两则史料，观点虽一正一反，但都说明风水之术在汉代社会中有一定的民众基础，葬地吉凶观念已深入人心。六朝时期，风水之术更兴，尤其是东晋以后，大量的文献均记载了相墓之术，即风水之术应用于葬地

---

① 桓宽. 盐铁论 [M]. 北京：中华书局，2015：316.
② 范晔. 后汉书 [M]. 北京：中华书局，2012：1211.
③ 戴圣. 礼记 [M]. 北京：中华书局，2017：1231.

选择。相关记载不仅出现在正史，如《魏书》《晋书》《宋书》《南齐书》等，还有相关类书，如《葬经》《大汉原陵秘葬经》《茔原总录》等。书中提到的"望气""风水"皆指风水相墓之术。如郭璞《葬经》载："祝福之差，候虏有间。山者，势险而有也，法葬其所会。故葬者原其所始，乘其所止，审其所废，择其所相。"明确说明了选择葬地的重要性，并进而提出五种山不可葬，他说：

> 气以生和，而童山不可葬也；气因形来，而断山不可葬也；气因土行，而石山不可葬也；气以势止，而过山不可葬也；气以龙会，而独山不可葬也。①

风水之术早期多应用于皇室或世家大族墓葬，但其后一般的士族阶层也竞相仿效。结合考古发现，六朝墓葬都具有背倚山峰、面临平原的特征，即将墓穴置于两山环抱的山腰间，面临开阔的平原。南京及其毗邻地区因属丘陵地带，山头众多，符合风水之术的墓地较为易得，在今幕府山、鸡笼山、蒋山及丹阳都集中发现了东晋至南朝时期的帝王陵墓与世家大族墓。

"事死如事生"的丧葬礼仪带来的另一个直接影响，便是墓葬中随葬大量明器。《礼记·檀弓下》曰："其曰盟（明）器，神明之也，哀哉，死者而用生者之器，不殆而用殉也……葬者涂车刍灵，自古有之，明器之道也。"② 从考古资料看，新石器时期的墓葬中便已出现专门用于随葬的明器，商周时期明器使用更为普遍，如出现大量仿铜器的陶制品。秦汉是明器使用最为兴盛的时期，由于厚葬制度的盛行，明器也呈现出器型更加多样、制作更加精良的特征。各种仿生前活动场所及使用工具的明器大量出现，如院落模型、作坊、厕、仓、井、灶、磨等。六朝时期，明器一方面沿袭汉代的造物风格，如院落、灶、磨等形制没有根本性的变化，另一方面在材质与造型方面又发展出了具有时代特征的风格面貌。六朝青瓷器是在汉代釉陶基础上发展起来，一跃成为墓葬中最为多见的造物艺术。如孙吴、西晋时期，长江下游地区堆塑罐（魂瓶）颇为流行，该器是在汉代五联罐基础上演变而来的，发展至六朝早期形制更为复杂。再如，东晋时期士大夫们流行乘坐牛车出行，有时伴有长长的仪仗队伍，这种社会现象也在墓葬中有所体现，世家大族墓葬中最为多见。

综上所述，六朝丧葬文化中依然体现出较强的灵魂不灭观，由此带来

---

① 范宜宾. 地理乾坤法窍 [M]. 呼和浩特：内蒙古人民出版社，2011：20.
② 戴圣. 礼记 [M]. 北京：中华书局，2017：192.

的影响是"事死如事生"的丧葬制度广泛体现于墓穴营造与随葬遗物中，具体表现为相墓术的兴起与具有典型时代特征明器的出现。葬地的选择和营建，墓中出土的灶、井、厕等明器均是灵魂不灭观在六朝时期发展的表现。

第二节 社会风习对墓葬造物艺术的渗透

墓葬造物艺术的特征不仅受到当时丧葬制度与丧葬思想的影响，还受到社会风俗、习俗的约束。风俗是人们在常年的日常生活中形成的社会风尚，习俗是社会群体在语言、行为、心理上的集体习惯。社会风习的内涵较为丰富，它涉及当时社会的物质生活与精神生活等诸多方面，内容主要包括饮食、服饰、居住、婚姻、丧葬、娱乐等，是社会生活最为真实的写照，它们相互影响，又相互制约。六朝时期，丧葬文化在灵魂不灭观的影响下，采用了"事死如事生"的丧葬礼仪，因此，墓葬造物艺术在一定程度上反映了当时社会风俗、习俗，其中丧葬礼俗与饮食习俗的影响最为突出。

一、丧葬礼俗在墓葬造物艺术中的表现

东汉末期，薄葬制度的推行对整个六朝时期都产生了较大的影响。虽然孙吴政权在丧葬制度上选择了继承汉制，实行厚葬政策。但整个社会的薄葬潮流对其厚葬制度的施行也必然产生影响，厚葬制度的实行相较于两汉时期要逊色很多。孙吴政权偏安一隅，汉末的战乱实则对该地区并未造成很大的影响。因长期处于较为和平的环境，加之北人南渡带来更为先进的生产技术，政府采取了一系列行之有效的经营开发政策，社会生产力大为提高，孙吴经济在短时期内取得了极大的进步，江东一跃而成为三国时期最为富庶的地区。在此背景下，孙吴政权在一定程度上采取了与北方曹魏政权不同的丧葬制度，其丧葬制度延续了汉代的厚葬之风。《三国志·吴书》卷五十注引《江表传》：

> 皓……使尚方以金作华燧、步摇、假髻以千数。令宫人著以相扑，朝成夕败，辄出更作，工匠因缘偷盗，府藏为空。会夫人死，皓哀愍思念，葬于苑中，大作冢，使工匠刻柏作木人，内冢中以为兵卫，以金银珍玩之物送葬，不可称计。已葬之后，皓治

丧于内，半年不出 。国人见葬太奢丽，皆谓皓已死，所葬者
是也。①

可见，孙吴皇室的随葬物品相当丰富，远胜于同时期的曹魏。此外，
孙吴、西晋时期出土的大量青瓷堆塑罐、青瓷院落、金珰、步摇等，均是
这一背景下的产物。受汉末禁碑政策影响，将汉代流行的墓碑移至墓内主
要表现为两种形式：一种是在墓内设立墓志，用以介绍墓主生平、家世等
信息；另一种为堆塑罐中出现的圭首碑，也简要记载墓主信息。孙吴、晋
时期，长江下游地区流行的堆塑罐上部经常会看到塑有龟趺碑的形象，通
常为一方，也有二方，碑皆为圭首尖额形，其上大多刻有铭文。碑文通常
由纪年、官职、吉语等内容组成。如 1993 年南京市江宁区上坊城壝村下坊
陈家山的一座吴墓出土青瓷堆塑楼阙罐 1 件，上立圭首碑，记有"凤凰元
年立长沙太守□□浃（刺）使宜孙子"铭文，依铭文判断，墓主下葬时期
应是凤凰元年（272），属孙吴晚期，与堆塑罐造物形制的流行时间相吻合，
需要说明的是，铭文中的"长沙太守"可能并不是墓主人身前的官职，而
是体现时人对于做官的向往，长沙太守只是一种带有指向性的虚位。这种
现象显然是受到禁碑制度的影响，该制度的影响可能波及孙吴，然而孙吴
政权地处江南，受禁碑影响当然不及曹魏。因此，孙吴时期立碑现象依然
存在，只是不及汉代普遍，六朝早期吴地堆塑罐中出现圭首碑即是这种过
渡的反映。

六朝时期江南的丧礼风俗还表现为凡大丧，相近的人三天之内要去吊
丧，不去会被视为对死者不敬，主家以后要是在路上相见会不予理睬。如
相隔较远或其他原因不能到场吊唁，也应通过书信的方式表示自己的哀痛
之情。丧礼中吊丧行哭较为常见，通常是主人哭，客人以哭还礼。《晋书》
中记载了一则阮籍母丧的故事，文中谈到阮籍母亲去世后，裴楷前去吊丧，
阮籍"散发箕踞，醉而直视"，裴楷下席于地，哭吊而去。有人问裴楷：
"凡吊者，主哭，客乃还礼。籍既不哭，君何为哭？"裴楷说："阮籍既方外
之人，故不崇礼典。我俗中之士，故以轨仪自居。"② 这则故事一方面反映
阮籍"越名教而任自然"的玄学主张，另一方面也反映了当时哭丧的礼俗。
南京市博物馆藏有一件反映哭丧场面的堆塑罐，表现了多位作跪伏状的人
物，其中有一组褐釉陶孝子送葬魂瓶（图 3-1）表现头戴孝巾围跪在一具棺

---

① 陈寿. 三国志 [M]. 北京：中华书局，2011：1004.
② 房玄龄. 晋书 [M]. 北京：中华书局，1974：1361.

材边作哭丧的姿态，形象说明了六朝时期"哭吊"的丧葬礼俗。此外，在一些较高等级的墓葬中，经常出现乐俑，显然也是对墓主生前生活状况的反映。该形象也出现在六朝早期的堆塑罐中，其包含的内容不仅是对墓主生前生活状态的关照，还是对当时的丧葬制度的反映。南京中华门外邓府山墓出土的一件堆塑罐上亦有类似的情景，一具棺材置于双阙与屋门中间，外侧表现四个伎乐俑。这一现象说明当时鼓瑟吹笙等出现于各类欢庆场合，还有可能出现于丧葬场所，只是所奏音乐可能是哀曲。《三国志·吴书》载孙皓为其父孙和立庙京邑曰：

图 3-1　孙吴　褐釉陶孝子送葬魂瓶

（采自南京市博物馆：《六朝风采》，文物出版社，2004 年，第 251 页）

　　灵舆当至，使孙相陆凯奉三牲祭于近郊，皓于金城外露宿。明日，望拜于东门之外。其翌日，拜庙荐祭，歔欷悲感。比七日三祭，倡技昼夜娱乐。有司奏言"祭不欲数，数则黩，宜以礼断情。"然后止。①

皇室如此重视乐舞在丧葬中的作用，世家大族，地主豪强必然也对乐舞在丧葬中的作用趋之若鹜，而堆塑罐中的哭丧场面与胡僧乐舞形象就是这种社会思潮的真实再现。

佛教在吴地初传时通常借助当时道教的力量，以达到加速在民间传播的目的，堆塑罐中出现佛像与道教题材并存的现象就是这一背景的真实反映。加之孙吴政权推行厚葬风习，直接促使各种宗教思想在民间盛行，包括影响对地下亡魂祭祀时所实行的丧葬礼仪。干宝《搜神记·卷二》载：

① 陈寿. 三国志 [M]. 北京：中华书局，2011：1143.

吴孙休有疾，求觋视者，得一人，欲试之。乃杀鹅而埋于苑中，架小屋，施床几，以夫人屐履服物著其上。乃使觋视之，告曰："若能说此家中鬼妇人形状者，当加厚赏，而即信矣。"竟日无言。帝推问之急，乃曰："实不见有鬼，但见一白头鹅立墓上。所以不即白之，疑是鬼神变化作此相。当候其真形，而定不复移易。不知何故，敢以实上。"①

可见孙吴时期鬼神之说深入人心，对当时丧葬礼仪影响甚大。堆塑罐中常常出现佛像趺坐于门阙入口处或围坐于楼阁周围，这些位置通常也为道教各种祥瑞所占据。有时门阙的入口处还会出现一只卧虎，这种情况或许与道教"乘蹻"母题相关。葛洪《抱朴子·内篇》曰："若能乘蹻者，可以周流天下，不拘山河。凡乘蹻道有三法：一曰龙蹻，二曰虎蹻，三曰鹿卢蹻……又乘蹻须长斋，绝荤菜，断血食，一年之后，乃可乘此三蹻耳。"② 这里的龙蹻、虎蹻、鹿卢蹻指亡者去往仙界的一种脚力，使用不同的脚力，升往仙界的速度不同。当时佛教被视为一种外来的神仙方术，与本土道教方术相结合，既体现了当时佛教在长江下游传播的状况，又反映了时人对神仙方术的笃信程度③。

二、饮食习俗在墓葬造物艺术中的体现

魏晋南北朝是我国历史上一个大分裂、大动荡，同时又是一个民族大融合的时期。北方的中原地区战争频仍，经济破坏严重，而同时期的南方则相对平稳，政权之间的交替没有出现大的争战，因此一跃成为全国经济最为繁荣的地区。永嘉之乱后，大批北人南来，形成了北方侨人与南方固有人群相融合的现象，促使饮食结构发生了较大改变，这一现象在六朝墓葬造物艺术中皆有所体现。

（一）饮茶习俗与鸡首壶

六朝墓葬中出土了数量不少的鸡首壶，其形制呈现出一定的变化。早期的鸡首壶通体偏矮，鸡首无颈，与罐体不通，只具有装饰功能。东晋以后，形体逐渐升高，变得更加修长，鸡首置颈，口与罐体相通，具有"流"的功能，置有鋬手。鸡首壶流行有一定的空间性，主要出现在长江以南的

---

① 干宝. 搜神记 [M]. 北京：中华书局，2012：46.

② 王明. 抱朴子内篇校释 [M]. 北京：中华书局，1980：250.

③ 仝涛. 从魂瓶看吴晋时期的庄园生活和丧葬礼俗 [J]. 四川大学学报（哲学社会科学版），2004（2）：137–143.

大部分地区，以长江下游地区为最，包括南京、镇江、苏州、杭州、上虞、芜湖、马鞍山等地。对于鸡首壶的使用历来有不同的观点，或为酒具或为茶具，根据伴出物的特征与相关图像及史籍所载，学者们认为该器应为茶具，并且与当时南方的饮茶习俗有关，随着茶文化的发展，鸡首壶的形制也在发生变化。

首先，从伴出遗物看，鸡首壶并未被列为酒具。酒在我国有着悠久的历史，六朝时期更为盛行。无论是曹操的"对酒当歌，人生几何"，抑或刘伶"醉后何妨死便埋"，还是阮籍的"嗜酒能啸"都表现了六朝时人对于酒的迷恋。需要说明一下，当时的酒是一种主要由稻米酿造的被称为"山阴甜酒"的低度酒，乙醇含量约为4%，即今天的绍兴黄酒。当时饮酒氛围之浓以玄学之士为代表，王羲之在《兰亭集序》中说："虽无丝竹管弦之盛，一觞一咏，亦足以畅叙幽情。"同为玄学之士的"竹林七贤"亦雅好饮酒。"竹林七贤"画像砖迄今共发现4幅，以出土于南京西善桥的一幅最具代表性，在阮籍与王戎身旁皆绘了尊、勺、耳杯之类酒具，没有发现鸡首壶，可见鸡首壶并未列入酒具。在东晋至南朝的墓葬中，青瓷鸡首壶通常与青瓷碗、盘陈放于一起。有专家认为，青瓷鸡首壶与碗盘等是祭祀死者时盛放食物的器皿，盘放置果蔬，碗为盛器，鸡首壶为茶具。

其次，受江南地区饮茶习俗影响。我国茶有着悠久的历史，古称"槚"或"荈"，自唐代陆羽《茶经》后称茶。饮茶之风起于何时？难有定论，王褒《僮约》中有"烹茶尽具酺已盖藏"与"武阳卖茶"词条，说明至迟在西汉宣帝时已有饮茶习俗。至六朝时期，由于茶有解酒消食的作用，备受统治阶级与玄谈之士所推崇，成为宴席和出游时首选佳品。《三国志·吴书·韦曜》载："曜饮酒不过二升，初见礼异时，常为裁减，或密赐茶荈以当酒，至于宠衰，更见逼强，辄以为罪。"[①] 此载说明韦曜所饮茶的色泽与当时的"山阴甜酒"的酒色相近。古代饮茶与今日不同，不是泡茶而是煮茶，将水煮沸后再倒入茶叶并去火抽薪，这样的茶色与酒色较为类似。《世说新语·纰漏》载：

> 王丞相请先度时贤共至石头迎之，犹作畴日相待。一见便觉有异。坐席竟，下饮，使问人云："此为茶为茗?"觉有异色，乃自申明云："向问饮为热，为冷耳。"[②]

---

① 陈寿. 三国志 [M]. 北京：中华书局，2011：1218.
② 刘义庆. 世说新语 [M]. 北京：中华书局，1998：929.

王导早期主要生活于北方，初到南方时既分不出茶的优劣，亦不知热饮还是冷饮。说明至迟在东晋初，饮茶习俗仍主要集中于长江下游地区，其他地区则较少见，北方的少数民族至南北朝时还没有饮茶习惯。南朝时期，雅好品茗的齐武帝萧赜遗令说："我灵上勿以牲为祭，唯设饼、茶饮、干饭、酒脯而已。"可见，六朝时期，饮茶习俗在长江下游地区的社会中上阶层广泛流行，受"事死如事生""事亡如事存"丧葬观念的影响，将生前所喜好的东西用来陪葬是很平常的事情，也就解释为什么东晋、南朝中上阶层的墓葬中出现大量鸡首壶。

（二）饮食习俗与造物艺术

《隋书·地理志》载："江南之俗，火耕水耨，食鱼与稻。"① "火耕水耨"是一种粗耕的方式，事实上，六朝中后期北方大量侨人南来后，更为先进的耕作方式得以在南方应用，极大地提高了南方耕作的生产力。江南地区特别是长江中下游地区，由于自然条件优越，稻作经济较北方更为发达，甚至有"一年三熟"的现象，以米为原料的食物是南方饮食结构中最为多见的品类。端午粽子即是较为典型的一种，还有与粽子类似的裹蒸食物。此类生活习俗决定了日常生活中必然有与之相应的工具，如带有蒸煮功能的灶及其他相关加工器具，这些器具在六朝墓葬造物中也得到了体现（图3-2）。杵臼、磨、碓、箕等均是将原料细化的工具，说明孙吴时期长江下游地区的食物加工已非常系统化。灶作为明器最早出现在秦代墓葬中，流行于汉代，长江中下游地区出土的六朝时期青瓷灶最具代表性，质量也最好。各地出土的汉代陶灶及六朝时期的青瓷灶，都是时人希望死后能够继续享用生前奢华生活的一种向往。同时也反映时人的饮食习俗。吴晋时期南京地区的灶多为船形，前端有出火孔，后有火门，台面有两个圆形火眼，上置釜，釜分上下两层，中间以箅相隔，上层可蒸食物。有陶与青瓷两种材质，在长江中下游地区最为多见，长江中下游地区灶的造物特征如表3-1所示。

---

① 魏徵. 隋书［M］. 北京：中华书局，1973：886.

1

2

3

图 3-2　孙吴　裹蒸食品制作工具（中国国家博物馆藏）

1. 陶杵臼（南京板桥府丽山出土）、陶碓（南京铁心桥铁心村出土）；2. 青瓷灶（南京江宁上坊城盖大队出土）；3. 陶磨（南京中央门外张王山出土）陶箕（南京板桥府丽山出土）

表 3-1　长江中下游地区灶的造物特征

序号	名称	出土地	特征	时代	收藏单位
1	灰陶灶	江宁区东山街道上坊社区下坊村沙石岩	泥质灰陶。船形，前端有出火孔，后有长方形火门，灶台面有两个圆形火眼，上各置一釜，釜圆唇，溜肩，弧腹，圜底	孙吴	江宁区博物馆
2	青瓷灶	江宁区东山街道上坊社区特殊学校工地	瓷质。灰白胎，青灰釉，施釉不及底。船形，前有出烟孔，后有长方形火门。灶面有两圆形火眼，上各置一釜。釜圆唇，溜肩，弧腹，圜底	西晋	江宁区博物馆

序号	名称	出土地	特征	时代	收藏单位
3	青瓷灶	江宁区东山街道上坊社区城墙大队	瓷质。灰白胎，青灰釉，施釉不及底。船形，前有出烟孔，后有长方形火门。灶面饰有一圈网格纹并留有两圆形火眼，上置一釜与一甑。釜圆唇，溜肩，弧腹，圈底。甑敞口，下部溜肩，弧腹	孙吴	六朝博物馆
4	青瓷灶	鄂州百子畈何家湾2号墓	瓷质。灰白胎，青釉泛黄，施釉不及底，剥釉严重。整体呈船形，前端尖而上翘，上开一圆形烟孔，后端平直，开一方形火门。灶面呈三角形，开两灶眼，前置甑，后置釜，灶面饰有炊具且在灶尾饰一块挡灰板	孙吴	湖北省博物馆
5	青瓷灶	湖北鄂州鄂钢饮料厂一号墓	瓷质，施淡黄釉，局部剥落，呈长方形。灶面置两釜，釜上各有一筒形器与甑。灶前有一挡灰板，灶尾设一圆孔形出烟孔。灶面贴敷有刀、瓢、刷、案等厨房用具	孙吴	鄂州市博物馆

从表 3-1 可得出以下几点结论。

其一，出土陶瓷灶的墓葬不乏墓主为王侯级别的坟茔，表明六朝早期以灶为明器在社会中上级阶层较为流行。其表现的方式有陶器、瓷器两种，陶灶多出现在孙吴时期的低等级墓葬中，表现为对两汉风格的延续，也是墓主经济能力的体现。烧制精细的青瓷灶多出现在吴晋时期规格较高的墓葬中，尤以疑似帝王的墓葬中出土级别最高。如南京市江宁区上坊孙吴大墓出土的青瓷灶即为典型一例，该灶呈船形，灶尾上翘有一圆形出烟孔。灶面置两灶眼，其中一个有一双耳釜，青灰釉，局部泛黄，器型规整，是出土孙吴时期同类器物规格较高的一件，据发掘者推测该墓可能是孙皓时期某位王室成员的茔冢。[①]

其二，长江下游地区出土的灶以船形为最，有别于长江中游江汉地区灶的形制，但在许多装饰手法方面又与长江中游地区一脉相承。早在春秋战国时期，吴越所领地区后来尽归楚国所有，很多造物特点都受到了楚文化的影响，且孙吴曾定都鄂州，更加速了长江中下游地区造物风格的融合。此外，两地都处于长江一线，有着较为相似的地理环境与生活习俗。《史记·货殖列传》记载："楚、越之地，地广人希（稀）；饭稻羹鱼，或火耕而水

---

① 南京市博物馆. 南京江宁上坊孙吴墓发掘简报［J］. 文物，2008（12）：4-34.

蓐，果隋蠃蛤，不待贾而足；地势饶食，无饥馑之患；以故呰窳偷生，无积聚而多贫。"① 可见，在长江中下游地区，船在人们赖以生存的自然环境中起到了重要作用。将灶制作为船形既反映了人们乞求在死后继续享有生前富足的生活，也是对日常生活环境的真实写照。

其三，江汉地区与吴越地区出土的灶在形制方面各有特点，装饰手法也不尽相同，江汉地区灶的装饰相比吴越地区要更为繁复。如表 3-1 所列鄂州出土的青瓷灶，灶面上方饰有炊具，且在灶尾塑一挡灰板，这样的装饰手法在长江下游地区并不多见，反而在中原地区的墓葬中有较多的发现。此外，鄂州出土的火灶釉呈黄色，这与长江下游地区典型青瓷器的发色有别。鉴于此，有学者认为该类器物可能产自当地一些仿越窑的窑口。其实不然，通过比较发现，长江中游地区也出土了大量发色青翠的青瓷，而长江下游地区也出土了不少釉色泛黄的青瓷，说明这一现象在当时是不分地域，普遍存在的。吴晋时期，江汉地区许多质量较好，工艺更为复杂的青瓷产品或许来自长江下游的越窑系，而大多青瓷均为当地瓷窑烧制。② 釉面呈现不同颜色是由烧成气氛所造成的，因此，可以说长江中游地区只有发色、器型、装饰等方面都符合长江下游越窑系青瓷特征的器物，可推定为越窑系的产品，而其他产品或为当地所产。

张华《博物志》载："东南之人食水产，西北之人食陆畜。食水产者，龟蛤螺蚌以为珍味，不觉其腥臊也。食陆畜者，狸兔鼠雀以为珍味，不觉其膻也。"③ 这段记载道出了魏晋南北朝时期南北两地不同的饮食习俗，同时也说明长江下游地区喜食水产。干宝《搜神记》记载了"少有神通"左慈的一则逸事，传曹操在一次宴会上，准备了各类山珍海味，却发现少了吴地松江的鲈鱼。左慈命人取来铜盆，贮满清水，将一竹竿伸进水中，不一会就钓上来一条鲈鱼。葛洪在《神仙传》中记载他去吊祭故人陆机时说："松江出鲈鱼，味异他处。"《晋书·张翰传》中说张翰在洛阳为官时，见秋风起，想起了家乡的莼菜与鲈鱼，因而弃官还乡，后来"莼鲈之思"比喻为对家乡的思念。以上诸例说明至迟在东汉末期，鲈鱼已是吴地重要的特产，是招待宾客时一道重要的菜肴。这种现象在东汉至六朝早期的墓葬中也有所体现，如国家博物馆藏有一件出土于长江下游东汉后期墓葬的陶俑，该俑为庖厨俑，做正在

---

① 司马迁. 史记 [M]. 北京：中华书局，2010：7601-7602.
② 蒋赞初. 长江中游地区东汉六朝青瓷概论 [J]. 江汉考古，1986（3）：71-75.
③ 张华. 博物志 [M]. 上海：上海大学出版社，2010：30.

案台上杀鱼状，反映了长江一线的居民对水产食品的喜好。

　　我国古代有"六畜"之说，即马、牛、羊、鸡、犬、豕。马通常用于作战所需，故一般不被用作食物，其他五畜则是传统肉食的主要来源。羊是六畜中最主要的肉食品种，但多集中于北方草原的游牧民族与中原地区，六朝所领的长江一线及以南地区则较少食用羊肉，食用牛、猪肉更为多见。考虑到牛在古代的耕作中充当重要的劳动力，历代统治者多有关于禁杀耕牛的政令出台，这样的禁令通常只限于社会下层民众，对社会上层的权贵们所起作用甚微。曹植《野田黄雀行》曰："置酒高殿上，亲友从我游，中厨办丰膳，烹羊宰肥牛。"①秦汉时期屠狗业在民间达到了高峰，魏晋时期由中原地区扩展到了长江流域。养鸡业在六朝时期发生了改变，由散养发展为圈养，大大提高了幼鸡的存活率，进而扩大了产能，降低了价格。因此，六朝时期民间多以鸡肉作为肉食。以上"六畜"在六朝墓葬造物中都有表现，反映当时饮食习俗多以鸡、狗、猪三类为肉食的现象（图3-3）。鸡通常表现为一个鸡舍内配若干小鸡，狗与猪多被圈养在栏内。羊通常表现两类：一类置于羊舍内，另一类通常以独立的形象出现，有时做羊形插器，有时做羊首罐。

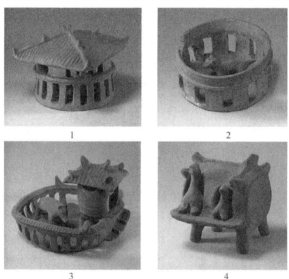

1

2

3

4

图3-3　六朝墓葬出土的"六畜"陶瓷器

1. 青瓷羊舍（六朝博物馆藏）；2. 青瓷狗窝（南京甘家巷西晋墓）；3. 陶猪圈（南京板桥府丽山西晋墓）；4. 陶鸡坶（南京板桥府丽山西晋墓）

① 汉魏六朝百三家集选［M］. 长春：吉林人民出版社，1998：75.

综上所述，在"事死如事生"丧葬礼仪的盛行之下，丧葬礼俗与饮食习俗对墓葬造物艺术影响较深。丧葬礼俗主要表现在三个方面，分别是汉末禁碑制度在孙吴时期的表现、哭丧风俗对造物艺术的影响、佛像被视为一种神仙方术而列入仙班。与饮茶习俗相关的鸡首壶主要流行于长江下游地区，随着时间的推移，鸡首壶的形制有一定的变化。与饮食相关的造物艺术亦有较多的表现，并且体现出较强的地域特色。江南地区稻作经济较为发达，影响了饮食习惯，这种现象亦反映在当时的造物艺术中，多以明器出现，如灶、磨、碓等。这些反映了饮食习俗的造物艺术具有鲜明的地区差异与时代特征，长江中下游最具特色，出土器物品质最高，形制与纹饰也更为丰富。东晋以降，随着南方固有士族受到北方豪族的打压，墓葬中与饮食有关的造物便逐渐少见，代表皇室与世家大族的庄园生活对墓葬造物艺术影响更大。

第三节 庄园生活对墓葬造物艺术的影响

魏晋南北朝是士族阶层由高峰走向衰落的发展时期，东晋是这一转变的分水岭。士族阶层在政治、经济、文化、艺术等领域享有众多的特权，其族葬形式是这种特权的直接体现之一，他们以此方式彰显家族的荣耀，又引领着丧葬文化的潮流。庄园经济是士族阶层特殊性的集中体现，它一方面表现为对汉代私人园林的继承，另一方面也反映南北文化交流的特性。由此带来了建筑、交通、陈设等生活方式的变革，这种变革不仅体现在日常生活中，而且在墓葬造物艺术中也有所表现。

一、士族庄园在六朝的发展

六朝时期的士族庄园是在汉代庄园基础上发展而来的，但又不囿于汉代庄园特点。汉代的庄园主要受皇家园林的影响，借宅园之靡丽炫耀权势和财富，目的是彰显个人社会地位。而六朝时期的士族庄园则是政治地位、经济特权与隐逸文化结合的产物，是士大夫们的审美观、艺术观、人生观的体现，具有鲜明的时代特征。

魏晋之际，战争频仍，社会上层的政治斗争异常激烈，士人集团在社会中扮演了十分重要的角色。此时传统经学衰弱，玄学兴起，士人们纷纷纵情山水以规避政治斗争，同时营建私人宅院以示他们不仕的立场。其实，此观念在东汉后期已见出端倪，《后汉书·仲长统传》载：

> 常以为凡游帝王者，欲以立身扬名耳，而名不常存，人生易
> 灭，优游偃仰，可以自娱。欲卜居清旷，以乐其志。①

此外，《文选·与从弟苗君胄书》更是直接说明了建安后文士们对纵情山水的向往：

> 逍遥陂塘之上，吟咏菀柳之下，结春芳以崇佩，折若华以翳
> 日。弋下高云之鸟，饵出深渊之鱼……何其乐哉。虽促尼忘味于
> 虞韶，楚人流遁于京台，无以过也！②

士人们徜徉山水使得心志达到悠然自得的境界，进而认为先秦的孔圣人与楚国的千乘之君都难出其右，这种现象在六朝以前是难以想象的，更是拉近了山水与士人之间的联系，促进了庄园抑或园林向士人化方向发展，使得庄园被赋予更多的人文气息。

魏晋之际政治斗争甚为激烈，先是曹氏与司马氏权力之争，后是西晋的八王之乱，士人们纷纷远离政治，他们标举风神，遁迹山林，同时以其掌握的权力与经济实力大建私人庄园。以嵇康、阮籍为代表的"竹林七贤"就是纵情山水的代表，他们"率尔相携，观原野，极游浪之势，不计远近，或经日乃归"。嵇康为了表示不与司马氏合作的政治态度，表示"家有盛柳树，乃激水圜之，夏天甚清凉，恒居其下傲戏"。孙吴时期江左豪族陆氏兄弟，在西晋统一全国后隐居华亭之园林十年。西晋政治家张华当看到社会动乱不堪，也表明了对归隐山林的志趣，其在《归田赋》中说："归郏鄏之旧里，托言静以闲居。"表现出对遁迹山林的向往。可见生逢乱世的士族阶层多喜营建私家庄园，以求全身远害并继续其豪奢逸乐的生活。当时的代表人物还有王峤、王戎、石崇等，他们的庄园规模皆相当可观。如《金谷诗叙》记石崇的金谷园说：

> 有别庐在河南县界金谷涧中。或高或下，有清泉茂林，众果
> 竹柏、药草之属，莫不毕备。又有水碓、鱼池、土窟，其为娱目
> 欢心之物备矣……余与众贤……昼夜游宴，屡迁其坐，或登高临
> 下，或列坐水滨。时琴瑟笙筑，合载车中，道路并作。③

东晋时期，北来的侨人先后把持了朝政，士族阶层在社会中的地位得到进一步提升。与此同时，士大夫们的尚玄之风愈炽，在自然与名教的争

---

① 范晔. 后汉书 [M]. 北京：中华书局，2012：1311.
② 萧统. 文选 [M]. 北京：商务印书馆，1959：935.
③ 刘义庆. 世说新语 [M]. 北京：中华书局，1998：507.

论上已取得较为统一的观点，他们更加需要借助山水园林来表达自己体玄识远、萧然高寄的襟怀。史籍中关于名士们造园的记载不胜枚举，如谢安与王羲之出游"出则渔弋山水，入则言咏属文，无处世意"。并且营建私家庄园，庄园内竹林甚盛。南朝时期的士族庄园大体是在东晋庄园的基础上发展的，甚至出现了一些规模庞大的庄园，前朝罕见。

二、庄园生活方式在造物艺术中的表现

六朝时期的生活方式是士人们生活状态的真实反映，既体现了家族的社会地位与经济能力，同时也表现出个人的审美取向和人文关怀。庄园生活不仅是指单一居住环境，而是由多种因素共同构成的，主要包括居所、陈设、出行三个方面。据已刊布资料看，这三个方面在六朝墓葬的出土遗物中皆有所体现，弥补了文献记载的缺略，是我们研究六朝庄园生活的重要补充资料。

居所是庄园生活最为重要的表现形态，由于六朝处于社会大动乱时期，其间民族融合各地区的自我革新，居所的造物特征也呈现出一定的变化。加之六朝所领区域涵盖了我国长江以南的大部，区域内民风芜杂，经济发展水平不一，致使民居的造物风格也呈现多样化特征。我们这里讲的庄园生活多指六朝时期政治、经济、文化最为活跃的地区，以长江中下游地区最具代表性。

与北方游牧民族不同，南方汉族居所以固定住房为主。依社会地位与经济能力不同，各阶层的房舍也呈现不同的面貌。就士族庄园而言，多为庭院楼阁式结构，外有围墙，往往设于山林之间，便于宴饮，抒情怀畅。如《晋书》卷六四《会稽王道子传》载：

> 嬖人赵牙出自优倡，茹千秋本钱塘捕贼吏，因赂谄进，道子以牙为魏郡太守，千秋骠骑谘议参军。牙为道子开东第，筑山穿池，列树竹木，功用钜万。道子使宫人为酒肆，沽卖于水侧，与亲昵乘船就之饮宴，以为笑乐。[①]

类似这样的士族庄园散见于长江中下游地区，两地表现形式略有不同。长江中游以独立的庭院表现为主，如1967年4月，鄂城县博物馆（今鄂州市博物馆）在西山发现了一座吴墓[②]，墓中出土的一件青瓷院落模型就很有代表性，这件模型的造物风格大体源自汉代，呈长方形，四周有围墙，正

① 房玄龄. 晋书 [M]. 北京：中华书局，1974：1734.
② 鄂城县博物馆. 鄂城东吴孙将军墓 [J]. 考古，1978（3）：164-167.

中开一阙门，上设庑殿门楼，楼顶内刻有"孙将军门楼也"六字。围墙四周各设一庑殿角楼，顶下左右各设一墙，其中一侧开窗，院内分别设有前房、正堂及六间厢房（图3-4）。出土这样的院落模型的还有江夏流芳镇关山村砖厂吴墓①、武汉黄陂滠口吴墓②、鄂州鄂钢饮料厂吴墓③等。与长江中游地区不同，长江下游地区的建筑模型（不含简易房舍）多见于富有地域特色的堆塑罐上，堆塑罐由汉代的五联罐演变而来，孙吴早期定型，一直沿用至西晋末年，东晋早期的墓葬中仍有发现，但学界一般视其为西晋时期的产物。这类建筑模型早期多加圆攒尖顶形或庑殿顶形盖，后来演变为多层塔式楼阁。孙吴后期至西晋早期还流行一种平面呈四方形的院落模型，四周为廊庑状花墙，院落四角各置一庑殿顶角楼，形制与上文所述长江中游的院落模型颇相似。有时在颈部以下装饰双阙，并伴有其他繁缛的装饰，如飞鸟、神兽等。这种院落模型应是士大夫们彰显其权柄与声威的一种方式，也是吴晋时期长江下游地区士族庄园生活的真实形态。类似的墓葬遗物不胜枚举，以南京及其毗邻地区出土遗物等级最高。如1995年南京上坊孙吴墓出土刻有"吴凤凰元年（272）"铭文的堆塑罐，该罐顶部置一四方形院落模型，以廊庑状墙壁相连，四角置角楼。颈部以下饰两门楼，各立双阙（图3-5）。此外，南京上坊吴天册元年（275）墓、南京雨花台（西晋）墓等，皆出土了装饰有庭院模型的堆塑罐。

图3-4　孙吴　青瓷院落模型

（采自鄂城县博物馆：《鄂城东吴孙将军墓》，《考古》，1978年第3期，第164页）

---

① 武汉市博物馆，江夏区文物管理所. 江夏流芳东吴墓清理发掘报告 [J]. 江汉考古，1998（3）：59-66.

② 武汉市博物馆. 武汉黄陂滠口古墓清理简报 [J]. 文物，1991（6）：48-54.

③ 鄂州市博物馆. 湖北鄂州鄂钢饮料厂一号墓发掘报告 [J]. 考古学报，1998（1）：103-131.

图 3-5　孙吴　青瓷堆塑人物楼阙魂瓶（局部）

（采自南京市博物馆：《六朝风采》，文物出版社，2004 年，第 256 页）

　　据已刊布资料看，六朝墓葬中还出土了大量有关陈设与家居用品的遗物，如青瓷灯、香薰、凭几、榻、烛台等。这些器物一部分来自墓主生前所使用的生器，另一部分是专用于丧葬的明器，反映时人真实的生活样态，同时也是庄园生活中的常设用具。以凭几为例，该器不仅是庄园生活中的必需品，也是士人重要的出行用具，可以对身体起到支撑的作用，从而减轻长时席地坐姿带来的不适。早期的凭几多为长者设，体现对老人的关爱与尊重，同时也是使用者身份与地位的象征。《周礼·春官》载："王与族人燕，年稚者为之设筵而已，老者加之以几。"① 《礼记·曲礼上》曰："杖可以策身，几可以杖已，俱是养尊者之物。"② 经过数百年发展，至六朝时期演变为一种带有三足的凭几，极大地增加使用的稳定性。三足凭几即在几面的下方设有三脚，也称之为"隐几"，凭几强调实用功能，而隐几主要从文化角度考量。③ 关于三足凭几的记载散见于各类六朝文献中，如谢朓《乌皮隐几》诗云："蟠木生附枝，刻削岂无施。取则龙文鼎，三趾献光仪。勿言素韦洁，白沙尚推移。曲躬奉微用，聊承终宴疲。"④ 诗中明确了凭几的大致结构与材质，与考古发掘的凭几实物一致。1984 年 6 月初，安徽省马鞍山市沪皖纺织联合公司在扩建仓库时发现了一座古代墓葬，墓主为

① 郑玄，贾公彦. 周礼注疏 [M]. 黄侃，句读. 上海：上海古籍出版社，1990：307.

② 郑玄，贾公彦. 礼记注疏 [M]. 黄侃，句读. 上海：上海古籍出版社，1990：27.

③ 李溪. 凭几与隐几：文本和图像中的"一物二义" [J]. 文艺研究，2013（10）：112-122.

④ 逯钦立. 先秦汉魏南北朝诗 [M]. 北京：中华书局，1982：1453-1454.

孙吴时期大将朱然，墓中出土了一件漆凭几。该凭几为木质胎，髹黑红漆，扁平圆弧形几面，下设三个蹄形足，与上文所述六朝三足凭几造型一致，是目前考古发现的唯一凭几实物。① 此外，凭几在众多大中型墓葬中均有出土，但材质皆为陶，应属于明器范畴。东晋时期王氏家族是最为显贵的豪族之一，奠定了东晋王朝在中国历史上的正统地位，新中国成立后，在南京北郊象山陆续发现了其家族墓地，其中多座墓葬均出土了陶凭几，如象山7号墓出土的陶凭几置于一陶质牛车中②，是较为罕见的现象，说明东晋时期凭几不仅应用于室内，同时也作为士大夫们出行的器具。可见，六朝时期凭几在社会上层颇为流行，是士族阶层居家出行的常用器具之一，也是彰显其身份地位的实物载体。

六朝时期庄园生活不仅是士族阶层常见的生活方式，还在居所、陈设、出行等方面带来了变化，这种变化同时体现在当时的墓葬造物艺术中。造物方式多以不能使用的明器体现，陶质材料在这类明器中运用最为广泛，表现形式大多为制作相同造型的缩小版模型。总体而言，这类模型明器不仅反映了士族阶层的生活状态，同时也是其特殊政治地位、雄厚经济能力的实物再现，对墓葬造物艺术也产生一定的影响，具体表现为以下两个方面。

一是提升墓葬造物艺术的等级。依造物艺术形制、材质、工艺、纹饰、组合特征，将其分为不同的等级。据上文所述与庄园生活有关的造物艺术品类来看，其具有鲜明的等级特征，有些甚至仅出现于宗室墓葬。这些遗物大体可分为两类：一类为墓主生前使用的生器，或为生人所制的产品；另一类为专为亡者制作的明器。无论生器抑或明器皆要符合墓主的身份地位，具有一定的等级指向，进而提升造物艺术的等级，丰富墓葬造物艺术的品类。

二是促进造物艺术制作水平的提高。享有庄园生活的阶层大多为宗室或高门贵族，普通的士族阶层并不具备享受此生活的条件。他们拥有特殊的政治地位、雄厚的经济实力，对物质生活的要求也远高于普通士族，这一现象同样反映在随葬遗物方面。从上文所述相关遗物看，造物艺术的品类虽较为单一，但制作工艺水平远高于一般墓葬的同类产品，代表了品类造物艺术的最高水平。由于数量较少、工艺复杂，促进了同类产品制作水

① 安徽省文物考古研究所，马鞍山市文化局. 安徽马鞍山东吴朱然墓发掘简报 [J]. 文物，1986（3）：6.
② 南京市博物馆. 南京象山5号、6号、7号墓清理简报 [J]. 文物，1972（11）：40.

平的提升。

综上所述，六朝时期的庄园生活不同于两汉，它不仅是彰显个人或家族权势与经济财富的窗口，还反映出当时社会上层流行的隐逸思想，是士族阶层审美观、艺术观、人生观的集中体现。这种庄园生活不仅体现在当时的社会生活与典籍中，在墓葬造物中亦有所反映，主要表现在居所、陈设、出行三个方面。具体包括房舍、凭几、香薰、烛台、牛车等，多以陶瓷明器方式体现，为实物的模型器，此类明器由于结构复杂、制作精细，对当时陶瓷器制作工艺的提升起到促进作用。

第四章

六朝墓葬造物艺术的道、佛形态

宗白华说："汉末魏晋六朝是中国政治上最混乱、社会上最苦痛的时代，然而却是精神史上极自由、极解放，最富于智慧、最浓于热情的一个时代。因此也就是最富有艺术精神的一个时代。"① 诚然，在这样社会大动乱、思想大解放的时代，宗教作为人们寻求精神慰藉的途径，获得了前所未有的发展。其发展之于六朝，其影响是全方位的，不仅是生人的精神食粮，在丧葬文化中也有所体现。

六朝时期，道教在经历低谷分化到理论完善后，逐渐由东汉时期的民间宗教演化为神仙道教，对墓葬造物艺术产生了较大的影响。在六朝墓葬中经常能发现与道教相关的造物艺术，如买地券、衣物疏、青瓷器、印章、壁画、青铜镜等，这些器物主要流行于道教盛行的长江中下游地区，表现出极强的升仙思想。随着道教在六朝时期的兴衰，与其相关的造物艺术也呈现出一定的差异。六朝早期是道教造物艺术的盛行期，在长江下游地区，发现的青瓷堆塑罐、青瓷釉下彩绘器、青铜镜等，是道教造物艺术的典型代表。东晋中期至南朝后期，随着佛教在民间盛行，道教造物艺术呈现出衰落的迹象，逐渐丧失其主体地位。六朝是佛教中国化的重要时期，其与中国传统文化相融合，为中国人的信仰带来了新鲜的血液和崭新的向度。依佛教传入六朝的路径不同，与佛教相关的造物艺术流行的地域与时期也有差异，表现的载体主要有青瓷器、青铜镜、画像砖等。早期的佛教通常依附于道教，这在墓葬造物艺术中有所体现，如孙吴、西晋时期表现道教升仙思想的青瓷堆塑罐上偶尔出现的佛像，六朝早期青铜镜上出现的佛像等，然而，东晋中期以后，随着佛教在社会中得到更高的认可，墓葬造物艺术中的佛教图式逐渐取代了道教图式的主体地位，成为墓葬造物艺术中出现最多的宗教形象。虽然六朝时期的儒、道、释三家相互抵牾与贬抑是主旋律，各家影响力互有进退，但在特定时期，三教间也采取了相互融合的策略。墓葬造物艺术中的"仙佛模式"即是这种融合的集中表现，在六朝后期甚至出现儒、道、释三教图式共置一墓的现象。

第一节　道、佛在六朝时期盛行的原因

六朝是中国历史上社会大动乱、民族大融合时期，也是中国思想、宗

---

① 宗白华. 美学散步 [M]. 上海：上海人民出版社，1981：208.

教发展史上的重要阶段。其间，由于人们的生命财产遭遇空前的威胁，这一现象为宗教的发展提供了难得的机遇，尤其是本土道教与外来佛教在这时期均取得了长足发展，为后世道教的繁荣与佛教宗派的建立奠定了良好的基础。任继愈说："汉末、魏晋，天下大乱，老百姓走投无路，往往投靠宗教。那时中央政权对全国失去控制，正是宗教发展的良好时机。"① 然而，道教与佛教在六朝的发展并非并行不悖，而是在相互借鉴与竞争中走独立发展的道路。总体而言，六朝前期道教虽遭统治者明令禁止、召集监控、征讨收编、抚慰迁徙而元气大伤，但作为本土发展起来的宗教仍有良好的群众基础，相较于佛教，其影响更大、信众更多。六朝中后期，道教进行了充分的自我完善，加之一批有为之士进行了一系列改革，取得了较大发展。同时，由于统治阶级的极力推崇，佛教也获得了重大突破，取得了比道教更高的地位。

一、道教在六朝时期盛行的原因

道教在经历了汉末黄巾起义后，六朝时期开始向低谷分化、理论完善方向发展，在神仙思想与道教教义的影响下，由早期民间道教逐步演化为更为成熟的神仙道教。孙吴时期，太平道与五斗米道的一些信众仍在进行有限的活动。一方面，少许的残余力量仍在局部地区进行起义；另一方面，一些道士开始向士族阶层靠拢，凭借其拥有的政治权力继续宣扬道教教义。东晋时，在一批有为之士的努力下，道教开始走向兴盛，葛洪即是这批人士中的集大成者，他在继承早期神仙学与道教教义的同时，又对早期道教进行了反思，进而对其做了一番改造，从学理上为神仙实有与仙可学做了系统的论证，创建了一套影响颇广的神仙道教体系，为日后道教的兴盛奠定了强有力的理论基石。南朝时期，在社会上层的支持下，道教得到了进一步的发展。道教思想家们在诸多方面对道教做更为全面的完善，同时也产生了一批重要的道教人物，他们对道教的振兴起到了关键作用。如刘宋时人陆修静，在组织整顿、道观制度、斋戒规仪等方面着力颇深，经其改革后的天师道被称为南天师道，至此，道教整体面貌便形成定式，后世道教的发展大多没有跳出其画定的范围。再有南朝后期陶弘景，也是一位重要的道教改革先驱，其在上清派之教义、组织等多方面筹划颇多，并对道教中各类神仙划定等级座次，使道教规仪更加完善。纵观道教在六朝时期

---

① 任继愈. 中国道教史［M］. 上海：上海人民出版社，1990：2.

的发展，其盛行的原因主要有以下几点。

（一）道教理论的完善

六朝早期道教教义理论的粗俗化与信仰实践的政治化，使得自身发展遭遇重创，并且给东汉晚期与六朝早期的社会带来震荡。无论是太平道，抑或五斗米道（天师道），均受到统治阶级极大压制，其中太平道更是在不久后走向消亡，天师道在统治阶级的压迫下，一度转入民间，发展进入低潮。随着魏晋时期儒学的衰弱，佛教发展异常迅猛，道教作为本土宗教也不甘沉没，一些服膺圣道的文士纷纷加入道教行列，一方面对旧有天师道进行改革，另一方面在天师道的基础上创建新的道派。① 至此，道教实现了由民间宗教向神仙道教的转变，融入主流文化中，并受到统治阶级的青睐。

在对道教理论完善过程中，以东晋时人葛洪最具代表。葛洪（283—约363），字稚川，号抱朴子，丹阳句容（今江苏句容）人。葛洪一生博学审问，著述宏富，主要有《抱朴子》《神仙传》《隐逸传》《良吏传》等60余种，其中《抱朴子·内篇》主要讲述"神仙方药、鬼怪变化、养生延年、禳邪却祸之事，属道家"，是道教理论的集中体现。他在道教理论方面的贡献，主要体现于对早期道教教义进行批判性改造，促进民间道教向神仙道教的转变。神仙实有是道教存在的前提，如果没有神仙，那么道教也就无从谈起。在葛洪之前，神仙实有还缺乏系统认证。葛洪驳斥了人们对于神仙存在的怀疑，认为神仙实有且有等级之别，人通过信修皆可成仙。他说：

> 有生最灵，莫过乎人。贵性之物，宜必钧一。而其贤愚邪正，好丑修短，清浊贞淫，缓急迟速，趋舍所尚，耳目所欲，其为不同，已有天壤之觉，冰炭之乖矣。何独怪仙者之异，不与凡人皆死乎？②

葛洪进一步指出，神仙皆居于仙境，非得道之人难于相见。因此，不得而见不能说世上没有神仙。他说："仙人居高处远，清浊异流，登遐遂往，不返于世，非得道者，安能见闻。""故不见鬼神，不见仙人，不可谓世间无仙人也。"③ 在证明神仙实有之后，葛洪继而对神仙的等级展开讨论，他在《抱朴子·论仙》中引《仙经》曰："上士举形升虚，谓之天仙。中士

---

① 张岂之. 中国思想学说史 [M]. 桂林：广西师范大学出版社，2008：553.
② 王明. 抱朴子内篇校释 [M]. 北京：中华书局，1985：14-15.
③ 王明. 抱朴子内篇校释 [M]. 北京：中华书局，1985：20-22.

游于名山，谓之地仙。下士先死后蜕，谓之尸解仙。"① 在证实神仙实有并具有等级之别后，葛洪还探讨了"仙可学致"。《抱朴子·黄白》云："金银可自作，自然之性也，长生可学得者也。"② 认为修仙者还需具备坚强的意志，渐次修道，他说："夫求长生，修至道，诀在于志，不在于富贵也。""凡学道当阶浅以涉深，由易以及难，志诚坚果，无所不济，疑则无功。"③ 至此，道教实现了向神仙道教的转变，其发展亦步入快车道。此外，葛洪还发展左慈开创的金丹道派，认为在正确的修道理论指引下，再辅之以药物与术数，成仙不难，他说：

> 余考览养性之书，鸠集久视之方，曾所披涉篇卷，以千计矣，
> 莫不皆以还丹金液为大要者焉。然则此二事，盖仙道之极也。服
> 此而不仙，则古来无仙矣。④

葛洪提倡的术数，主要包括导引、吐纳、行气、守一、屈伸、房中术等，他反对偏修一术，强调多术并修。

东晋时期，天师道分化为诸多派别，以上清派、灵宝派在南方影响最大，此两道派都有广造经典的特长。上清派注重个体精气的修炼，以存思与诵读经典为主，辅之以符箓禁咒等道术。灵宝派借鉴佛教理论充实自己，强调大乘精神。此两道派的奉者多为社会上层人士，这就为道教由民间宗教向神仙道教发展奠定坚实的政治基础，进而促使了道教在东晋后走向成熟。

（二）道教礼度的变革

如前文所述，黄巾起义后道教出现了严重的衰落与分化现象，期间太平道退出了历史舞台，天师道虽在拔迁与聚禁过程中出乎意料地扩大了传播范围，但其教义理论与修行法术并没有得到根本性的改变。随着张鲁天师的去世，天师道内部更出现了科律废弛、组织涣散的现象，各地生发出许多新的道派，如北方的楼观派，南方的灵宝派、上清派等。这些道派虽源于天师道，但并无统属的道教规仪，多是迎合社会上层的精神与肉体需求而改造天师道的产物。同时还有一些新生的道派不时举起反叛的大旗，不定期地在全国发动起义，如陈瑞、李特所领导的起义，南方孙恩、卢循

---

① 王明. 抱朴子内篇校释 [M]. 北京：中华书局，1985：20.
② 王明. 抱朴子内篇校释 [M]. 北京：中华书局，1985：287.
③ 王明. 抱朴子内篇校释 [M]. 北京：中华书局，1985：123.
④ 王明. 抱朴子内篇校释 [M]. 北京：中华书局，1985：70.

领导的"长生人"起义等。魏晋之际的道教极度混乱现象，使得南北朝时道教中的有识之士认识到对道教的清整与改造已迫在眉睫。

在变革过程中，以北方的寇谦之与南方的陆修静最具代表性，此二人分别从礼度规范和醮仪、组织方面展开。寇谦之（365—448），字辅之，上谷昌平（今北京）人。北魏明元帝神瑞二年（415），假借老君赐授其"天师"之名，宣称老君之命："宣吾新科，清整道教，除去三张伪法，租米钱税，① 及男女合气之术。大道清虚，岂有斯事！专以礼度为首，而加以服食闭炼。"始光元年（424），寇谦之上书太武帝，倡议改革旧道教并制定乐章与新的诵戒新法，以达到更好地为统治阶级服务的目的，太武帝欣然同意并授其为"太平真君"称号。在寇谦之的改革下，北方道教迅速消弭了与统治阶级的隔阂，走上了依傍上层社会发展道教的路数。略晚于寇谦之的陆修静，在南方也进行了一系列的道教改革。陆修静（406—477），字元德，吴兴东迁（今浙江吴兴）人。毕生致力于将南方道教改造为"王者尊奉"的新道教，他主要健全道教醮仪与整顿涣散的道教组织。道教醮仪指崇道活动的各种仪式，陆修静认为："道以斋戒为立德之根本，寻真之门户。学道求神仙之人，祈福希庆祚之家，莫不由之。"② 在陆修静以前，道教斋醮之仪还很简单，且不成系统，他在前人基础之上著"斋法仪范百余卷"，将道教斋醮之仪规范化、系统化，将上清、灵宝、天师及三皇斋醮规范进行融合，形成道教各派通用的"九斋十二法"，为道教各派别的崇道活动提供可资借鉴的斋醮规范。南朝时期，道教原有的祭酒领户化民的制度日益衰落，代之而起的是道徒居馆修行制度。陆修静对此也进行了系列改革，他说："今之奉道之事颠倒，无事不反。"陆修静强化了"三会"制度的作用，曰："天师立治设职，犹阳官郡县城府，治理民物。奉道者皆编户著籍，各有所属……民各投集本治，当改治录籍，落死上生，隐实口数，正定名簿，三宣五令，令民知法。"③ 陆修静对道教的晋升制度也有所阐释，提出"人不负官，官不负人"的命题，他说："民有三勤为一功，三功为一德，民有三德则与凡异。德得署箓，受箓之后须有功更迁，从十将军箓阶至百五十……职当精察，施行功德。采求职署，勿以人负官，勿以官负

① 魏收. 魏书 [M]. 北京：中华书局，1974：3051.
② 上海书店出版社. 道藏 [M]. 北京：文物出版社；上海：上海书店出版社；天津：天津古籍出版社，1988：619.
③ 上海书店出版社. 道藏 [M]. 北京：文物出版社；上海：上海书店出版社；天津：天津古籍出版社，1988：779.

人。"陆修静在庐山筑"简寂馆"聚徒修道，后又在建康建造了最早的道馆——崇虚馆。至此，道教徒便有了固定的交流学习场所，对道教的规范化、制度化起到一定的促进作用。

陶弘景也是重要的道教改革人物，对道教礼度的完善起到重要的促进作用。他推动了上清派在教义、方术、制度等方面的完善，并且为道教各路神仙排定等级座次。

（三）统治者采取的禁控策略

魏晋之际，曹魏政权为了抑制道教的发展，采取了一系列拔迁和聚禁政策，其本意是消弭道教在原布道地区的影响。然而，道教却因祸得福地获得了许多发展契机。一方面，天师道本为地方性的民间宗教，曹魏政权为分化道教信众，采取将其分散迁徙的策略，这种行政干预行为客观上也为天师道在更为广阔的空间进行布道提供契机，道教徒利用此机会迅速扩大道教影响，正所谓"自流徙以来，分布天下"。另一方面，曹魏政权将身怀异术的道士集中于京师，对其"聚而禁之"，这间接地促进了道教徒、道教与社会上层的交流，为道教的完善与向官方传播提供难得的机遇。胡孚琛说：

> 这些在山林中独立修道的方士被集中到一起，必然使汉代长生术仅在师徒间秘密流传的弊病得到补偿，也给这些方士们共同切磋道术、传经授徒、组织道团提供了方便条件。方士们在京都竞相献技，引起了士族知识分子对长生修仙的兴趣，为魏晋上层神仙道教的形成奠定了基础。[1]

通过曹魏政权采取的禁控策略，天师道在北方获得了难得的发展机遇，经西晋的短暂统一，道教在东晋时期实现由民间宗教向上层神仙道教的转变。

二、佛教在六朝时期兴盛的原因

佛教在西汉末传入我国，至孙吴时期仍处于初传阶段，以外来的僧人为主，其中支谦与康僧会最具代表性，主要工作是翻译佛经，并得到孙吴统治阶层的认可与支持。东晋时期，在魏晋玄学思想影响下，大乘佛教般若宗盛极一时，出现了"六家七宗"的盛景。与此同时，涌现出在佛教史上颇具影响力的一批高僧，如道安、支遁、慧远等。中国佛教迎来了始盛，

---

[1] 胡孚琛. 魏晋神仙道教 [M]. 北京：人民出版社，1989：44.

大批域外僧人至东晋传教，本土僧人也西行求法，使得东晋佛教成为当时最具影响力的宗教。南朝时期，在统治阶级的极力倡导下，佛教进入兴盛期，其间梁武帝的尚佛行为对佛教的地位提升起到了促进作用，佛教几乎成为"国教"。加之大量古印度佛教经论传入南朝，涌现出一大批佛教经师、论师，使得南朝佛教呈现出多家佛教师说的思想格局，为后世中国佛教多宗派的建立奠定了基础。究六朝佛教兴盛的原因，主要有以下几个方面。

（一）统治阶级的倡导

任何一种思想学说的流行，都离不开统治阶级的支持，佛教在六朝时期的传播亦如此。纵观六朝佛教的兴盛历程，多与各个朝代的最高统治者参与有关，皇帝的观点直接影响佛教在当时的盛衰状况，正如道安所说："不依国主，则法事难立。"对后世中国佛教徒多依靠皇权来弘扬佛教产生积极的影响。

如前文所述，在六朝前期，道教的影响远大于佛教，其表现是全方位的。主要原因是佛教初传中国，还没有取得一定的群众基础，在当时甚至被视为一种道术，佛教人物也因此被列入仙班，成为列仙中的一员。加之当时道教由于受到统治阶级的压制，开始向神仙道教方向发展，与统治阶级的关系逐渐缓和，因此，初传中国的佛教备受压制，其传播也不得不借助于道教，在社会上层自然也受到冷落。即使如此，佛教与上层社会、僧人与皇帝之间也还是存在一定的互动，为日后佛教的盛行奠定了基础。据传赤乌十年（247），康僧会至建业传教，吴主孙权召见了他，询问了佛教的灵验之处，康僧会说："如来迁迹，忽逾千载，遗骨舍利，神曜无方。"孙权听后允诺如果得到如来舍利，就为其建塔，二十一天后康僧会果真得到一颗散发五色祥光的舍利，孙权也兑现当初的诺言，为其建造佛寺与佛塔，名为建初寺，江左一带佛法遂兴。由于得到皇室的支持，佛教在孙吴地域的传播较为顺利，使得建业成为与洛阳并重的佛教圣地，为佛教在南方的兴盛奠定基础。

东晋时期，佛教取得了长足发展，无论是当时的皇室，抑或世家大族，都对其采取接纳的态度，他们一方面"游心玄虚"，另一方面又"托情道味"，使得佛教一度取得了较为重要的社会地位。统治者对高僧大德也颇为尊重，当时北方高僧竺法深因避乱而南下，立国不久的东晋最高统治者十分重视，《高僧传》载："中宗元皇及肃祖明帝，丞相王茂弘，太尉庾元规，并钦其风德，友而善焉。"而明帝更是善绘"设像行道"的佛像，据传他所画的佛像在经历苏峻叛乱后幸存。另《金陵梵刹志》记载，东晋初年，龟兹国沙门帛尸梨密多罗来到建康，丞相王导拜其门下，并亲自为他驾牛车。因一次在甘露寺讲经时坐于高处，被称为"高座道人"，后授以寺名，称"高座寺"，成帝曾在寺内建塔。简文帝也很崇信佛教，据说，当时高僧竺法汰在瓦官寺讲《放光般若经》，听众达数千人，简文帝亲临现场。他认为佛法可以陶冶人的性情，提供精神寄托，还兴建了波提寺、新林寺，并在阿育王寺建造了三座佛塔。孝武帝与恭帝也信奉佛教，孝武帝曾"立精舍于殿内，引诸沙门以居之"，经常与琅琊王司马道子"酣歌为务，姆尼僧，尤为亲昵"。而恭帝"深信浮屠道，铸货千万，造丈六金像，亲于瓦官寺迎之，步从十许里"。在统治阶级的支持与倡导下，偏安一隅的东晋朝佛寺达 1768 座，僧尼 24000 余人，为六朝佛教鼎盛期的到来奠定了坚实的社会基础。

如果说孙吴时期佛教还被统治者视为一种道术，依附于道教进行传播，东晋皇帝对佛教的兴趣是受到当时玄学的影响，那么南朝统治者对佛教的兴趣则多出于自身的信仰与佛教本身承载的政治教化功能。在南朝统治阶级对佛教的信奉与利用下，只有东晋国土面积约一半的南朝，刘宋时期有 1913 座寺院，僧尼 36000 余人；萧齐时期有 2015 座寺院，僧尼约 32500 人；梁朝发展至顶峰，有 2846 座寺院，僧尼 82700 余人，约占全国总人口的四分之一；陈朝佛教发展势头有所减弱，但仍有 1232 座寺院，僧尼约 32000 人。

刘宋开国皇帝刘裕在建国前已与僧人有往来，其北伐攻至长安后，曾拜见当地高僧，僧导就是其中之一。刘裕返回建康前曾请僧导关照自己的儿子。加之萧皇后也笃信佛教，刘裕在取得政权后对佛教甚是推崇，其后人大多也延续了信佛尚佛政策。萧齐的前两位帝王对佛教也采取了较为积极的政策，齐高帝萧道成利用佛教来巩固自己的统治，先后建造了齐兴寺、建元寺等，并任命专职人员管理京邑的佛教事务，以期佛教能更好地服务于政治。梁武帝是六朝时期笃信佛教最深的一位皇帝，其在位 48 年间，勤于政事、推崇佛教、建造寺院、铸造佛像、翻译佛经，并且亲自讲授涅槃、般若等佛经，四次舍身同泰寺，促使佛教在他执政期间发展达到高峰。他还对佛教的教规做了许多规定，这些行为有力推动了佛教的中国化进程。此外，他还将儒家礼乐与佛教融合，制作佛乐，如《善哉》《大乐》《天道》《灭过恶》《断苦轮》等十余篇，名为"正乐"，实则皆为弘法的工具。梁武帝还严禁僧人食酒肉，为此特撰写了文章《断酒肉文》《与周舍论断肉敕》《唱断肉经竟制》，并以皇权相要挟，违者将被逐出佛门。陈武帝也笃信佛教。建康700多座寺院因侯景之乱被毁坏殆尽，其在登基后，下令重建，同时效仿梁武帝舍身佛寺，设无遮大会。

（二）弘法与求法

魏晋南北朝时期，战火频仍，民不聊生，人们的生命财产受到极大的威胁。南方的六朝相较于北方则更为稳定，朝代更替间也没有发生重大的战事，为佛教的传播提供了难得的机遇。此时，大批域外僧人来到六朝弘法，同时也有许多僧人西行求法，奠定了六朝后期佛教兴盛的基础。

史载早在东汉初期即有中天竺僧人迦叶摩腾、竺法兰随汉使来洛阳弘法，这是域外僧人东行弘法的肇始。随后便有更多的僧人东行弘法，代表人物有安世高、支娄迦谶（支谶）、竺佛朔等，其中安世高的贡献最为突出，他先至中原，后因避战乱而渡江南下，外国典籍、医方异术方面无不综达。三国时期，北方有昙柯迦罗、康僧铠、昙帝等僧人在洛阳翻译佛经。南方的孙吴则以支谦与康僧会二僧为代表。支谦，字恭明，大月支人后裔。其受业于支谶门徒支亮，世称"天下博知，不出三支"。早年在洛阳翻译佛经，后因战乱而南下孙吴，受孙权优待，被拜为博士。他在中国40多年，翻译佛经34部40卷，包括《维摩诘经》《大般泥洹经》等，为佛教在孙吴的传播做出了重大贡献。梁启超评其说："故后此佛学特盛于江南，谦之功也。"[①] 康僧会也为佛教在孙吴的传播做出了重要贡献，他于赤乌十年（247）来到建业传教。据称孙权召见了他，见其有神通，即下令修建佛寺、佛塔。为扩大佛教的传播范围，康僧会还曾到过苏州、无锡、常州等地，构建茅棚、张挂佛像，以具体的形象弘扬佛法，据传苏州报恩寺、报恩寺塔、通玄寺、无锡圆通寺、常州白土山寺均与康僧会有关。在翻译佛经方面，康僧会也做出了重要贡献，翻译有《阿难念弥经》《镜面王经》《梵皇经》《察微王经》《六度集经》等。东晋时期也有许多域外僧来江南弘法，主要有耆域、帛尸梨蜜多罗、僧伽提婆等。这些僧人的主要工作集中于佛经的翻译，如僧伽提婆翻译《阿毗昙心论》《三法度论》《教授比丘尼法》。南朝是佛教兴盛期，此时西来的僧人较之前朝更多，主要从事译经工作。

---

① 梁启超. 佛学研究十八篇 [M]. 北京：中华书局，1989：2.

刘宋时期有罽宾的佛陀什、昙摩密多，西域的畺良耶舍、伊叶波罗，印度的僧伽跋摩、求那跋陀罗等；南齐时期有印度的昙摩伽陀耶舍、求那毗地，西域的摩诃乘、僧伽跋陀罗、达摩摩提等；梁代有曼陀罗、僧伽婆罗、波罗末陀（真谛）等。其中求那跋摩、求那跋陀罗、昙摩伽陀耶舍、达摩摩提、曼陀罗、波罗末陀等人最具代表性，波罗末陀更是被称为中国佛教史上的"四大译师"之一，他学穷三藏，贯练五部，于大同元年（546）经扶南入广州，后于太清二年（548）到建康，为梁武帝所重。正当其准备着手译经时，发生侯景之乱，后辗转南方多地。其在华23年间，先后翻译《无上依经》《十七地论》《金光明经》《弥勒下生经》《大乘唯识论》《大涅槃经论》《四谛论》《佛性论》《金刚般若经》等佛经49部142卷，对佛教在南方的传播贡献很大，开创了摄论学派。

六朝时期，在西来的僧人弘法之际，中国僧人也不断到西域或印度求取佛经。据载，曹魏初颍川人朱士行是第一位西行求法的僧人，也是第一位汉族僧人。他早年曾在洛阳讲解竺佛朔所译《道行经》，感其译文并不完善，所以在甘露五年（260）从雍州出发，越大漠，至于阗，得《道行经》梵文正本90章。东晋时期，佛教取得了较大发展，西行求法的僧人也倍增，有些僧人为求取佛经甚至献出了生命，这些僧人主要有于法兰、法显、智猛、宝云、智严等，其中法显影响最大。法显（约335—422），俗姓龚，是著名的旅行家与佛经翻译家。东晋隆安三年（399），他与慧景、智严、宝云等人从长安出发西行求法，同行的僧人中有的死于途中，有的中途而返，有的不愿东返，只有法显一人先后到达陀历、乌苌、宿呵多、犍陀卫、罗夷、毗荼、多摩梨帝等地，最后从海路经狮子国（今斯里兰卡）、印尼的爪哇岛返回祖国。在西行途中，法显瞻仰了许多佛教圣地，同时还收集了不少佛教经典。东晋义熙十三年（417）在建康设道场，与佛驮跋陀罗、宝云等共同翻译佛经6部63卷。其所著《佛国记》，记载了当时天竺各国与狮子国的民风民俗、佛教盛况、山川气候、语言等内容，是研究今中国与印度、巴基斯坦、斯里兰卡等国之间的文化、交通等重要史料。南朝时期仍有众多僧人西行求法，仅刘宋时期就有数十位之多，其中以释昙无竭为代表。释昙无竭，幽州黄龙（今辽宁朝阳）人，永初元年（420），他集结僧猛、昙朗等人西行求法，经过河南、海西、高昌、龟兹、沙勒等地，在罽宾国求得梵文《观世音受记经》，后又在月氏国礼拜了释迦牟尼肉髻骨，并在石留寺受了大戒，最终在到达南天竺后乘船回到广州，且翻译了《观世音受记经》，对南朝佛教的盛行做出了重要贡献。

（三）佛教师说的兴盛

南朝时期，随着诸多佛经被翻译，僧人对于佛经义理的研究更加深入，出现了许多佛学流派，为佛教宗派的形成奠定了基础。此时涅槃学逐渐取代般若学，至梁代时达到高峰。而毗昙学、成实学在南朝早期各立门户，三论学在南朝陈时备受推崇，在真谛译出《摄大乘论》后又形成了摄论师。与此同时，律师也业已形成，这是中国佛教注重律学的肇始期，为南朝学派的多样性奠定基础。各学派相互交融，促进了佛教中国化进程的加快，推动了国人对佛教义理的理解和接受。在诸多佛学流派中，涅槃师、毗昙师、成实师、三论师、摄论师、十诵律师、禅师最负盛名。

涅槃师，指研习《大般涅槃经》的僧尼。《大般涅槃经》是指北凉昙无谶所译大本《涅槃经》传至建康后，经由慧观、慧严、谢灵运依据法显译本加以修订，形成的南本。其实，早在东晋义熙十三年（417），法显与佛驮跋陀罗在建康译出了《大般泥洹经》，道生驳斥了经文中一阐提人没有佛性的观点，认为"一阐提也是含生之类，何得独无佛性?"，提出"一阐提人皆得成佛"说，此观点与后来传入南方的《涅槃经》观点一致，因而获得佛学界的认可，因此道生也成为南方最早的涅槃师。此后，较为著名的涅槃学者还有谢灵运，其所著《辨宗论》提出顿悟观，慧观《渐悟论》、慧静《涅槃义记》等也对涅槃学做了重要补充。

毗昙师，指南北朝时专事研究《阿毗昙》的僧人，通过对佛教法相的分析，表达自己的宇宙观，进而提出离迷入悟的解脱之道。其实东汉晚期安世高已译出《阿毗昙五法行经》《阿毗昙九十八结经》，曹魏时也有人译出《阿毗昙甘露味论》，罽宾人僧伽提婆翻译出《八犍度论》《阿毗昙心论》《三法度论》，刘宋时僧伽跋摩译出《杂阿毗昙心论》等。南方佛教领袖慧远对《阿毗昙心论》大加赞赏，并作《阿毗昙心序》，在其影响下，南方僧人多重视此经，研习者众多。此后，南朝各代毗昙学者更多，陈朝以后渐趋衰落。

三论师，即研习《中论》《百论》《十二门论》的僧人"三论"乃龙树及其弟子提婆所著，是大乘空宗派的经典著作。西域鸠摩罗什翻译了"三论"，他的弟子僧肇为此还撰写了《宗本义》《不真空论》，以阐明诸法缘起性空的观点，被后世称为"玄宗之始"，后因传人中断而沉寂。直至南朝萧梁时期，因辽东人僧朗的倡导而兴起。僧朗初学鸠摩罗什与僧肇教义，后又求学于周颙，学"三论"义。因其后又入摄山栖霞寺拜师法度，后人称其为"摄山大师"。在僧朗门生的极力推动下，最终由隋代吉藏创立三论宗。

从上述道教与佛教在六朝时期盛行的原因，两者既有独立的发展方向，彼此间也存在一定的互动。六朝早期由于佛教初传中国，在传播方式上有时不得不依托于当时更为盛行的道教。六朝中后期，佛教势力不断壮大，摆脱对道教的依附，以独立的面貌在社会中广为传播，最终在南朝梁时迎来传入中国后的第一次兴盛。从已刊布的六朝墓葬资料来看，这种现象在同时期的墓葬造物艺术中也有较为直接的体现，形成了六朝早期以道教造物艺术为主导，六朝中后期佛教造物艺术更为兴盛的局面。

第二节　道教对墓葬造物艺术的影响

道教是我国本土宗教，发端于东汉后期，成熟于六朝，主要由道教思想与道教斋仪两部分组成。道教涵盖了古代各阶层、各流派的哲学思想，对民众的丧葬习俗、鬼神观念等都产生了较大的影响。东汉后期道教形成后，墓葬中随即发现了与道教活动有关的遗物，其种类、数量之多令人震惊。近年来，随着研究的深入，多门类进行交叉学科的研究得以广泛开展，在运用考古学与宗教学对墓葬出土道教遗物做学术研究时，艺术学的研究方法有时也显得尤为重要。艺术学的研究方法在近些年宗教考古中常被采用，例如对道教遗物做形式分析、传承关系探讨等方面。正如曹意强所说："如果说艺术史偏重物象的价值与鉴赏，易于陷入主观主义泥潭，那么考古学排除个人趣味而着眼于客观证据，大可纠正前者之偏，而考古学容易忽视艺术的生命价值，艺术史也可矫正其失。"[①] 从已刊布资料看，六朝时期与道教相关的墓葬造物艺术，如孙吴时期流行的堆塑魂瓶、东晋墓葬出土的丹药、南朝画像砖上的驭龙图等，表现的主旨思想主要围绕道教升仙主题展开。

一、道教造物艺术的发现与特征

出土有关道教遗物的六朝墓葬多集中在长江中下游地区，尤以长江下游地区为最，此现象与道教在此地的盛行状况相一致，出土的相关遗物主

---

① 曹意强. 考古学与艺术学：两个共生的学科 [J]. 美术史学史, 2009 (1)：11-13.

要有买地券、衣物疏、名刺、彩绘青瓷器、丹药等。

（一）铭文类造物艺术

1. 买地券

买地券即置券，亦称地券，六朝时期较为盛行，多见于考古发掘。《地理新书》中介绍了买地券的大致内容，却没有说明需用几份买地券，考其相关文献，地券通常为两份，其中一份在斩草毕埋于明堂地心，另一份在下葬时埋于墓中枢前。① 目前，见诸报道的买地券已有 40 余方，除西南地区外，整个六朝区域都有发现，并且历时较长，除陈朝外各朝都有发现。通常由砖、铅锡、石等制作而成，孙吴、西晋流行铅锡与砖质买地券，东晋以后多见砖、石材质，其中广西地区盛行滑石质，这与当地流行以滑石陪葬有关之外，滑石本身易于刻勒也是重要原因。六朝买地券分刻与写两种方式表现，皆为直行左读，与现实生活中的书写方式一致，两行之间通常刻划一个分隔栏。券文字数呈递增趋势，如孙吴建衡二年（270）徐林墓出土买地券的字数仅有 40 余字，而南朝徐副墓买地券的字数则达到 493 字。内容一般包括墓主的姓名、生辰或死亡年月、葬地及其数量与四至，土地价值、用途及证明人等。从已发现的六朝买地券记载的官职名称来看，墓主地位一般为庶族中下层，甚至还有身份为道士的宗教人士，与东晋、南朝时期世家大族墓中出土的砖石墓志有本质差异。六朝买地券继承两汉传统又有新的发展，总体来说，约略可分为三种类型。

其一，两汉时期的买地券所体现的内容是现实生活中地契的真实反映，这一现象在孙吴时期得以延续，如肖整买地券所记"赤乌八年十二月丁未朔六日壬子大郎中肖整从无湖西乡土主叶敦买地四顷五十亩价钱三百五十万即日交毕乡尉蒋玫、里帅谢达证知敦卖证知整买先相可这从为析令"②，南京栖霞山出土的一块建衡三年（271）铅地券载，有"地三顷，值钱三百万"③ 等，行文方式与真实买地券无异。

其二，宗教因素大量出现在买地券的文字中，其虚妄的内容反映了当时社会中传播较广的道教思想。如将土地来源说成"从天买地，从地买宅"、土地四至标为"东极甲乙，南极丙丁，西极庚辛，北极壬癸，中英（央）戊己"、买卖证明人为"东王公，西王母"等。含有宗教内容的买地

① 鲁西奇. 中国古代买地券研究 [M]. 厦门：厦门大学出版社，2014：12.
② 安徽省文物工作队. 安徽南陵县麻桥东吴墓 [J]. 考古，1984（11）：974-978.
③ 南京博物院. 南京栖霞山甘家巷六朝墓群 [J]. 考古，1976（5）：316-325.

券有黄武六年（227）郑丑买地券、五凤元年（254）黄甫买地券、永安二年（259）陈重买地券、太康六年（285）曹翌买地券、咸康三年（337）冯庆买地券、永明五年（487年）秦僧猛买地券、天监十八年（519）覃华买地券等。

其三，另有一种买地券则完全是一种民间迷信，与真实的地契毫无关系，形式也更为单一，除职官与姓名之外无参考价值。这类买地券定型于南朝，唐宋时期更为流行，较为典型的有刘宋元嘉十年（433）徐副买地券、南齐永明三年（485）刘觊买地券、萧梁普通元年（520）何靖买地券等。

由于出土买地券的墓葬多为寒族墓葬，伴出的遗物大多没有太高的研究价值，但买地券的文字内容、行文方式等对于研究六朝社会中下层的宗教思想、书法、丧葬观念具有重要的参考价值。据已刊布资料，六朝买地券出土情况大致如表4-1所示。

表4-1　六朝买地券出土概况

纪年	出土地点	墓主	质地	资料来源	备注
黄武六年（227）	湖北武汉	郑丑	陶	程欣人：《武汉出土的两块东吴铅券释文》，《考古》，1965年第6期；武汉市文物管理委员会：《武昌任家湾六朝初期墓葬清理简报》，《文物参考》，1955年第12期	左下角刻道符
赤乌八年（245）	安徽南陵	肖整	铅锡	安徽省文物工作队：《安徽南陵县麻桥东吴墓》，《考古》，1984年第11期	两面刻文内容相同
五凤元年（254）	江苏南京	黄甫	砖	《南京郊县四座吴墓发掘简报》，《文物资料丛刊》，第8辑	
永安二年（259）	江苏南京	陈重	砖	《南京市郭家山东吴纪年墓》，《中国考古学年鉴》，1985年刊	
永安四年（261）	江苏南京		砖	阮国林：《略论南京地区六朝地券碑志书法》，《六朝文物考古论文选》，1983年刊	字内涂朱
永安五年（262）	湖北武汉	卢	铅	程欣人：《武汉出土的两块东吴铅券释文》，《考古》，1965年第4期；湖北省文物管理委员会：《武昌莲溪寺东吴墓清理简报》，《考古》，1959年第4期	

纪年	出土地点	墓主	质地	资料来源	备注
建衡元年（269）	江苏南京	缪承	砖	江宁区博物馆藏	
建衡二年（270）	江苏南京	徐林	铅	南京博物院：《南京栖霞山甘家巷六朝墓葬》，《考古》，1976年第5期	
凤凰二年（273）	江苏南京		铅	李蔚然《南京六朝墓葬》，《文物参考》，1959年第4期	
凤凰三年（274）	安徽当涂	孟赟	锡	当涂县文物管理所：《当涂县发现东吴晚期地券》，《文物》，1987年第4期	
天册元年（275）	江苏南京		铅锡	江宁区博物馆藏	两面刻文
太康六年（285）	江苏南京	曹翌	铅	江苏省文物管理委员会：《南京近郊六朝墓的清理》，《考古学报》，1957年第1期	
太康六年（285）	江苏南京	王母	铅	南京市博物馆：《江苏南京邓府山吴墓和柳塘村西晋墓》，《考古》，1992年第8期	
元康三年（293）	江苏南京		铅	罗宗真：《六朝考古》，南京大学出版社1996年版	
元康五年（295）	江苏南京		铅	李蔚然：《南京六朝墓葬》，《文物参考》，1959年第4期	
永康元年（300）	江苏句容	李达	砖	镇江博物馆：《镇江东吴西晋墓》，《考古》，1984年第6期；荣孟源：《李达地券的年代》，《考古》，1984年第9期	
永宁二年（302）	江苏南京		铅	南京市文物保管委员会：《南京板桥镇石闸湖晋墓清理简报》，《文物》，1965年第6期	
咸康三年（337）	浙江平阳	朱曼妻薛氏	石	方介堪：《晋朱曼妻薛买地宅券》，《文物》，1965年第6期	
太和元年（366）	江苏镇江	冯庆	砖	林留根：《江苏镇江东晋纪年墓清理简报》，《东南文化》，1989年第2期	
元嘉十年（433）	湖南长沙	徐副	石	长沙市文物工作队：《长沙出土南朝徐副买地券》，《湖南考古辑刊》，1982年第1辑	

纪年	出土地点	墓主	质地	资料来源	备注
元嘉十六年（439）	湖北鄂州	简谦	砖	黄义军等：《湖北鄂州郭家细湾六朝墓》，《文物》，2005 年第 10 期	
元嘉十九年（442）	广东始兴	痨女	石	始兴县博物馆：《广东始兴发现南朝买地券》，《考古》，1989 年第 6 期	券尾有符箓
元嘉二十一年（444）	广东仁化		砖	广东省博物馆、香港中文大学文物馆编：《广东出土晋至唐文物》，1985 年版	券尾有符咒
元嘉二十七年（450）	广东广州	龚韬	石	易西兵：《广州出土南朝龚韬买地券考》，《东南文化》，2006 年第 4 期	
元嘉二十八年（451）	江苏南京	罗健夫妇	砖	东南大学艺术学院、江宁区博物馆：《南京淳化咸墅南朝罗氏家族墓地发掘简报》，《文物》，2019 年第 10 期	
元嘉三十年（453）	江苏南京	罗道训	砖	东南大学艺术学院、江宁区博物馆：《南京淳化咸墅南朝罗氏家族墓地发掘简报》，《文物》，2019 年第 10 期	
泰始六年（470 年）	广西桂林	欧阳景熙	石	文物编辑委员会：《广西考古十年新收获》，《文物考古工作十年》，文物出版社，1990 年版	
永明三年（485 年）	湖北武汉	刘觊	砖	湖北省博物馆：《武汉地区四座南朝纪年墓》，《考古》，1965 年第 6 期	两块券尾有道符
永明五年（487）	广西桂林	秦僧猛	石	黄增庆、周安民：《桂林发现南齐墓》，《考古》，1964 年第 6 期	
天监四年（505）	湖南资兴		砖	湖南省博物馆：《湖南资兴晋南朝墓》，《考古学报》，1984 年第 3 期	朱书，券尾有道符
天监五年（506）	广西桂林	熊薇	石	莫志东：《浅析桂林出土的南朝买地券及相关问题》，《桂林文化》，2003 年第 3 期	
天监十八年（519）	广西融安	覃华	石	广西壮族自治区文物工作队：《广西融安县南朝墓》，《考古》，1983 年第 9 期	

纪年	出土地点	墓主	质地	资料来源	备注
普通元年（520）	湖南资兴	何靖	砖	湖南省博物馆：《湖南资兴晋南朝墓》，《考古学报》，1984 年第 3 期	朱书，券尾有道符
普通元年（520）	广西桂林	熊悦	石	莫志东：《浅析桂林出土的南朝买地券及相关问题》，《桂林文化》，2003 年第 3 期	
中大通五年（533）	广西鹿寨	周当界	石	文物编辑委员会编：《广西考古十年新收获》，《文物考古工作十年》，文物出版社，1990 年版	

从表 4-1 中买地券出土墓墓主官职身份可见，使用者多为社会中下层，今见墓主身份最高者为奋威将军孟赟，其他墓主虽然也有较高社会地位，但相比当时的世家大族则相距甚远。可以说，六朝墓葬中随葬买地券的习俗或只流行于社会中下阶层，而社会地位更高的世家大族则不用。①

以往学者依据六朝墓葬出土买地券只出现在墓室内这一现象，认为葬仪中用两块地券的方式可能在六朝时期还没有出现。其实不然，南朝时期就已出现了在墓外埋置卖地券的现象。2002 年湖北鄂州郭家细湾 M8 出土了 3 件元嘉十六年（439）砖刻地券，其中一件为卖地券②。如 2004 年广州太和岗发现了南朝刘宋元嘉二十七龚韬地券，出土时靠近封门上部的砖函内③。2011 年在南京淳化街道发现了南朝时期刘宋罗氏家族墓，其中 M1 出土了两块地券，一块是埋于墓内的买地券，另一块是埋于墓外的卖地券。M5 的墓外也出土了一件卖地券，墓内因被施工破坏没有发现买地券。从罗氏家族墓出土买地券与卖地券情况来看，两券除瘞埋位置与券文中"买此冢地""共卖此地"的买卖性质不同外，券约效力的表述也存在差异，买地券要求卖地的地祇"皆听随于此地中掘土作冢葬埋，不得使左右比居妄志此地，侵犯分界"。而卖地券除了买地券所述内容外，还要求墓主人"魂魄自得还（归）此冢庐，随地下死人科法"，对买卖双方都有约束④。从上述四方卖地券可见，南朝时期长江中下游与两广地区已出现一墓置两券的丧葬制度，其券文反映出鲜明的道教思想。

---

① 王志高，董庐. 六朝买地券综述 [J]. 东南文化，1996 (2)：49-54.
② 黄义军. 湖北鄂州郭家细湾六朝墓 [J]. 文物，2005 (10)：34-46.
③ 易西兵. 广州出土南朝买地券考 [J]. 东南文化，2006 (4)：79-84.
④ 王志高，许长生. 南京淳化新见南朝罗氏地券考释 [J]. 文物，2019 (10)：88-96.

2. 衣物疏

衣物疏是六朝时期墓葬出土遗物中较为特殊的存在，因其多出现在等级较高的墓棺中，且通常与名刺等具有道教特征的遗物伴出，所以，学者们多将其归为道教遗物。[①] 迄今发现的衣物疏共有 6 处，约 10 件，主要分布于长江中游地区，其中江西（3 处）、安徽（1 处）、湖南（1 处）、湖北（1 处），如表 4-2 所示。

纪年	出土地点	墓主	质地	资料来源	备注
孙吴前期	江西南昌	高荣	木方	江西省历史博物馆：《江西南昌市东吴高荣墓的发掘》，《考古》，1980 年第 3 期	该墓共 3 具木棺，乙、丙两棺内各出土一件木方，乙棺内字迹模糊不清，丙棺内出土木方两面书写，记录随葬物品清单
孙吴	安徽南陵	萧氏	木方	安徽省文物工作队：《安徽南陵县麻桥东吴墓》，《考古》，1984 年第 11 期	该处是家族墓地，共四座。M1 出土买地券，两面刻，内容相同。M2 棺内出土一件木方，记载棺内部分器物。M3 出土两件木方，一件出土于棺内，记录棺内部分器物，另一件出于棺外，记录墓室内的随葬器物
西晋末	江西南昌	吴应		江西省博物馆：《江西南昌晋墓》，《考古》，1974 年第 6 期	该墓出土木简 5 件，形制大小相同，木方 1 件
永和八年（352）	江西南昌	雷陔妻	木方	江西省文物考古研究所、南昌市博物馆：《南昌火车站东晋墓葬群发掘简报》，《文物》，2001 年第 2 期	M3 出土木方与名刺各 1 件
升平五年（361）	湖南长沙	潘氏	石板	史树青：《晋周芳命妻潘氏衣物券考释》，《考古通讯》，1956 年第 2 期	该墓墓券以青白色石板刻成，记载了随葬物品清单与一段类似"买地券"式的文章

从已刊布资料看，衣物疏的使用范围大体限于长江中游地区，可能与楚文化存在一定的渊源关系，可视为南方汉墓出土遣册在六朝的发展。两者不同之处在于汉墓出土遣册是对墓内随葬器物的造册，而六朝衣物疏多出自棺内，所记内容仅与棺内随葬物相符，也就是说衣物疏只记棺内而不

---

① 张勋燎，白彬. 中国道教考古 [M]. 北京：线装书局，2006：945.

记棺外随葬品。正如江西南昌吴应墓发掘报告所言，"从实际出土器物种类来看，棺外的许多器物（如榻、耳杯、瓷罐、唾壶等）在此件中均无记载，可见木方所记的系指棺内的随葬品，似和汉代的木方泛记圹内随葬品有所不同"①。据此，张勋燎、白彬认为"衣物疏（木方）未记者为一般葬仪所用，记录者为道教葬仪范围材料"②。并从衣物疏出土墓的墓主身份、疏文内容及与道书文献的行文方式三个方面分别加以阐释。

3. 名刺

名刺是六朝墓葬中出土较少的随葬器物，是墓主的"名片"，亦称为"木简""木牍"。目前所见名刺均为木质，呈竖条形，墨书刺文，内容主要包括墓主的姓名、字号、籍贯，有时还记录墓主的官爵与年龄等。迄今为止，共出土名刺7批约50件，主要集中于长江中游地区。据已刊布资料，六朝名刺出土概况如表4-3所示。

表4-3　六朝名刺出土概况

纪年	出土地点	墓主	尺寸（厘米）			数量	出土位置
			长	宽	高		
黄武六年（227）	湖北武汉	郑丑	18.8~21.5	3.5		3	棺中
孙吴早期	江西南昌	高荣	24.5	3.5	1.0	21	棺中
孙吴	安徽马鞍山	朱然	24.8	3.4	0.6	14	棺中
孙吴	湖北鄂城	史绰	24~25	3.3	0.4	6	棺中
孙吴	江苏南京	薛秋	24.2	3.6	0.7	5	棺中
西晋末	江西南昌	吴应	26.2	15.1	1.2	5	棺中
永和八年（352）	江西南昌	雷陔	24.6	3.0	0.8	2	棺中

学者杨泓早在1986年撰文写道："在墓中放置木质名刺，看来是孙吴时兴起并流行的特殊习俗。这是供死者在阴间使用的迷信品，但形制一如生前实用名刺……在墓中放刺、谒，北方的魏晋墓中迄今尚未发现过，是孙吴兴起并流行于江南的习俗。它又常与买地券及衣物券同出……直到西晋时期，江南还有沿袭墓中放刺的习俗。"③ 这里提到了名刺具有两个重要

① 江西省博物馆. 江西南昌晋墓 [J]. 考古，1974（6）：378.
② 张勋燎，白彬. 中国道教考古 [M]. 北京：线装书局，2006：960.
③ 杨泓. 三国考古的新发现：读朱然墓简报札记 [J]. 文物，1986（3）：16-24.

特征：一是名刺即生前实用名刺，二是随葬名刺是江南地区特有的习俗，并且墓中经常伴出买地券或衣物疏。从书写格式与行文两个方面来看，墓中出土名刺与实用名刺确有相似之处，与《释名·释书契》中所述"爵里刺"亦较为相近。因此，有的学者便将两者画上等号，认为墓中出土的名刺便是现实中的实用名刺。事实上，墓葬中出土的名刺并非与现实中实用名刺完全等同，即"用于申报姓名身份"的实用名片，亦非普通的供墓主人在阴间使用的迷信物品，而是吴晋时期道教葬仪活动中的实物遗存。[①] 与墓中出土买地券、衣物疏之类的遗物一样，多是道教葬仪中的遗物。迄今为止，众多出土的名刺中标有明确道士身份的只有"道士郑丑再拜"一例，但并不能否定上述出土物是道教遗物的现实。类似出土材料在南朝时也有记录，《南齐书·祥瑞志》云：

> 建元元年（479）四月，有司奏："延陵令戴景度称所领季子庙，旧有涌井二所，庙祝列云旧井北忽闻金石声，即掘，深三尺，得沸泉。其东忽有声铮铮，又掘得泉，沸涌若浪。泉中得一银木简，长一尺，广二寸，隐起文曰：'［卢］山道人张陵再拜谒诣起居。'简木坚白而字色黄。"谨按《瑞应图》："浪井不凿自成，王者清静，则仙人主之。"《孔氏世录》云："叶精帝道，孔书明巧，当在张陵。"宋均注云："张陵佐封禅，一云陵。仙人也。"[②]

本条记载又见于《南史》卷四、《册府元龟》卷二〇三、《太平广记》卷四〇六、《酉阳杂俎》卷十等。《南史》载：

> 昇明二年冬，延陵县季子庙沸井之北，忽闻金石声，疑其异，凿深三尺，得沸时，奔涌若浪。其地又响，即复得一井，涌沸亦然。井中得一木简，长一尺，广二分，上有隐起字，曰："庐山道人张陵再拜，诣阙起居。"简木坚白，字色乃黄。《瑞应图》云："浪井不凿自成，王者清静，则仙人主之。"[③]

《酉阳杂俎》载：

> 齐建元初，延陵季子庙旧有涌井，井北忽有金石声，掘深二尺，得沸泉。泉水得木简，长一尺，广一寸二分，隐起字曰"庐

① 张勋燎，白彬. 中国道教考古［M］. 北京：线装书局，2006：941.
② 萧子显. 南齐书［M］. 北京：中华书局，1972：354.
③ 李延寿. 南史［M］. 北京：中华书局，1975：114.

山道士张陵再拜谒"。①

上述两条与《南齐书》记载略有不同,延陵季子庙在今江苏丹阳西南。《艺文类聚》卷九《异苑》载:"句容县有延陵季子庙,在县东北九里。"说明这一带是六朝时期道教活动最为活跃的地区之一。上述三书所记"道士张陵"条内容略有区别,三者互校,《南齐书》载"[卢]山道人张陵再拜谒诣起居"行文与出土遗物最为相近。可见,名刺的发现可以勘正文献记载的谬误。

（二）图案纹饰类造物艺术

六朝青瓷器中有一类釉下彩绘瓷器较为特别,出土数量较少,时代特征明显,是研究六朝早期道教造物艺术不可或缺的重要资料。据已发现的 3 件较为完整的彩绘瓷及为数不多的标本来看,这类瓷器中包含了一定内容的早期道教因素,为我们研究早期道教与传统祥瑞图式之间的承续关系提供了实物依据。这批瓷器中体现道教因素的有庆云环绕、瑞兽毕现、珍禽来集、芝草丛生等祥瑞图式,其主要继承了汉代以来的"祥瑞"图式。在这批彩绘瓷中,最为典型的是 1983—1985 年南京市博物馆在南京雨花台区长岗村发掘出土的一件釉下彩绘仙人盘口壶,该壶肩部等距对称排列的贴塑,包括 4 个铺首、2 尊佛像、2 个双首鸟形系。盖面装饰异兽仙草纹、颈部饰异兽纹,腹部绘两排持节羽人并伴有仙草与云气纹,盖内和盘口亦绘仙草与云气纹（图 4-1）。

图 4-1 孙吴 釉下彩绘仙人盘口壶图式

（采自易家胜,王志高,张瑶:《南京长岗村五号墓发掘简报》,《文物》,2002 年第 7 期,第 6 页）

---

① 段成式. 酉阳杂俎 [M]. 北京:中华书局,2015:732.

另外，在南京城南秦淮河南岸船板巷旁的皇册家园工地与南京大行宫地区也发现了较为完整的釉下彩绘瓷器，且都绘有道教题材与传统"祥瑞"图案。前者以一件带盖双领罐为代表，它出土于古秦淮河南岸的淤积层中，通体以釉下褐彩描绘，铺首和鸟形系也用褐彩勾勒。主要图案位于罐体腹部，分3层，每层有8个心形纹样。上层以铺首与鸟形系为主，两侧绘瑞兽与龙纹，中层描绘芝草、瑞兽与珍禽，下层绘龙纹。每层之间还绘有"十"字云纹与瑞兽纹。伴出的遗物有铁镞、铁甲等，还有40多枚木简，标有4个年号，分别为"赤乌元年（238）""赤乌十三年（250）""永安四年（261）""建兴三年（315）"，前三个年号为孙吴后期，后一个年号为西晋后期，相关年号的记载为釉下彩绘瓷器的准确断代提供依凭。后者以一件盘口壶为代表，其腹部主图虽残缺约三分之一，但可以复原出所缺部分的图式。主图由4组相同的图案组成，每组以铺首为中心，下方绘高大的芝草，芝草下方两侧各绘一牛形瑞兽。中部两侧各绘一只翼兽，上部两侧也各绘一只珍禽，栖于枝叶之上。据统计，腹部总计绘了39只"祥瑞"图，其间以多种形状的祥云穿插，画面繁复而有规律，在绘制之前应当有"粉本"存在，这也是后世陶瓷装饰纹样中较为常见的制作方法。另外，在大行宫遗址中还发现了一些釉下彩绘瓷的标本，这些标本中也有大量与传统"祥瑞"有关的图式，如神鹿、珍禽、芝草等。

（三）丹药类造物艺术

20世纪下半叶，在南京发现了多座东晋时期的世家大族墓，墓中出土了众多颇有价值的文物，其中两座墓出土了丹药遗存，引起了学界高度重视。两墓分别是1965年发现的南京北郊象山都亭侯王彬长女王丹虎墓、1998年发现的南京仙鹤观墓M6。两墓中的丹药均被置于漆盒内，漆盒损毁严重，难见其形。前者出土了丹药粉剂与丸剂两类，粉剂有红色、粉红色、白色三种；丸剂有200余粒，为圆形、朱红色，直径为0.4～0.6厘米。后者也出过了丸状丹药，呈鲜红色。此外，南朝襄阳柿庄画像砖墓①也出过了类似的丹药。虽然出土丹药的墓葬较少，仍可说明服食丹药在东晋、南朝的上层社会一度颇为流行，食者众多。值得注意的是，在仙鹤观墓M6出土丹药的漆盒边上还发现了一件鎏金带盖银鼎（图4-2），该鼎器表鎏金。盖顶有环钮，饰柿蒂纹，子母口。直口，鼓腹、圜底，三足呈兽蹄形。肩部

---

① 襄阳市文物考古研究所. 湖北襄阳柿庄南朝画像砖墓发掘简报［J］. 文物，2019（8）：38-48.

置对称竖方耳。腹部饰弦纹并贴饰三衔环铺首。鼎内盛有云母片。口径 2.3 厘米、通高 2.7 厘米、盖高 1.1 厘米。外底刻"第五"二字，可能是该类器的编号，说明当时应生产了一定数量的同类器。① 这种现象的出现与道教丹鼎派在东晋的盛行不无关系，据葛洪《抱朴子·内篇·仙药》，云母是使人长生的仙药，其功效仅次于丹药。云母片与丹药同出于一墓中，说明墓主人可能是一位拥有较高社会地位的道教徒或信众。虽该墓没有出土明确记载墓主身份的信息，但发掘者结合墓葬排葬规律推测，墓主可能是高崧父母高悝夫妇，与服食者的身份较为契合。魏晋时期服食之风盛行，"服食"即"服石"，是一种被视为可以使人长生不老的方式，《神农本草经》、葛洪《抱朴子·内篇》中均有关于服食丹药的记载，且较为明确地对丹药的功效做出了肯定。如葛洪在《抱朴子·内篇》中提及丹药具有"养精神安魂魄""通神明不老"的功效，且将其列为"仙药之上者"。在此风影响下，时人多食之，如王羲之、王献之父子等。然而，由于丹药中含有剧毒的硫化汞，长期服食后易中毒而亡。因此东晋以后信奉者渐少，服食风气便衰落下来。

图 4-2 东晋 鎏金带盖银鼎

（南京市博物馆藏）

六朝墓葬出土丹药虽数量较少，但仍可说明东晋以降服食丹药风气在社会上层盛行。时人认为服食丹药能令人长生，升入仙界。葛洪《抱朴子》载：

> 草木烧之即烬，而丹砂烧之成水银，积变又还成丹砂，其去

---

① 南京市博物馆. 江苏南京仙鹤观东晋墓 [J]. 文物，2001 (3)：18-19.

草木亦远矣，故能令人长生，神仙独见此理矣。①

又《黄帝九鼎神丹经》曰：

　　黄帝服之，遂以升仙。又云：虽呼吸道引，及服草木之药，可得延年，不免于死也；服神丹令人寿无穷已，与天地相毕，乘云驾龙，上下太清。②

葛洪《抱朴子》是道教发展至东晋时期的集大成之作，并且葛洪本人在当时也享有盛誉，他的观点应反映了当时的社会现实，与东晋墓葬中出土丹药现象相呼应。说明当时奉道之人服食的仙药多为草木药，而服食金丹最有效。陈国符认为：

　　自后汉至东晋，服饵求仙，逐渐流行。《抱朴子·金丹篇》，谓晋代道士时有知断谷及服诸草木药法。则当时服饵之法，最多者为断谷及服草木药。又云或得杂碎丹方，盖次之则为杂碎丹方。而知金丹者甚鲜……盖晋代认为金丹乃仙药之最灵效者。③

其实，中国的炼丹术约略发轫于战国时期，从当时的方士寻求"不死之药"便可知晓。然而，明确的炼丹之术出现在秦代，虽然至今还没有发现确切的炼丹设备，但在大量典籍中我们仍能找到相关记载。如《盐铁论·散不足》说秦代时齐燕方士争趋咸阳，为了能够"言仙人食金饮珠，然后寿与天地相保"。晋灼注《汉书·郊祀志上》云："祠灶皆可致物，致物而丹砂可化为黄金，黄金成以为饮食器则益寿，益寿而海中蓬莱仙者乃可见之，以封禅则不死，黄帝是也。"④ 皆说明汉代炼丹术已较为成熟，且明确地将服食丹药与升仙相联系。

上述三类墓葬遗存与道教联系最为密切，甚至是专为道教丧仪而特制的器物，为道教思想运用于丧葬礼仪搭建桥梁。此外，流行于孙吴、西晋时期长江下游地区的堆塑罐（魂瓶）也是道教葬仪中的重要载体（详见第五章第一节）。在六朝墓葬中还有一些造物艺术也体现道教相关思想，是道教思想运用于丧葬礼仪的实物载体，如画像砖等，但其超出了本文的研究范畴，固不列。

二、道教葬仪与升仙思想主导下造物艺术的表现

道教发展至魏晋时期出现了分化现象，分为上层神仙道教与下层民间道

---

① 王明. 抱朴子内篇校释 [M]. 北京：中华书局，1985：72.
② 郭超. 四库全书：子部 [M]. 北京：中国文史出版社，1998：1240.
③ 陈国符. 道藏源流考 [M]. 台北：祥生出版社，1975：385.
④ 班固. 汉书 [M]. 北京：中华书局，2012：1109.

教。天师道由于在东汉晚期遭遇统治阶级的打压，出现了与神仙道教合流的现象，背离了以下层民众为授道对象的初衷。东晋至南朝时期，官方道教的教义仪轨多沿袭了上层的神仙道教，包括金丹派、上清派、灵宝派、天师道派等，这一现象也反映在六朝的丧葬观念与墓葬造物艺术方面。首先，六朝时期的丧葬制度整体上仍然延续了汉代的"事死如事生"观念，在众多墓葬遗物中均有体现，如灶、房舍、井、磨等明器。随着六朝早期道教的盛行，丧葬礼仪中也加入了更多的道教因素。其次，六朝后期墓葬画像砖上的图式直接体现了神仙道教的教义，尤其是出土于长江下游的南朝时期画像砖，形象地表现了墓主人升仙的过程，如"羽人戏龙""羽人戏虎""飞天"等，这类形象与东晋葛洪所说的"乘蹻"概念颇为吻合。此外，南朝画像砖中还有不少表现历史人物的画像，如"商山四皓""王子乔与浮丘公"及魏晋时玄学代表"竹林七贤"等，他们皆是真实的历史人物，由于神仙道教的流行而被视为"羽化升仙"的仙人。将他们表现于墓室壁画中，一方面反映当时的宗教思想，另一方面也表达墓主对"升仙"的向往。

（一）买地券、名刺、衣物疏反映的道教葬仪

白彬教授在参考了大量出土道教遗物的基础上，对具有鲜明道教特征的买地券、名刺、衣物疏与古代道教之间的关系做了细致的研究，认为出土有道教遗物的墓葬，墓主有两种情况。

第一，这些遗存是当时道教影响下古代丧葬礼仪的具体物证，与墓主生前的宗教信仰未必有直接的联系，死者生前只是世俗之人。

第二，死者生前就信奉道教，是虔诚的道教徒。[①]

买地券与衣物疏在六朝之前即广为使用，战国至西汉时两者并不同时共存，东汉时买地券更为盛行，而此时衣物疏还不见踪影，直至六朝时期才出现了买地券与衣物疏共存于同一墓的现象。最为典型的是安徽南陵萧氏墓群，该家族墓中伴出土了买地券与衣物疏，这给我们探讨两者之间的关系提供了可能。有学者对此进行了研究，认为买地券与衣物疏使用材料的差别似乎反映了二者性质与源流上的差异："虽然二者都有向地下神祇申告亡人殁亡并祈求保佑之意，但买地券既是与地下神祇就墓地所有权与使用权而进行的交易，当然强调墓主永久拥有墓地的所有权，在使用的材料方面显然也反映了对此种永久性的诉求；而衣物疏主要是向地下神祇申告

---

① 张勋燎，白彬. 中国道教考古 [M]. 北京：线装书局，2006：805-1001.

殁亡人所携带的衣服物品（包括奴婢），并非永久性财产，所以使用的材料也并不强调长久性。可以说，买地券与衣物疏所使用的材料与其涉及的财产永久性与否是对应的。"①

江西南昌火车站雷陔墓并出了木方（衣物疏）与名刺，木方为长方形残断，长31.7厘米、宽17.8厘米、厚1.0厘米。两面墨书，背面内容为："永和八年，七月戊子朔，五日壬辰，江州鄱阳郡鄱阳县都□□□□□南昌令雷陔命（？）妇（？）鄱阳□涨（？）[北禹]（？）年八十六，即醉酒身丧。物疏如女青诏书，不得志者……"正面由三道弦纹将木方分为四等份，顶格竖行墨书，内容为殁亡人随葬物品清单。名刺2件，2件名刺形制、大小、文字相同，长24.6厘米、宽3.0厘米、厚0.8厘米。顶格竖行隶体墨书"弟子雷陔再拜问起居鄱阳字仲之"铭文。这种书写风格与南昌高荣墓中出土的名刺极为相似，说明是孙吴早期到东晋时期当地较为流行的一种样式。该墓及与其同出的几座墓葬分前后两室并附有耳室，与安徽马鞍山朱然墓相似，出土器物包括大量的漆器、铜器、金器等，可见其级别相对较高。雷陔，字仲之，江州鄱阳人，卒年86岁，可推算其生于孙吴末帝孙皓甘露二年（266），即司马炎称帝建立西晋的第二年，历孙吴、西晋、东晋三朝。《太平寰宇记》卷一六〇载"豫章郡五姓：熊、罗、雷、湛、章"，可见雷陔家族为当时南昌地区的大族，而"臣陔"二字说明雷陔可能为东晋时期的朝廷要员。像雷陔墓这样带有"弟子"铭文的名刺在六朝时期的墓葬中多有发现，如1980年江西南昌孙吴高荣墓出土了形制大小均相等的名刺21枚，且铭文内容相同，文曰："弟子高荣再拜问起居沛国相字万绶。"②（图4-3）此外，1986年安徽马鞍山朱然墓也出土了形制大小相同的名刺21枚，直行墨书，隶中带楷，名刺行文分为三种，为"弟子朱然再拜问起居字义封"，"故鄣朱然再拜问起居字义封"，"丹杨朱然再拜问起居故鄣义封。"③再有1974江西南昌吴应墓不仅出土了衣物疏，同时并出了名刺5枚，其中有3枚墨书相同铭文，曰："弟子吴应再拜问起居南昌字子远。"④对于名刺铭文中"弟子"字样的解释，历来有不同的观点：一种观点认为"弟子"的称谓表明墓主是某人的门生，是面对长辈的一种谦称；一种观点

① 鲁西奇. 中国古代买地券研究 [M]. 厦门：厦门大学出版社，2014：150.
② 江西省历史博物馆. 江西南昌市东吴高荣墓的发掘 [J]. 考古，1980 (3)：219-228.
③ 安徽省文物考古研究所，马鞍山市文化局. 安徽马鞍山东吴朱然墓发掘简报 [J]. 文物，1986 (3)：1-15.
④ 江西省博物馆. 江西南昌晋墓 [J]. 考古，1974 (6)：373-378.

认为"弟子"是佛家弟子的称谓，而非道家；还有一种观点认为名刺乃是道教葬仪中的特殊用品，是墓主蜕升上天时拜谒天帝诸神所用之物。[①] 参阅相关出土资料，认为最后一种观点更加贴合实际。首先，"……再拜……"是当时较为流行的一种道教用语，1950 年，湖北武昌出土了一座大型砖室墓，墓主系道士郑丑，出土遗物中有 3 枚名刺，其中一枚墨书"道士郑丑再拜"字样。[②] "道士郑丑再拜"与"弟子雷陔再拜"在行文风格方面具有一致性，只是前者身份是更为明确的道士，而后者可能为道教的信徒，但依然可以确定名刺为道教丧仪用品。其次，名刺中常用的词汇诸如"弟子""再拜""问起居"等，在道教的典籍中也有著录。唐人朱法满《要修科仪戒律钞》卷三云：

图 4-3　高荣墓出土名刺

（采自刘林：《江西南昌市东吴高荣墓的发掘》，《考古》，1980 年第 3 期，第 298 页）

---

① 白彬. 南方地区吴晋墓葬出土木刺研究 [C] //四川大学历史文化学院考古系. 四川大学考古专业创建四十周年暨冯汉骥教授百年诞辰纪念文集，成都：四川大学出版社，2001.

② 武汉市文物管理委员会. 武昌任家湾六朝初期墓葬清理简报 [J]. 文物参考资料，1955 (12)：65-73.

男妇官各得依止，男官依止男官，女官依止发官，大法者为师，每一句至师所受教训……至师门，已通折云："某弟子问讯。"师知，已乃端严衣帔，烧香于颂经之室，命弟子令进。进至师前，安详三拜，问讯云："比者，起居安不（否），德无损和（乎?）。"师无地他故，乃答云："比日亦无亏。"……弟子若有罪过，先闻师耳，可云："汝有某事，可加戒悔，令其改革。"弟子拜谢，乃云："不能自厉，劳师诫敕。"又拜谢云："从今以去，不敢复犯。"若是斋前设斋，斋后无所施设，乃便去，再拜云："愿师以自珍重。"……起，退三步，乃始转去。①

此外，雷陔墓出土的衣物疏铭文也可以证明该墓为道教信众墓，如"醉酒身丧"与"女青诏书"。"醉酒身丧"为希冀殁亡人死后升仙的一种说辞，是生人对死后归宿的一种向往。葛洪《抱朴子·内篇》载：

葛仙公每饮酒醉，常入门前陂中，竟日乃出。会从吴主到荆州，还大风，仙公船没。吴主谓其已死。须臾从水上来，衣履不湿，而有酒色，云昨为伍子胥召，设酒不能便归，以淹留也。②

1956 年湖南长沙潘氏墓出土的衣物疏铭文载："周芳命妻潘氏，年五十八，以即日醉酒不禄。"③ 湖南长沙出土的徐副买地券铭文载："男官祭酒、代元治黄书契会议通知徐副，年十九岁，以去壬申年十二月二十六日醉酒寿终，神归三天，身归三泉，长安蒿里。"④ 这里的"醉酒不禄""醉酒身丧""醉酒寿终""醉酒命终"虽有字词差异，但都具有相同的旨归，指人死因遇神仙赐酒而不返，并非墓主死于酒醉。雷陔墓出土衣物疏还有"女青诏书"字样，同样具有深意。相似的提法还有几例，如"女青律令""太上老君、地下女青诏书律令"⑤ "地下女青诏书律令"⑥ "急急如泰清玄元上三天无极大道、太上老君北（陛）下女青诏书律令"等。类似这样的字样还出现在具有明确道士身份的墓中，如湖南长沙出土刘宋元嘉十年（433）徐副买地券中也记录相似的文字，"一如太清玄元上三天无极大道、太上老君、地下女青诏书律令"。"女青诏书"一词，学者多

① 上海书店出版社. 道藏: 6 [M]. 北京: 文物出版社; 上海: 上海书店出版社; 天津: 天津古籍出版社, 1998: 935.
② 王明. 抱朴子内篇校释 [M]. 北京: 中华书局, 1985: 365.
③ 史树青. 晋周芳命妻潘氏衣物券考释 [J]. 考古通讯, 1956 (2): 95-99.
④ 肖湘. 长沙出土南朝徐副买地券 [J]. 湖南考古辑刊, 1982: 127-128.
⑤ 郭沫若. 由王谢墓志的出土论到兰亭序的真伪 [J]. 文物, 1995 (6): 1-25.
⑥ 廖晋雄. 广东始兴发现南朝买地券 [J]. 考古, 1989 (6): 566-567.

认为是《正统道藏》洞神部戒律类中所提的《女青鬼律》。任继愈在其主编《道藏提要》一书中明确提出："《女青鬼律》似为南北朝时天师道戒律。此外，北周甄鸾《笑道论》引'女青文'；《要修科仪戒律钞》卷一引'女青律'；唐王悬河《三洞珠囊》卷六引'太玄都中宫女青律'；《云笈七签》卷四十载'太玄都中宫女青律'皆可证'女青律'乃是影响较大之早期道教戒律。"① 对此，也有学者提出不同观点，认为《女青鬼律》虽源自天师道之教仪，但由后世天师所作，潘雨廷《道藏书目提要》提及《女青鬼律》说："正一派之文献。然决非汉代作品，似宋初重视龙虎山时，由当时的天师所作。因天师所本之五斗米道本为鬼教，故全书以造鬼为主要内容。凡五斗、五方、五帝、六十甲子、六甲六旬、山石之精、九蛊、十二月、十二日等，无不有姓有名之鬼。故必须有以制之，是即天师道之作用。"② 徐副买地券载："男官祭酒、代元治黄书契令。"可见墓主是一位受戒的道士且地位较高。通过雷陔墓衣物疏中的"女青诏书"，结合道士徐副墓联想到道士郑丑墓，可以推测早期道教徒中不乏地位较高的信众，过去学者认为早期天师道传道者限于社会下层人士的论断或可商榷。

　　湖南长沙桂花园晋墓，墓主为晋升平五年（361）周芳命妻潘氏，该墓虽遭盗掘，出土文物较少，但其中遗留了一方墓券，该墓券由青白色石板刻成，长 23 厘米、宽 12 厘米，两面刻，一面记载了墓主随葬的衣服与器物名称清单，另一面记录了一份"买地券"式的文字（图 4-4），由于类似的墓券与书体极为罕见，为我们研究当时的葬俗及民间"俗体字"的写法提供了难得的借鉴材料。周芳命妻潘氏墓出土的这方墓券根据罗振玉《地券徵存》记录的句例，券上刻有"随身衣物"字样应称为"衣物券"，又因这类衣物券通常用墨书写在木板上，学术界多以"衣物疏"称之。为表述方便，参考史树青先生的释文将墓券内容节录如下：

① 任继愈. 道教提要 [M]. 北京：中国社会科学出版社，1991.
② 潘雨廷. 道藏书目提要 [M]. 上海：上海古籍出版社，2017：137.

图 4-4 晋周芳命妻潘氏衣物券志文

（采自史树青：《晋周芳命妻潘氏衣物券考释》，《考古通讯》，1956 年第 2 期，第 96 页）

故持绮方衣一要，故练梁衣一要，故绢梁衣一要，故练衫二领，故帛罗缩两当一领，故绤缩两当一领，故绛复袴□要，故此碧复裙一要，故紫碧夹裙一要，故绛碧夹裙一要……故夹襦一领，故黄绤襦一领……故严具馥一具，故栉父母一双，故青铜镜一枚，衣具一，故刷一枚……故细笄一幡，故玉□一双，故棺材一口，故干钉五枚，故布梁衣一要，故襟裙一要。

升平五年六月丙寅朔廿九日甲午，不禄。公国典卫令荆州长沙郡临湘县都乡吉阳里周芳命妻潘氏，年五十八，以即日醉酒不禄，其随身衣物，皆潘生存所服饰，他人不得忘认诋债，东海童子书，书迄还海去，如律令。[1]

该券所记关于衣物券与买地券式的文字内容都具有典型的时代特征，据史树青先生的考证结合时代造物艺术特征择其要者试述如下。

1. 要、领

要、领为数量单位，在衣物疏中多用之。《汉书·张骞传》载："要，衣要也；领，衣领也，凡持衣者，则执腰与领。"[2] 此券文中凡涉裙袴之属则称一要，"要"字平声，与"腰"同，衫襦之属则称一领。

---

[1] 史树青. 晋周芳命妻潘氏衣物券考释 [J]. 考古通讯，1956（2）：95-99.
[2] 班固. 汉书 [M]. 北京：中华书局，2012：2336.

2. 复袴

《说文解字》云："绔，胫衣也，从系，夸声。"① 绔，即裤子，复袴即厚裤子。

3. 严具馥

严具即妆具、奁具。《后汉书·祭祀志》载："其亲陵所宫人，随鼓漏，理被枕，具盥水，陈严具。"《太平御览·魏武帝疏》中有"漆画严器"的记载，馥指香气，严具馥即指盛有香粉的妆具、奁具。

4. 玉狁

玉狁即玉豚，《尔雅》曰："豚亦作狁。"玉狁一双即玉猪两只，在两汉六朝时期为墓主人的握具，通常称其为玉握，该墓出土的两只石猪即为很好的见证。

5. 东海童子书，书讫还海去

这是道教影响下丧葬礼仪中的常见写法，即是说写券人是东海童子，写完券文后便回到东海去了。

6. 醉酒不禄

"醉酒不禄"指亡者因遇神仙赐酒而不愿归返，而不是指墓主死于醉酒。

1976 年 6 月在江西南昌发现了孙吴高荣墓一座，该墓规模较大，由甬道与前、后两室组成，在前室两侧还各有一对称的耳室。墓内随葬物较为丰富，保存完好。有陶器、青瓷器，木器、漆器、金银器、铜铁器等。其中木器有木梳、木圭、木方（衣物疏）、木简（名刺），同一墓出土多种类型的木器较为罕见，根据出土文物的种类、数量及制作工艺，参考相同类型的墓室规模，如鄂城东吴孙将军墓与武昌莲溪寺东吴墓，说明墓主生前地位较高。木圭属明器，是墓主生前社会地位的象征。木方（衣物疏）列举了棺内随葬物的清单，棺外随葬物未列其中。根据列出的清单来看，数量单位的使用存在地域与时代的变化，如孙吴称"故练复绮一枚"在西晋周芳命妻潘氏墓中称"故绛复袴□要"，而汉代衣物疏中不用"故"字。木简（名刺）的使用结合安徽马鞍山朱然墓与江西南昌雷陔墓中的类似遗物，可以判定主要流行于社会上层，名刺内容"弟子高荣再拜问起居沛国相字万绶"与上述两墓的行文方式相同。

---

① 许慎. 说文解字 [M]. 天津：天津古籍出版社，1991：275.

除却上文提及的买地券与衣物疏、衣物疏与名刺同出于一墓或家族墓地的现象外，同一墓有时还出现名刺与谒并出的现象，如安徽马鞍山朱然墓出土名刺 21 枚，谒 3 枚，这种情况虽不多见，但多出现于身份等级相对较高的中上阶层的墓葬中，且谒是较为典型的具有道教思想的丧葬器物。因此，可以说孙吴时期道教在社会中上阶层有着较多的受众，这些人虽不是受了戒的道士，但至少可以说是道教的普通信众，且在死后愿意采用具有鲜明道教特色的器物用于陪葬。

六朝墓葬出土遗物中，买地券散见于长江中下游与两广地区，其中出现以张坚固、李定度二位神仙作为见证人的买地券共有 11 处，除却 1 处不知出土地点外，湖北 1 处，南京 1 处，另 8 处位于两广地区。其中纪年最早的一处是出土于湖北鄂州的元嘉十六年（439）蔺谦买地券，该券被置于右室，共三方，均为长方形砖，文字各异，渤蚀严重，都记有墓主人蔺谦的姓名，为同一墓主买地券无疑。三方买地券大小相同，均长 31.5 厘米、宽 15.5 厘米、厚 4.5 厘米。一方四面均有铭文，一方正面及左侧有铭文，一方正面与左、右两侧有铭文。① 结合三方买地券铭文所记，得知墓主为蔺谦，卒于元嘉十六年（439）二月初九，年 65 岁，于同年十二月初二下葬。生前居于武昌郡武昌县东乡新平里，葬所在都乡石龟环里。买地见证人为张坚固、李定度，是迄今为止记载此二人作为买地见证人的最早实物。该券与另一方不知出处的买地券为砖质，其余 8 方全部出土于两广地区，且券文的行文方式较为相近，详细情况如表 4-4 所示。

表 4-4　六朝买地券概况

买地券	出土地点	纪年	质地	买主	卖主	见证人	价格
蔺谦买地券	湖北鄂州	元嘉十年十一月（433）	砖	前罗江、口邑县令蔺谦	无	张坚固、李定度	万万九千九百九十文
姟女买地券	广东始兴	元嘉十九年十一月（442）	石	姟女	无	张坚固、李定度	万万九千九百九十钱

① 黄义军，徐劲松，何建萍. 湖北鄂州郭家细湾六朝墓 [J]. 文物，2005（10）：35-47.

买地券	出土地点	纪年	质地	买主	卖主	见证人	价格
罗健买地券	江苏南京	元嘉二十二年三月（445）	砖	刘阳县开国男罗健	地下先人、蒿里父老、左右冢侯等	张坚固、李定度	九万九千九百九十九枚
龚韬买地券	江苏广州	元嘉二十七年三月（450）	石	州从事史龚韬	蒿里父老等	张坚固、李定度	九万九千九百九十九枚
口饺买地券	广西灵川	永明四年十一月（486）	石	口饺	无	李定度、张坚固	万万九千九百九十文
黄道丘买地券	广西灵川	永明五年八月（487）	石	男民黄道丘	无	李定度、张坚固	万万九千九百九十文
秦僧猛买地券	广西桂林	永明五年十二月（487）	石	男民秦僧猛	无	李定度、张坚固	万万九千九百九十文
孙抚买地券	不详	延昌元年十二月（512）	砖	并州故民孙抚	无	张坚顾、李定度	银钱一万
熊薇买地券	广西灵川	天监十五年十二月（516）	石	女民熊薇	无	张坚固、李定度	万万九千九百九十文
覃华买地券	广西融安	天监十八年十二月（519）	石	覃华	无	李定度、张坚固	万万九千九百九十文
熊悦买地券	广西灵川	普通四年十二月（523）	石	女民熊悦	无	张坚固、李定度	万九千

买地券中张、李两位神仙同时出现，充任的角色通常为"时知"（亦作"知见""见人"），即现实土地买卖中的见证人或保人。可是张、李两位神仙在整个神仙系统中究竟充当一个什么样的角色？在道教文献中我们还没有发现对此两位仙人的记述，后世的道教塑像中也不见他们的身影。因此，对两位神仙的研究只能从已出土的买地券（包括镇墓文）中去找寻，以及与地券相关的道教遗物及丧葬礼仪中去发掘。纵观东汉末至南朝地券，与

张坚固、李定度伴出的是一个相对封闭且稳定的神仙系统，可以分为两大类：一类是与经过选择的道教或民间信仰中的神仙伴出的，如东王公、西王母、蒿里父老、玄都丞、武夷王等，这些能力广大的神仙似乎不足以对墓主亡魂做细致入微的保护；另一类为买地券中创造出的一批守卫冢墓的"专职神仙"，其职责就是为地下亡魂服务，这些"专职神仙"多以其功能称谓，没有自己的专名，如墓左、墓右、中央墓主、冢丞、冢令、魂门亭长、丘丞、墓伯、东冢侯、西冢伯豪（蒿）里伍长等。那么在大量出现的张、李两位神仙属于哪一种？从其作为"专职神仙"的功能出发，显然更加贴近于第二种。① 从张坚固、李定度两位神仙的名字亦可看出，是为了强调地下亡人对土地买卖的合法性。林忠干先生曾指出："顾名思义，坚固、定度，是永久法度之意。"② "坚固"即着重于土地买卖后的有效性与持久性，墓主从地下诸神买地有其见证人，而此见证人取名"坚固"，印证了买地行为本身具有较高的有效性。六朝买地券中通常有类似"民有知约，他如律令"的结语，也可看作买地行为有效的一个旁证。"定度"是确定买地中的标准与范围。"定"有固定、确定、不做改变之义，"度"指度量的标准。《说文解字》曰："度，法制也。"表明买地行为具有一定的约束力，不可轻言更改。可见张坚固、李定度名字的由来是人们企望给亡人的买地行为具有一定法律效力，让死者确信冢墓之地由生人通过公正合法的程序买来，可以在此地安息，而不必返回阳间旧家，作祟生人。为了强调买地行为的合法性，有的买地券中标明："见人张坚固，保人李定度，更无错误。"还有的为了强调买地行为的可靠性，在券文中标出张、李二仙的年岁，如"保人张坚故（固），见人李定度，各年万万九千九百九十九岁"。这样的行文都是为了让亡人相信，他们所处的墓冢是公正合法且具有约束力，可以在此安居。

综上所述，六朝墓葬中出土的买地券、衣物疏、名刺多与当时的道教相关，甚至是道教思想主导下的产物，反映出道教对当时丧葬礼仪的置入，体现六朝丧葬文化的多样性特征。这种现象在六朝早期最为明显，东晋以后，佛教摆脱对道教的依附而走向独立发展的道路，至南朝时取得了比道教更高的社会认可度。而道教造物艺术衰微，失去了在墓葬造物艺术中的主导地位。

---

① 黄景春. 地下神仙张坚固李定度考述 [J]. 世界宗教研究，2003 (1)：46-54.
② 林忠干. 福建五代至宋代墓葬出土明器神煞考 [J]. 福建文博，1990 (1)：53.

（二）升仙思想主导下的道教造物艺术

魏晋南北朝时期，生死问题被提到了更加重要的位置，时人亦表现出了更为丰富的生死观，汉代厚葬风习下发展的长生思想，此时表现形式也更加多样，有道教信众畏鬼信神而求升仙、文人士族通过服食仙药以求长生，还有玄学之士推崇纵欲享乐等。其中道教信众的升仙方式最为六朝民众所接受，时人由于看到人无不死，白日飞升终究只是黄粱一梦。因此，死后升仙反而成为最为可行的手段。王充《论衡·道虚》载：

> 世学道之人，无少君之寿，年未至百，与众俱死。愚夫无知之人，尚谓之尸解而去，其实不死。所谓尸解者，何等也？谓身死精神去乎，谓身不死得免去皮肤也？如谓身死精神去乎，是与死无异，人亦仙人也。①

尸解仙指必须先死后仙，因此需要坟墓。这也就是为什么墓葬中不但描绘理想尘世，而且要表现灵魂成仙。② 其实，在我国古代丧葬文化发展史中，灵魂不灭观贯穿始终，对丧葬礼仪中各个环节都产生一定的影响。钱穆说："人死魂离，于是而有皋号，于是而有招魂，于丧也有重，于祔也有主以依神，于祭也有尸以像神，凡以使死者之魂得所依附而宁定，勿使飘游散荡。"③ 这里将灵魂观与丧葬礼仪相关联，明确了灵魂不灭观在丧、祔、祭中的主导作用。灵魂不灭观之于墓葬，便是升仙题材的造物艺术大量应用于墓葬，汉代是这种现象发展的高峰。这时期茫然的灵魂升天思想，泛化为升天成仙的具体形式，并逐渐格式化，死者的灵魂将会在各种神灵、羽人、灵禽异兽的导引下，顺利通过天门，升天成仙，以至达到永恒的境地④。其实，早在先秦时期便有魂归神山以达长生的观念，《列子·汤问》载：

> 渤海之东不知几亿万里，有大壑焉，实惟无底之谷，其下无底，名曰归墟……其上台观皆金玉，其上禽兽纯缟。珠玕之树皆丛生，华实皆有滋味，食之皆不老不死。所居之人皆仙圣之种，一日一夕相往来者，不可数焉。⑤

可见，先秦时期，对于长生的向往已深入人心。六朝时期大体延续了

① 王充. 论衡 [M]. 上海：上海古籍出版社，2013：152.
② 巫鸿. 礼仪中的美术 [M]. 北京：生活·读书·新知三联书店，2005：479.
③ 钱穆. 灵魂与心 [M]. 北京：九州出版社，2017：57-58.
④ 黄晓芬. 汉墓的考古学研究 [M]. 长沙：岳麓书社，2003：246.
⑤ 杨伯峻. 列子集释 [M]. 北京：中华书局，1979：151-152.

汉代的升仙方式，在此背景下也发展出了一些颇具时代特征的造物艺术，这与道教在六朝时期的兴盛不无关系，可视为六朝道教造物艺术的一部分。

在众多升仙题材的造物艺术中，流行于孙吴、西晋时期的堆塑罐（魂瓶）最具代表性，该类堆塑罐主要流行于长江下游的稻作文化区，广泛分布在江苏、浙江、江西三省，尤以南京及其毗邻地区出土器最具特色，其制作工艺、装饰内容、出土数量皆为全国之最。堆塑罐的主体通常由上下两部分组成，上层代表魂的归处，下层指代安魄之所。下层以罐或瓶为主体，鼓腹、平底、侈口。在罐口上方置楼阁，楼阁层数不一，一般为3~5层。楼阁一层设有门阙，四周贴塑，有人物、飞鸟、生肖、魂神升天等，楼阁肩部四周各置小瓶1个，小瓶为鼓腹、圜底、敞口。上层华丽的楼阁及其周围的神祇、伎乐、祥物等共同构成了亡者想要到达的长生之所。长生之所通常借助于罐体上方的堆塑来体现，主要分为建筑、神煞、动物三类。[①]

堆塑罐上方的建筑大体又可以分为四种：多层楼阁塔式建筑、庄园式建筑、悬山顶门楼建筑、庑殿顶楼阁下设壁龛建筑。[②] 建筑样式多沿袭汉代风格，其结构与汉代画像石及建筑模型明器保持一致，同时又加入了些许六朝庄园的建筑特点。蒋玄怡、秦廷棫在《中国瓷器的发明》一书中认为，魂瓶上的建筑堆塑是"粮仓"，是死者灵魂的"安息之所"。学者小南一郎等认为："长江下游多次出土的三国（东吴）、西晋时期的'神亭壶''魂瓶''谷仓'等独特的壶，亦可视为将死魂收进壶中的遗物……壶的上部添加了楼阁、鸟等动物装饰，可以推定这些附加物表现的是亡魂的归宿是一个乐园，有高耸的楼阁、成群的动物、动听的音乐及逗人的杂耍。"[③] 可见，堆塑罐上方的建筑及其各贴塑是安魂之所，也是死者灵魂向往的长生之地。

孙吴、西晋时期的堆塑罐上的人物堆塑大致可分为两类：一类为日常生活类，包括侍从俑、胡人俑、哭丧俑等；一类为道、佛神煞类，包括带有背光的佛像、持节的羽人、骑兽的仙人、十二时神等，其中持节羽人和骑兽仙人与升仙主题关系密切，前者是引导灵魂升仙的使者，后者可能是乘蹻升仙的亡魂。类似的题材还表现在彩绘器青瓷中，如出土于南京雨花台区长岗村的一件釉下彩绘仙人盘口壶，盖面与颈部装饰了众多的异兽与

① 马昌仪. 魂兮归来：中国灵魂信仰考察 [M]. 北京：中国社会科学出版社，2017：348.
② 许忆先. 魂瓶琐谈 [C] //南京博物院集刊（8），1985：71~78.
③ 小南一郎，朱丹阳，尹成奎. 壶形的宇宙 [J]. 北京师范大学学报（社会科学版），1991（2）：29.

仙草纹，腹部绘上下两排持节羽人并伴有仙草与云气纹，二十一个身生羽毛的仙人在众多仙禽神兽的陪伴下将长生之所的仙境营造得更富神秘感。

堆塑罐上还有众多动物堆塑，这些堆塑多充当亡魂保护与引魂升天的角色，大致可分为两大类：一类为现实生活类，包括牛、虎、犬、鸟、蛇、鱼、龟等；一类为神怪类，包括龙、鹤、麒麟、辟邪等。在灵魂不灭观的影响下，古人认为人死后有些亡魂会通过一定的途径去往祖灵所在地或仙界，在那里灵魂可获得永生。然而，去往仙界的道路需要灵异之物的向导，以免迷失方向。张景文《大汉原陵秘葬经》载：

> 凡八卦冢向冢行丧，易曰：生生之谓易，过之者得吉路财，凤生天人界，大吉……故曰：麒麟引道，凤凰跃途，章光启路，玉堂回车，从朱入苍，富贵吉昌。遁甲云：假令惊蛰节，甲子阳遁一局，癸酉时下事。休门加一宫，生门临门陌，主人荣家贵，并族吉昌。开门临穴，亡者生天界也。出生入开门，子孙常近金阶，依此大吉利。①

可见，人死后如亡魂得升天界被视为大吉，而去往天界的道路需相关动物导引，如若得以升入天界，则可福及子孙。在孙吴、西晋时期成熟的堆塑罐上半部分经常能看到飞鸟、人首鸟身、龙、虎等形象，参考相关史料，我们认为这些形象应是充当引导亡魂得升天界的祥物。学者许忆先对出土于江苏、浙江、江西、安徽四省的 27 只六朝时期魂瓶上的堆塑形象做过统计，27 只堆塑罐中有 23 只贴有飞鸟堆塑，且数量众多，它们或立于罐沿，或翔集于屋宇。在飞鸟堆塑中时常能发现人首鸟身俑（羽人）的形象，如出土于南京江宁上坊的孙吴青瓷堆塑楼阙灶，该灶的上半部分不仅翔集了大量的飞鸟，在灶尾上方的楼阁两侧还各立一人首鸟身俑。其实，羽人形象早在先秦典籍中便有相关记载，如《山海经·海外南经》载："羽民国在其东南，其为人长头，身生羽。一曰在比翼鸟东南。其为人长颊。"② 大意为羽民国（鸟图腾氏族一部）居住在比翼鸟国的东面，他们的人民头部较长，身披羽毛做成的衣服。这是我国上古时期羽人形象的最早记载。然而，将羽人形象与升仙思想相联系则要追溯至战国时期，在汉代臻于成熟。《楚辞·远游》云："仍羽人于丹丘兮，留不死之旧都。"③ 东汉学者王逸注

---

① 金身佳. 敦煌写本宅经葬书校注 [M]. 北京：民族出版社，2007：287.
② 郭郛. 山海经注证 [M]. 北京：中国社会科学出版社，2004：574.
③ 朱熹. 楚辞集注 [M]. 上海：上海古籍出版社，2010：80.

曰："因就众仙于明光也，丹丘，昼夜常明也。"东汉人受道教影响较深，认为人死后的终极目标就是羽化升仙，进入长生的仙界，人一旦羽化便能登仙。因此，我们在汉代的许多典籍当中也能找到羽化升仙的论述，如王充《论衡·无形》云：

> 图仙人之形，体生毛，臂变为翼，行于云，则年增矣，千岁不死。此虚图也，世有虚语，亦有虚图。[1]

《论衡·雷虚》曰：

> 飞者皆有翼。物无翼而能飞，谓仙人。画仙人之形，为之作翼。[2]

《论衡·道虚》曰：

> 为道学仙之人，能先生数寸之羽，从地自奋，升楼台之陛，乃可谓升天。[3]

这是汉代典籍中对升仙思想与升仙图式做出的最好注解，也为人首鸟身俑以青瓷表现方式出现在孙吴、西晋时期的墓葬中找到了根源。[4] 其实，人首鸟身的羽人形象在整个六朝时期都颇为流行，哪怕是盛行佛教的南朝也不例外。东晋葛洪《抱朴子·内篇》做出了很好的总结，云："古之得仙者，或身生羽翼，变化飞行，失人之本，更受异形，有似雀之为蛤，雉之为蜃，非人道也。"[5]

六朝墓葬造物艺术中还有较多表现乘蹻母题的图式，如吴晋青瓷龙（虎）首瓶、青瓷褐彩羽人盘口壶、邓县学庄彩绘画像砖中的仙人骑虎图、丹阳南齐墓中的羽人驭龙、羽人驭虎画像砖、常州田舍村墓中的仙女骑龙、仙女骑鹿画像砖[6]等。这些图式虽然有些没有明确表现乘骑的方式，出现像汉代将"三蹻"（龙蹻、虎蹻、鹿蹻）置于同一画面的现象，但在多种载体中我们仍能发现它们的身影，其依然体现升仙主题。

蹻，许慎《说文解字》释："举足行高也。"虽未说明"行高"的具体方式，但已对蹻的功能有了清晰的定义。结合当时的神话传说（早期表现为巫教），可以看出乘蹻目的是去往神仙居住的长生不老之所。在众多神话

---

① 王充. 论衡 [M]. 上海：上海古籍出版社，2013：34.
② 王充. 论衡 [M]. 上海：上海古籍出版社，2013：140.
③ 王充. 论衡 [M]. 上海：上海古籍出版社，2013：145.
④ 孙作云. 敦煌画中的神怪画 [J]. 考古，1960（6）：24-33.
⑤ 王明. 抱朴子内篇校释 [M]. 北京：中华书局，1985：46.
⑥ 常州市博物馆，武进县博物馆. 江苏常州南郊画像、花纹砖墓 [J]. 考古，1994（2）：1097-1103.

传说、早期巫教及道教文献中，乘蹻母题通常表现为亡者（早期为巫觋）升仙过程中的脚力，不同历史时期，表现升仙主题的乘蹻母题、题材、意象也不尽相同。相同的乘蹻母题、题材、意象也可能表现为不同时期相异的主题，这是构成艺术史不断演变的客观存在。乘蹻母题有多种表现方式，最为多见的有龙蹻、虎蹻、鹿蹻、鹤蹻、鱼蹻等，其中龙蹻、虎蹻、鹿蹻并称为"三蹻"。通过收集相关"三蹻"图式来看，其发展演变历程约略可划分为先秦（巫术神话）秦汉（神仙方术）六朝（道教教仪）三个阶段，基本涵盖了我国上古与中古时期。在跨越近千年的历史长河中，"三蹻"图式经历了早期的萌芽形式①，发展到汉代出现了明确的龙蹻、虎蹻、鹿蹻图式，再到葛洪《抱朴子·内篇·杂应》对"三蹻"做出了明确的阐释。

傅勤家说："道教，其义理固本之道家，而其信仰，实由古之巫祝而来，辗转而为秦、汉之方士，又演变而成今之道士。"诚然，道教形成宗教虽是东汉晚期的事，但其教义之形成则可上溯到先秦诸家乃至上古的巫术与神话。"三蹻"作为道教图式，其发展演变也因各时期信仰的转变而呈现不同的面貌。六朝时期的"三蹻"图式虽呈现式微现象，却是理论总结期。通过对"三蹻"的阐释，进而对乘蹻的条件提出具体要求，最后将升仙作为乘蹻的终极目标，后世关于"三蹻"的理论大致没有超出葛洪所论述的范围。

综上所述，与道教相关的六朝墓葬造物艺术多与升仙主题有关，，如买地券、名刺、衣物疏、青瓷彩绘器、青瓷堆塑罐等代表性作品主要集中在孙吴至东晋时期。其中买地券、名刺、衣物疏多是通过记载的文字内容体现道教思想，如"醉酒不禄""东海童子书，书迄还海去""张坚固 李定度"等，说明墓主生前可能是奉道人士，甚至是虔诚的道教徒。青瓷器中亦有大量关于升仙主题的形制与纹饰，主要集中出现在青瓷堆塑罐与青瓷彩绘器中，如神灵、羽人、灵禽异兽等，这些形象通常是对人们向往的仙界的描绘。此外，在六朝墓葬中还发现了一些丹药及其容器的遗存，虽数量较少，且多为东晋至南朝时期器物，但仍可说明六朝中后期服食丹药的风气在社会上层较为流行，目的是求得长生，进而升入仙界。

---

① 张光直在《濮阳三蹻与中国古代美术上的人兽母题》一文中认为龙蹻、虎蹻、鹿蹻的作用是道士以它们为脚力，与鬼神来往且能够上天入地的凭借，墓主可能是原始社会中的道士或巫师。李学勤在《西水坡"龙虎墓"与四象的起源》一文中，将墓主身边的龙、虎图与古代天文学相联系，认为是四象中的青龙与白虎二象，进而得出结论，认为龙、虎图体现了升天驾龙、白虎引导的升仙思想。

第三节　佛教对墓葬造物艺术的影响

佛教自西汉末传入后，对我国墓葬造物艺术产生了较大的影响。从佛教造物艺术出土情况看，其影响涉及六朝大部区域，呈现出自西向东发展的态势，这与佛教的传播路径相契合。对比佛教造物艺术的形式特征，可以将其分为"师仿"与"新创"两个阶段。孙吴、西晋时期是"师仿"阶段，表现的特征是佛教造像对本土道教造物艺术的依附。此时，在青铜镜与青瓷器中都能见到将佛教造像置入道教造物艺术中的现象，是整个造物的附庸，反映出时人只是将其作为道教列仙中的一位，而不是佛教义理的人物再现。东晋、南朝时期，随着佛教的传播深入、社会上层及大批佛教人士的推动，民众对于佛教已有了较为清晰的认识，墓葬造物艺术中的佛教图式逐渐摆脱了对道教形制的依赖，在造物艺术中常常居于更为重要的位置，甚至作为器物中的唯一题材。

一、佛教因素在墓葬造物艺术中的表现

纵观六朝时期的墓葬造物艺术，佛教图案是较为重要的类别，广泛应用于石刻、青铜镜、壁画、陶瓷绘画、雕塑等各类载体。六朝时期的大部分区域，西至四川东达沿海，北至秦岭淮河一线，南至交广地区，都能发现佛教造物艺术的踪迹。最具代表性的青铜镜与青瓷器在长江中下游地区最为多见，尤其是曾作为孙吴都城的南京与鄂州两地，出土佛教造物艺术不仅品类多，质量亦居上层。其他地区虽有发现，但只能视为长江中下游地区同类产品影响下的产物，其生产工艺、产品类型皆源自长江中下游地区。

（一）六朝早期佛教造物艺术

佛教造物艺术的图式较为丰富，主要有佛像、僧侣、伎乐、飞天、供养人、狮子、象征物杂器（瓶花、博山炉）、佛塔、莲花、忍冬、缠枝等。出土的六朝早期佛教造物艺术大多收录于《佛教初传南方之路文物图录》一书，近年随着考古发掘工作的推进，又有不少新的发现，极大丰富了佛教造物艺术的类别与形式。在佛教造物艺术中，与孙吴几近同时的蜀汉政权发现的佛像最早，如乐山麻浩、柿子湾两地崖墓墓室和门楣上的高浮雕坐像，重庆忠县涂井沟 M5、M14，重庆丰都槽房沟 M9 出土钱树上的坐佛等，都是极具代表性的佛教造物艺术。根据伴出物判断，这类造物艺术通常流行于东汉中期至蜀汉。然而，这种佛教东播初期的造物形象显然与版

依佛教供奉佛像的情况大不相同，而与当时流行的神仙形象西王母类似①。与此同时，六朝早期流行于长江中下游地区的佛教造像则呈现别样的面貌。夔凤镜中有一部分带有佛教图式的纹饰，包括佛像、菩萨、飞天等，是研究六朝孙吴、西晋时期佛教造物艺术的重要实物资料。20世纪50年代以来，考古工作者在各地调查发掘过程中多次发现带有佛教图案的夔凤镜，其中有些已在各类报纸杂志中刊表，但由于当时摄影、印刷技术有限，许多青铜镜很难识别正确的纹饰特征。王仲殊先生对此做了大量工作，详细考证了相关墓葬出土的佛像夔凤镜，如浙江省武义县桐琴果园出土镜，该镜直径15.4厘米，佛教图像有佛像、飞天、带背光的侍者等，同时还见有中国传统图案，如蛙、四神等②；江苏南京西善桥出土镜，该镜直径14.5厘米，镜缘内侧的佛教图像有飞天，背有项光，组合图案还有鸟、兔、龙、虎、凤、蟹等③；湖北鄂州鄂城钢铁厂出土镜，该镜保存完好，直径16.3厘米，图案清晰，椭蒂形钮座有4组佛教图像，学界习惯称之为四叶八凤纹镜，镜缘内侧还有16个半圆形图案，有龙、虎等，都是代表方位的四神。④这种佛像夔凤镜是在继承汉代夔凤镜基础上的创新，相比之下，汉代夔凤镜的图案更为抽象，形似剪纸，装饰意味更浓，而六朝早期佛像夔凤镜的图案更加自然生动，加上独具时代特征的佛像装饰，更显其独特性。这种佛像夔凤镜仅在鄂州地区就出土了10余面，上述鄂城钢铁厂出土的佛像夔凤镜就是最为典型的一面。此外，湖南长沙市左家塘出土佛像夔凤镜⑤、江西南昌市东湖区出土佛像夔凤镜⑥、浙江金华古方砖瓦厂出土佛像夔凤镜⑦等，也是佛教造像在长江中下游地区传播的典型例证。

陶瓷器中的佛教图式相较于青铜镜更为普遍，它不同于我国传统的装饰纹样，给人以一种鼎新的感觉，代表性的图式有佛像、莲花、忍冬、菩提叶等，其渊源可追溯到东汉时期。湖北当阳的一座画像石墓中出土了一件黑釉四系罐，罐体一周装饰了莲花瓣纹，这一现象或可视为佛教题材用于南方青瓷器的肇始。将佛教题材表现在陶瓷器上的第一次高峰是在3世纪

① 宿白. 四川钱树和长江中下游部分器物上的佛像：中国南方发现的早期佛像札记 [J]. 文物, 2004 (10): 61-71.
② 武义县文管会. 从浙江省武义县墓葬出土物谈婺州窑早期青瓷 [J]. 文物, 1981 (2): 51-56.
③ 李蔚然. 南京西善桥六朝墓的清理 [J]. 考古通讯, 1958 (4): 57-59.
④ 王仲殊. 关于日本的三角缘佛兽镜：答西田守夫先生 [J]. 考古, 1982 (6): 630-639.
⑤ 刘廉银. 湖南省长沙左家塘西晋墓 [J]. 考古, 1963 (2): 107.
⑥ 江西省博物馆. 江西南昌晋墓 [J]. 考古, 1974 (6): 373-378.
⑦ 金华地区文管会. 浙江金华古方六朝墓 [J]. 考古, 1984 (9): 816-825.

中后期至 4 世纪初期，即孙吴、西晋时期。这时南方生产的青瓷器中出现了大量表现佛教题材的佛像与图式，如青瓷堆塑罐（谷仓罐、魂瓶）、釉下彩绘瓷器、青瓷香熏、青瓷盘口壶、鸡首壶、罐、洗、钵、奁等其中青瓷堆塑罐最具特色，其形制复杂、题材内容丰富、表现手法生动，堪称六朝早期墓葬造物艺术的扛鼎之作。这类青瓷堆塑罐只见于长江下游地区，以江苏、浙江为最。佛像多与仙、兽、鸟、蛇、龟等形象杂贴于罐体的腹部或口沿及顶部楼阁入口处，佛像在罐体的位置有随时间推移而上移趋势。据已刊布资料看，装饰佛像的堆塑罐有 20 余件，其中江苏 9 件、浙江 6 件、日本 1 件（表4-5）。此外，只见图片而不明出处的佛像堆塑罐还有相当大存世量。

表 4-5 江浙地区出土六朝时期佛像堆塑罐概况

序号	出土地	纪年	材质	装饰位置	备注
1	江苏南京光华门外赵土岗	（吴）凤凰二年（273）	青釉	下部罐身	同墓出土凤凰二年铅地券
2	江苏南京江宁东山	孙吴—西晋	青釉	下部罐身	《南京博物院展》（1981）标注为孙吴时期，《江苏六朝青瓷》（1980）标注为西晋时期
3	江苏南京甘家巷高场	孙吴	黑釉	下部罐身与上部贴塑	
4	江苏金坛唐王公社	孙吴	青釉	下部罐身	
5	江苏南京西岗	西晋	青釉	下部罐身	
6	江苏吴县枫桥林场狮子山一号墓	西晋元康五年（295）	青釉	上部堆塑	共出二件堆塑罐，其中一件上部装饰佛像
7	浙江平阳	西晋元康元年（291）	青釉	上部堆塑	刻有"元康元年八月二日（造）会稽上虞"铭文
8	浙江武义	孙吴晚期	青釉	上部堆塑	
9	浙江衢州	孙吴	青釉	下部罐身	
10	浙江衢州	孙吴	青釉	下部罐身	刻有"会稽出始宁，用此丧葬，宜子孙作吏高，迁众无铭"铭文

序号	出土地	纪年	材质	装饰位置	备注
11	浙江萧山	孙吴	青釉	下部罐身	伴出"东晋永昌元年（322）"墓砖
12	浙江金华（M30）	西晋	青釉	上部堆塑	伴出"太康二年（281）"墓砖
13		孙吴—西晋	青釉	上部堆塑	日本藏
14	浙江萧山	东晋	青釉	上部堆塑	永昌元年（322）

除上述青瓷堆塑罐饰有佛像外，佛像题材还大量应用于其他陶瓷器上，包括青瓷盘口壶、鸡首壶、香薰、三足樽、洗、钵等（表4-6）。佛像多跏趺坐，有时伴有肉髻、项光，双狮莲花座。与佛像搭配的纹饰多为仙人、瑞兽、飞鸟等，装饰手法以贴塑最为常见。

表4-6　六朝墓葬出土其他佛像陶瓷器概况

序号	出土地	纪年	材质与形制	装饰位置	备注
1		西晋	青瓷豆	器身	
2	浙江绍兴九严窑址	六朝	青瓷坐佛		
3	江苏南京光华门外赵士岗	（吴）凤凰二年（273）	青瓷坐佛		
4		西晋	青瓷奁	腹部	
5	浙江吴兴	（西晋）元康六年（296）	青瓷双耳罐	肩腹部	
6			青瓷博山炉	下座口沿处	
7	湖北鄂城	六朝	青瓷佛像洗		
8	浙江绍兴	孙吴—西晋	佛像浮雕罍	肩部	
9	浙江绍兴	晋	青釉坐佛		
10	湖北鄂州	孙吴	釉陶坐像		坐佛呈跏坐状，顶有内髻，着通肩衣，两侧各有一胁侍

这种佛像装饰不仅反映佛教东传过程中对造物艺术的影响，还有两点优势：一是起装饰作用，丰富了装饰纹样的类别，体现鲜明的时代特征；二是起支撑作用，由于六朝青瓷的烧制温度较低，胎土不含耐高温的原料，

入窑烧制后常出现倒塌、扭曲变形等现象，在两个突面上用装饰了纹样的胎土相粘，可在一定程度上减少器物烧制过程中的损坏或变形，从而提高生产效率。

釉下彩绘器中也发现有佛教图式，因其出土数量较少，装饰手法新颖，近些年引起了学界高度重视，认为它的出现直接促进了后世彩绘瓷器的发展，在我国陶瓷发展史上具有重要影响。已刊布资料显示，出土器中只有 3 件较为完整，其余皆为标本，且只发现于南京地区大行宫与雨花台之间的小片区域，可见是极为稀有的产品。在 3 件较为完整的釉下彩绘瓷器中，有 2 件装饰有佛像，装饰手法分贴塑与彩绘两种。一件是南京雨花台西侧长岗村五号墓出土的带盖盘口壶①，另一件是南京大行宫遗址出土的盘口壶。两件瓷器皆为盘口壶，一件带盖，另一件缺盖。盘口壶的佛像装饰手法皆是贴塑，即在器皿的肩部贴塑两尊佛像，佛像面部清秀，背有项光，结跏趺坐于狮身莲花座上。器上还绘有传统"祥瑞"图，如瑞兽、铺首、莲瓣、云气纹等。佛像在整个画面中居于次要位置，与六朝早期佛教图式依附于道教题材的时代特点相一致。

20 世纪 50 年代，在湖北武汉武昌莲溪寺发现了一座大型孙吴墓，墓中出土了 3 件带有"白毫相"的釉陶俑（图 4-5）②，虽然陶俑的造型表明他们可能为侍从或武吏等下层人士，但眉间的凸圆说明他们应与佛教有关，可能为佛祖 32 相之一，是众弟子礼拜之相。同墓还伴出了一件鎏金器附件，形似杏叶，刻划佛像立于球形圆台上。类似的釉陶俑在 1983 年马鞍山市雨山区佳山乡一座孙吴墓中也有发现，两者人物造型、制作工艺几近相同，说明这类器物在孙吴时期比较受欢迎，分布地域涵盖了长江中下游地区。此外，在其他造物形制上也能发现佛像的身影，如浙江绍兴孙吴建衡三年墓、江苏盱眙西晋太康九年（288）墓的墓砖上都印有佛像或飞天；湖北武昌莲溪寺孙吴永安五年墓中的鎏金铜片上镂刻含有肉髻和项光的菩萨像；安徽马鞍山盆山吴晋墓中出土佛像银指环；江苏镇江博物馆藏有一件铸有 4 尊佛像的铜熏炉等。

① 易家胜，王志高，张瑶. 南京长岗村五号墓发掘简报［J］. 文物，2002（7）：6.
② 湖北省文物管理委员会. 武昌莲溪寺东吴墓清理简报［J］. 考古，1959（4）：189-190.

图 4-5 孙吴 武昌莲溪寺出土白毫相陶俑

（采自湖北省文物管理委员会：《武昌莲溪寺东吴墓清理简报》，《考古》，1959 年第 4 期，第 225 页）

从上述南方出土佛教造物艺术特征看，六朝早期佛教图式似与北方有着较大的差异，北方的佛教造像及相关佛教图案具有浓郁的中亚风格，所塑佛像居于画面的主体位置，作为信徒供奉与礼拜的对象。而南方佛教图式多作为器物的装饰或支撑，具实用与美化功能，佛像被装饰在马具、唾壶、熏足等非主要的位置，甚至出现将佛像特征的"白豪相"装饰在侍者身上的现象，这种几近亵渎的做法说明当时南方民众并没有将佛像当作膜拜的对象，未考虑造物艺术与佛教信徒、教义的关系。

（二）六朝中后期的佛教造物艺术

东晋以降，佛教图式在造物艺术中所处位置发生了较为明显的变化，佛教题材不再处于附属位置，它们开始以主角的姿态走上前台，成为造物艺术上的主要装饰，凸显其重要性。尤其是南朝时期，一方面墓葬造物艺术的文化因素承袭了六朝早期道教与民间习俗；另一方面，佛教题材也大量出现在墓葬造物艺术中，佛教造物艺术分布地域较广，长江中下游地区最为集中。不同于六朝早期，南朝时期佛教图式不仅出现在可移动的器皿上，还广泛应用于营造墓室的画像砖上，作为墓穴的一部分而存在。从考古发掘资料来看，佛教题材流行的高峰在南朝齐、梁时期，莲花纹的广泛运用成为这时期佛教造物艺术的典型特征，在盘、尊、碗、盏等日常用器中都能见到它的身影。此外，在长江下游的江苏南京、丹阳、常州等地与长江中游的湖北襄阳等地出现的佛教题材画像砖，也是佛教在南朝齐、梁时期广泛传播的重要见证。

画像砖虽非本文研究范畴，但考虑其纹饰与墓葬造物艺术中的纹饰有许多共同之处，为了更好地探讨墓葬造物艺术的佛教图案，对画像中的佛教纹饰作一概述。墓葬画像砖上表现佛教题材在六朝早期便已出现，只是当时的佛教题材是依附于道教或传统的神仙题材，还不能说是佛教思想在墓葬造物艺术中的独立表现。直至南朝时期，随着佛教的影响日甚，墓葬造物艺术的佛教题材才应被视为佛教思想影响下的产物，这种现象直至南朝齐、梁时期才臻于完善且影响深远。从已刊布的资料来看，南朝时期表现佛教题材的画像砖概况大致如表 4-7 所示。

表 4-7　南朝佛教题材画像砖概况

序号	出土地	装饰内容	出处
1	丹阳金家村	羽人戏龙、羽人戏虎、"竹林七贤"图	《江苏丹阳县胡桥、建山两座南朝墓葬》，《文物》，1980 年第 2 期
2	丹阳吴家村	同上	同上
3	丹阳胡桥仙塘湾	同上	《江苏丹阳县胡桥南朝大墓及砖刻壁画》，《文物》，1974 年第 2 期
4	南京西善桥油坊村	狮子	《南京西善桥油坊村南朝大墓的发掘》，《考古》，1963 年第 6 期
5	南京西善桥第二砖瓦厂	砖砌双塔	《南京西善桥南朝墓》，《东南文化》，1997 年第 1 期
6	南京西善桥油坊村	持花人物、瓶花、忍冬纹	《南京油坊桥发现一座南朝画像砖墓》，《考古》，1990 年第 10 期
7	南京栖霞区尧化公社	莲花纹，伴出一件青瓷莲花壶	《南京郊区两座南朝墓清理简报》，《文物》，1980 年第 2 期
8	南京华为软件基地	莲花胜、宝瓶莲花、忍冬纹	《南京市雨花台区南朝画像砖墓》，《考古》，2008 年第 6 期
9	南京江宁区陈塘轮窑厂	莲花纹、忍冬纹、宝瓶花、飞天、砖砌双塔	《南京市江宁区胡村南朝墓》，《考古》，2008 年第 6 期
10	邗江酒甸 M1	男（女）供养人、小佛像	《江苏邗江发现两座南朝墓》，《考古》，1984 年第 3 期
11	常州戚家村	狮子、武士、飞天	《常州南郊戚家村画像砖墓》，《文物》，1979 年第 3 期
12	常州田舍村	狮子、飞仙	《江苏常州南郊画像花纹砖墓》，《考古》，1994 年第 12 期
13	余杭庙山	四位僧人	《浙江余杭南朝画像砖墓清理简报》，《东南文化》，1992 年第 3、4 合刊

序号	出土地	装饰内容	出处
14	邓县学庄	宝相莲花纹、飞天、狮子、砖砌双塔	《邓县彩色画象砖墓》，文物出版社，1958 年版
15	襄阳贾家冲	飞天、供养人、羽人、瓶花、狮子、博山炉、小佛像	《襄阳贾家冲画像砖墓》，《江汉考古》，1986 年第 1 期
16	鄂州观音垅 M1、M2	砖砌单塔	《鄂州市观音垅南朝墓发掘简报》，《江汉考古》，1995 年第 4 期
17	鄂州泽林 M5、M6	砖砌单塔	《鄂州市泽林南朝墓》，《江汉考古》，1991 年第 3 期
18	鄂州郭家细湾 M8、M11	砖砌单塔	《湖北鄂州郭家细湾六朝墓》，《文物》，2005 年第 10 期
19	闽侯南屿	持物僧人、瓶花、飞天	《福建闽侯南屿南朝墓》，《考古》，1980 年第 1 期

注：参考韦正《试谈南朝墓葬中的佛教因素》（表一），斟酌新加

表 4-7 所列为南朝时期佛教因素较为丰富的画像砖墓，因大量墓葬中皆有莲花纹，故不单列，如南京雨花台警犬研究所 M1[1]、南京石油化工厂墓[2]等。

从各地佛教图式的特征看，似没有统一的规定性，呈现异彩纷呈的现象，图式的运用也体现出差异性。不过通过比对部分墓葬画像砖可知，局地之间好像也有一定的联系。但画像砖超出了本书的研究范畴，且已有多位学者对其做了比较深入的研究，故而本书在涉及画像砖题材时只将其作为研究墓葬造物艺术的补充材料，不做细致探究。

二、佛教影响墓葬造物艺术的途径

佛教自汉代传入中国，六朝早期依附于道教的传播，南朝时期发展至高峰，一度成为"国教"，甚至连皇帝都多次舍身寺院，这种宗教现象的变化也反映在当时墓葬造物艺术中。南方墓葬造物艺术在孙吴时期便形成了鲜明的时代特征，表现的载体呈现出多样化现象，如青铜镜中的佛像纹饰、堆塑罐中的佛像贴塑等。而同时期北方佛教造物艺术的表现方式显得更为单一，更多地体现在开窟造像方面。总体而言，北方与南方的佛教文化有着不同输入路径，北方主要从西北丝路传入，受贵霜犍陀罗影响较深；南

① 南京市博物馆雨花台区文化广播电视局. 南京市雨花台区警犬研究所六朝墓发掘简报 [J]. 东南文化, 2011 (2)：41-49.
② 南京市博物馆. 南京梁桂阳王萧融夫妇合葬墓 [J]. 文物, 1981 (12)：8-13.

方先后受到贵霜秣菟罗与笈多佛教造像的影响。

（一）佛教造像影响墓葬造物艺术的途径

秣菟罗位于今印度新德里东南约 140 千米处，是恒河流域佛像的主要产区。所产佛像多着薄衣，袒露右肩，右手施无畏印，宽肩挺胸，带古风式微笑。六朝时期的墓葬造物艺术因秣菟罗式艺术风格的掺入，造物风格发生了一定的变化，佛像改着通肩衣，衣纹更古拙，禅定印更为流行。这种佛像与上文所述武昌莲溪寺出土的三尊施禅定印青瓷造像颇为契合，其渊源应是流行禅定印的秣菟罗造像。据阮荣春教授研究，秣菟罗传入我国的路径有两条：一条是"蜀—身毒道"，即成都—昆明—大理—永昌（保山）—缅甸—印度的陆路，这条传播通道是印度佛教传入我国的最早路径，也是佛教造像影响我国西南地区的主要通道；另一条是经由天竺—扶南—交阯，而后自交阯进入武昌或建业，这是一条水陆并行的路径，对长江中下游地区的佛教造物艺术影响甚大。这两条传播路线被学界称为"南传系统"[1]。加上北方经由西域的传入与唐代西藏密宗的东传，事实上佛教文化传入南方的路径共有三条（图 4-6），以"南传系统"对六朝墓葬造物艺术的形制与纹饰影响最大，此时虽有独立的单尊造像，却不能不承认当时对佛教义理的隔膜[2]。

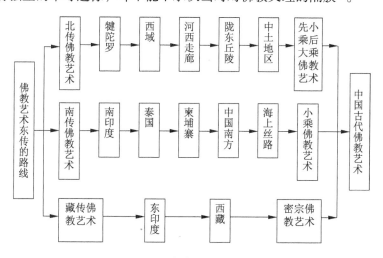

图 4-6　佛教东传路线示意图

（采自袁承志：《风格与象征：魏晋南北朝莲花图像研究》，清华大学博士论文，2004年，第 149 页）

---

① 阮荣春. 佛教南传之路 [M]. 长沙：湖南美术出版社，2000：48-63.
② 张同标. 中印佛教造像探源 [M]. 南京：东南大学出版社，2011：29.

　　就整个六朝时期而言，佛教与道教长期处于相互竞争与诋毁状态。然而，佛教初传中国时与本土道教并不对立，两者是思想趋于一致的两种学说，佛教甚至被看作一种外来的道术。东汉楚王刘英说，"诵黄老之微言，尚浮屠之仁祠""晚节更喜黄老学，为浮屠斋戒祭祀"，这里的"浮屠"即指佛，可见东汉时佛教与早期道家学说是并行不悖且相互促进的。不仅如此，我们看到当时喜用道家思想来比附佛教教义，如将佛教的四大皆空与道家的"无"对应、佛教的涅槃寂静与道家的清静无为对应，说明佛教初传中国时为了寻求在民间传播，刻意将佛教教义比附于道家思想，将佛文化以中国人早已熟知的道家思想解释给大众，从而达到传播佛法的目的，这一现象在六朝早期的考古发掘中得到多次验证。温玉成说："浮屠像乃是中国人以神仙为原型创作的仙佛模式。它是与犍陀罗、秣菟罗并存的世界上最早的佛像之一。随着西域高僧的相继来华，携入粉本，仙佛模式也渐次深化。大约在 3 世纪末叶，以犍陀罗模式为主的佛教图像才最终取代了仙佛模式。"① 新中国成立后众多的考古发现，尤其是南方发现与佛教造像相关的形制与纹饰，为我们深入研究佛教造像在南方的传播提供了宝贵资料。

　　参考已刊布资料，我们发现六朝早期堆塑罐上的佛教形象具有较强的统一性，他们多着通肩衣，施禅定印，跏趺坐于莲花座上。这种形象在孙吴、西晋时期大量出现并非偶然，与当时佛教在长江下游的传播有着密切关系，公元 1 世纪形成的大成佛教在布教、修行、传播方面显得更为便捷，为日后佛教在六朝的传播奠定了基础。大乘佛教的优势体现在以下几个方面。首先，修行者的修行场所不再有局限，理论上说任何地方、任何时间都可修行。大乘佛教所修的 6 种法门，即"六度"，其中禅度与六朝佛像的禅定印有密切关系。其次，既能自度又能度众生，《大乘义章》卷二十载："波罗蜜者，是外国语，此翻为度，亦名到彼岸。"大意为菩萨乘此六度船筏之汉，既能自度，又能度一切众生，从生死大海之此岸，度到涅槃究竟之彼岸，这是大乘佛教的核心教义。这种修行方法及目标与处在水深火热中六朝民众的心态颇为契合，通过与中国本土道教结合，在民众中很快取得了一定的认可，经过东晋、南朝早期的发展，最终在齐、梁时期达到高峰。具体表现是，不仅地上寺院林立，墓葬遗物中也多佛教题材造物艺术。

　　史载六朝早期有多位高僧入吴传教，包括支谦、安世高、康僧会等，

──────────

① 温玉成. 公元 1 至 3 世纪中国的仙佛模式 [J]. 敦煌研究, 1999 (1): 159-170.

这些人多具有较高的佛学造诣，带来了不同的禅法思想，为吴地佛教的发展做出了卓越的贡献。《高僧传·康僧会传》载：

> 时吴地初染大法，风化未全，僧会欲使道振江左，兴立图寺，乃杖锡东游，以吴赤乌十年初达建业，营立茅茨，设像行道。时吴国以初见沙门，睹形未及其道，疑为矫异。有司奏曰："有胡人入境，自称沙门，容服非恒，事应检察。"①

这则记载说明两个现象。

其一，康僧会于孙吴赤乌十年来到建业，"营立茅屋，设像行道"。所谓"行道"，是指要建立供奉佛陀的场所，将佛像放在中央，以便于信徒按一定的方向绕行礼拜。康僧会初至建业，一无官绅支持，二无群众基础，三无经济来源，四无人力帮扶，只能采取一些变通的办法。恰逢我国当时有以黄老为偶像进行祭拜的习俗，康僧会便将这一方式运用于佛教传播，随身携带一卷佛像，在做礼拜时将其挂出。当时画家据此描绘佛像，以便于在更为广阔的空间传播佛教。世传六朝时期有曹、吴二体，为学者所宗，两人分别为孙吴曹不兴与南朝宋吴暕，皆以善画龙、马及佛像罗汉著称。南齐谢赫评曹不兴曰："不兴之迹，代不复见，惟秘阁一龙头而已。观其风骨，擅名不虚。"而谈到吴暕时则说："檀美当年，有声京洛。"可见，谢赫对曹不兴的评价远高于吴暕。郭若虚《图画见闻志》卷一引蜀僧仁显《广化新集》曰：

> 昔竺乾有康僧会者，初入吴，设像行道。时曹不兴见西国佛画仪范写之，故天下盛传曹也。②

曹不兴与康僧会是同时代人，他以康僧会所携带的佛像为范本，精心描摹，以便于在更多的场所进行宣传佛教，这是极自然的事。六朝早期佛教依附于道教传播的现象，在当时墓葬造物艺术中也有所反映。此时青铜镜与堆塑罐中，佛像与道教题材经常并置一器，甚至出现佛像代替西王母、东王公等道教形象而处于画面中心位置的现象，说明在孙吴后期，随着佛教传播的深入，出现了将佛像误认为是道教神仙而列入仙班的现象。

其二，当时吴地已可见为数不多的沙弥，因时人初识，不知其为何人，误为胡人，说明当时在吴地活动的胡人应不在少数，这些胡人一部分是往来南北的商贾，亦是北方文化甚至是佛教文化的传播者，这也为堆塑罐中

---

① 慧皎. 高僧传 [M]. 北京：中华书局，1992：15.
② 郭若虚. 图画见闻志 [M]. 成都：四川美术出版社，1986：56.

同时出现胡人与佛像的现象做出了合理解释。如 1979 年在南京上坊发现一座孙吴时期的墓葬，据伴出物可知该墓为吴天册元年（275）墓，墓中出土了一件堆塑楼阙罐（图 4-7）。该罐为青釉，分上、下两个部分。上部为塔形人物堆塑，细分三层，最上层作一平台，四边起墙，墙内中间各置一坐佛，中间为一圆柱形亭，顶部立一飞鸟。罐身下部杂贴有麒麟、胡人骑马、熊头、坐佛等。由此可见，胡人俑与佛像及道教题材并置于一器的现象，在六朝早期并不罕见，反映出当时民众对于胡人在佛教传播中所处角色的模糊印象。

图 4-7　孙吴　青瓷堆塑楼阙罐
（南京市博物馆藏）

笈多王朝建于 320 年，立国百余年，之后受到西迁的匈奴侵袭，国势衰退。此时正值东晋南朝时期，也是佛教传播的兴盛期。笈多王朝的佛教造像几乎与真人大小相当，为高浮雕，两眼微闭，面相娴静，僧衣的衣褶通常由平行而突起的线条表现，被称为"湿衣派"，与北齐人曹仲达（一说为曹不兴）的"曹衣出水"表现手法较为相近，两者应存在某种渊源关系。笈多王朝的佛教造像对六朝的输入主要是借助西域丝路来完成的。西域是佛教传播的主要路径，对北方佛教造像影响更大。考察西域的佛教造像特征，除一部分源自犍陀罗风格，还有更多的笈多样式。这种样式在西域与中原都有发现，但河西走廊以东由于受到来自南朝造物风格的影响，固有的笈多风格特征便不甚明显。

（二）六朝墓葬佛教造物艺术的特点

三国时期，地处东南的孙吴已是"佛法遂兴"，相比之下，北方的曹魏因承汉制，还处于"佛法未兴"的境地。佛教在六朝时期的传播由表及里，经由早期依附于本土道教的传播方式，至两晋时期随着玄学的兴起，一大批士人参与佛法研究，佛教教义在他们的推动下开始深入民心，形成与道教分庭抗礼的局面。孙绰在《道贤论》中将七位僧人比附于"竹林七贤"，深谙山水之道的宗炳也是位佛道双修的大家等。东晋以降，南方各朝兴起佛像绘制的高潮，载于画史的卫协、顾恺之、陆探微、戴逵等都曾画佛，就连东晋皇帝司马绍也"最善佛画"。鉴于佛教在六朝的传播与影响，我们发现佛教造物艺术也呈现出鲜明的时代特征。

其一，孙吴中后期出现了一种佛像夔凤镜，镜面中的佛像有时与西王母像混用，表现出时人对佛像的认识还处于一种迷茫状态。西晋时期虽有同类器物，但考其相对年代放到孙吴后期更为合适，因为在时代稍晚墓葬中出土前期或前朝的器物是可以理解的，况且孙吴与西晋在朝代承续上还有 15 年的时间重合。东晋时期佛像夔凤镜呈现衰落迹象，不仅出土少且佛像装饰图案模糊不清，甚至很难辨别莲花座上的佛像真容。此时又新出了两种与佛像有关的画像镜，分别是四叶八凤佛兽镜与辐射状画纹带佛兽镜。[①] 传世量较少，南朝中期后受战争因素影响铸镜业并未恢复，上述佛像镜均已不见新品，墓葬用镜多来自前朝，甚至出现汉镜。以上所述孙吴至南朝早期的青铜镜，经专家考证均为南方所产，此时南方的铸镜业有会稽山阴与武昌两个中心，所产青铜镜不仅用于本土区域，还远销海外，朝鲜与日本均出土了一定数量的同类器。日本东京国立文化研究所化学研究室以渊久夫等人，对东京国立博物馆藏同类镜的铅元素做同位素分析，发现其所含铅属中国南方的铅矿，为佛像夔凤镜的产地定为魏晋南北朝时期的南方提供了科学依据。

其二，孙吴时期长江中下游地区青铜镜、青瓷器上流行的佛教图式，显然与当时佛教在社会中的流行有关。但这种流行还仅处于初期阶段，佛教的固有图式还没有形成，各种教仪也还没有正规化。对于时人来说，佛教还是一种较为新鲜的外来宗教，其影响远不及本土道教深远。因此，这

---

① 管维良. 中国青铜镜史 [M]. 北京：群言出版社，2013：129.

时佛教图式还较单一，纹饰特征不甚鲜明，通常要依附于本土的道教与神仙方术图式，佛教纹饰只作为器物中的一部分起到点缀与支撑作用。东晋以后，尤其是南朝时期，随着佛教的兴盛，在社会信仰中取得了更为重要的地位，甚至一度成为"国教"，佛教造物艺术的形制与纹饰也相应发生了变化。具体表现为两个方面：一是佛教的教仪更为成熟，已形成规范的图案样式，莲花纹的大量使用便是最为典型的例证；二是佛教图式在器物中的位置也发生了改变，从原来器物的附属地位转变为主体地位。

其三，流行于东晋、南朝时期多种载体上的佛教图式，是佛教造物艺术步入高峰的重要象征，具有鲜明的时代特征。与之对应的是古印度进入了笈多特色的佛教造像期，此时流行一种几近与真人等高的高浮雕造像，两眼微眇，面相静谧，僧衣由两肩至下肢，自然飘举，隆起的衣褶呈规则的绳线状，以"湿衣派"佛像著称。这种特征与我国同时期流行的"秀骨清像"表现形式有共同的审美旨趣，所谓"秀骨清像"是指表现的人物形象清瘦秀丽，身材修长，反映人物的智慧、超脱、潇洒飘逸的气质和风度，表现出一种飘逸恬淡、超然通脱的造物风，更多体现了士大夫们的生活、思想和审美。从文化学考察，应是当时流行清谈玄学和门阀士族审美观对艺术创作提出要求的结果。① 宗白华说："晋人风神潇洒，不滞于物，这优美的自由的心灵找到一种最适宜于表现他自己的艺术。"② "中国绘画艺术的灵魂——是从晋人的风韵中产生的。"③ 可以说，魏晋玄学及其人生观不仅奠定了魏晋南北朝美学的思想基础，而且构成了魏晋南北朝整个艺术的内在灵魂。④ 佛学与玄学虽是不同土壤中生发出来的思想果实，但两者在修心、养性、生活行为诸多方面又有很多相通之处，决定这种相通之处的是它们的虚无与空无思想。⑤ 这种思想共识造就了时人的审美风尚，莲花纹图式即是这种审美风尚典型的表现，以一种平淡、冲和、清秀的表现方式体现出强烈的南朝造物风。如南京市博物馆收藏的一件青瓷盏托，该托为灰白胎，青釉。盘心为盏托座，环座为浮雕莲花纹，这种浮雕莲花纹以一种"半刀泥"的手法刻出，图案外围的积釉处表现为深绿色（图4-8）。这种表现手法与南朝萧梁时人张僧繇的"凹凸花"技艺有异曲同工之处，一般

① 林树中. 六朝艺术 [M]. 南京：南京出版社，2004：130.
② 宗白华. 美学散步 [M]. 上海：上海人民出版社，1981：212.
③ 宗白华. 美学散步 [M]. 上海：上海人民出版社，1981：213.
④ 樊波. 中国书画美学史纲 [M]. 长春：吉林美术出版社，1998：204.
⑤ 宁稼雨. 魏晋风度：中古文人生活行为的文化意蕴 [M]. 北京：东方出版社，1992：136.

认为，该技艺来自笈多王朝的阿旃陀壁画。① 这种造物风不仅在南朝地域占主导地位，还影响北朝。北朝虽在政治、军事方面与南朝处于对峙状态，但在文化上奉南朝为正宗，尤其是北魏孝文帝拓跋珪推行汉化政策后，在衣食住行等方面均全盘学习南朝习俗与制度，南朝佛教造像也自然被吸纳进北朝相关造物艺术中，如山东青州的佛教造像、敦煌248窟（北魏）、285窟（西魏）中的莲花图式，其造物风格更多来自笈多艺术影响下的南方造物艺术。

图 4-8　孙吴　青瓷盏托
（南京市博物馆藏）

综上所述，古印度佛教造像对于六朝的影响，大致可分为"师仿"与"新创"两个阶段。六朝早期佛教造像初传中国，人们对于这一新形象还缺乏全面的认识，其在墓葬造物艺术中所处的位置，说明时人多视其为道教仙班中的某位神仙。形式特征受秣菟罗风格影响，没有明显的变化，处于"师仿"阶段，表现载体以青铜镜与青瓷器为主。东晋、南朝时期，随着佛教的兴盛，本土人物画风格的形成，笈多风格的佛教造像在此时表现出中国化特征，这时属于"新创"阶段，以青瓷器与墓室砖表现最为突出。

第四节　墓葬造物艺术中的道、佛、儒融合现象

在中国思想史发展历程中，佛教在东汉后期的传入具有重要里程碑意

① 张同标. 佛教造像探源［M］. 南京：东南大学出版社，2011：11.

义。魏晋南北朝时期的动道、释、儒三教论争，对后世文明发展方向产生了质的影响，其中道教与佛教在整个社会的竞相角逐中最为耀目，它们呈现出一种既相互吸收又相互抵牾的状态。佛教在教规、教仪、教典、教团等方面给道教走向成熟提供借鉴，而道教也为佛教顺利地融入中国带来便利。贺云翱说："中国早期道教艺术发展与佛教艺术传入密切联系，佛教艺术借助于中国传统的神仙、道教艺术得以生根和流播，道教也从佛教艺术中学到了能够规范化、系统化地借助形象表现教义和教仪的方式与手法。"① 两者在冲突中不断融合，至东晋时引发了一场参与人数众多的佛道论争，双方在许多层面展开激烈的争论，此时出现了一些佛道双修的人物，他们学习两者教义以便分出优劣。南朝时期，随着儒教的复兴，形成了儒、释、道三教并行且相互融合的局面。这种情形不仅载于众多典籍，在墓葬造物艺术中也有体现，典型载体有青瓷堆塑罐、青瓷彩绘、青铜镜、画像砖等。

一、从"仙佛模式"看宗教传播方式的变化

纵观整个六朝墓葬造物艺术，除一部分为生前实用器物外，具备鲜明造物思想的以道、佛二教遗物占主流，两者在六朝墓葬造物艺术中相伴始终，各有兴衰。总体来看，孙吴至东晋中期道教造物艺术更为突出，东晋后期至南朝佛教造物艺术的时代特征更加鲜明。同时，在许多情况下，道教造物艺术与佛教造物艺术伴出于同一墓葬，甚至出现在同一器物中，典型器有堆塑罐、青铜镜、彩绘青瓷器等，择其要者分述如下。

佛教造物元素广泛见于盘口壶、鸡首壶、簋、香薰、洗等器形，与仙人、铺首等传统图案共饰一器。然而，最具代表性的器物要数流行于孙吴、西晋时期的青瓷堆塑罐。罐上佛像大多结跏趺坐，头有肉髻，背有项光，有时还可见双狮、瑞兽、莲花座等佛教形象。如 1993 年南京市博物馆在南京市江宁区上坊街道陈墰村发掘的一座六朝墓中出土了一件堆塑罐（图4-9），制作精良，形象丰富并伴有明确纪年，是同类器中的精品之作。② 该器罐口呈方形，口沿有廊庑，四角各置一飞檐亭阁，四面坡顶。罐口三侧分别镂空圆形与三角形孔。罐身为圆形，敞口，外侧贴塑两对鸾凤状罐耳与佛像图案。顶部小罐与母罐相通，分别堆塑门楼、亭、阙、动物、僧俑等形象。堆塑罐正面罐口有一缺，上立门楼两层，顶部为两个方形四面坡顶

---

① 贺云翱. 中国南方早期佛教艺术初探 [J]. 东南文化，1991（6）：27-37.

② 华国荣. 江苏南京市江宁县下坊村发现东吴青瓷器 [J]. 考古，1998（8）：92-93.

亭阁，两侧底部各有一跪坐吹箫伎乐俑。背面塑飞檐门楼两层，顶部为四面坡方形，下面两侧各置熊及瑞兽，左、右两面门阙。右面阙中间置一龟趺，其上立圭形碑，刻有"凤凰元年立长沙太守□□浃使宜孙子"字样纪年铭文，为墓葬的断代提供了确凿依据。左面阙中间塑两拢手僧俑与一蹲熊。罐身方唇、侈口、弧腹、平底。肩部平均分布 8 个小圆孔，孔间分别贴塑佛像、胡人骑兽、鸾凤、朱雀、螃蟹、甲鱼、麒麟、蛇等图案，并阴刻"九月十四作"字样。该器佛教造像分饰在上、下两层，穿插在代表道教升仙图式的形象中，是佛教纹饰与道教纹饰并饰一器的代表作品，体现佛教初传中国依附于道教的时代特征。

图 4-9　孙吴　青瓷堆塑人物楼阙魂罐
（南京市博物馆藏）

　　1983—1985 年，南京市博物馆在雨花台区长岗村发掘出一件褐釉彩绘仙人盘口壶，肩部等距对称排列贴塑，包括 4 个铺首、2 尊佛像、2 个双首鸟形系。盖面装饰异兽仙草纹、颈部饰异兽纹，腹部绘上下两排持节羽人并伴有仙草与云气纹，盖内和盘口绘有仙草与云气纹，其中许多纹饰见于汉代漆棺，与《山海经》中记述的形象相匹配。壶身塑造了两尊结跏趺坐于双狮莲花座上的佛像，面容清癯，头顶有肉髻，两侧装饰一对双头连体比翼鸟。此外，还装饰了极具道教色彩的鸾鸟，这种鸟在道教中被视为人面鸟身的神禽，道经中关于飞鸾度化的记载即指此鸟。这是一件六朝时期最具代表性的彩绘青瓷器，它集道教、佛教与中国传统神话图案于一身，既体现了鲜明的时代特征，又彰显造物者丰富的想象力与娴熟的青瓷制作技艺。

吴晋时期的青铜镜上也时常能见到佛教图式与道教图式相结合的现象。王仲殊先生认为："中国的早期佛教是与方士们祠祀神仙之类混合在一起的，佛教的推行往往依附于神仙道术。就中国的画纹带佛兽镜和日本的三角缘佛兽镜来说，佛像与东王父、西王母等神仙像并存于同一枚镜上，特别是有的佛像被戴上神仙的帽子，正说明了佛教与道术的混合。"① 佛教造像（泛指佛、菩萨、飞天、莲花、华盖等）主要体现在佛像夔凤镜中，该类镜最早引起关注的是国外机构的收藏品，如东京国立博物馆、哈佛大学福格博物馆、波士顿美术馆、柏林国家博物馆等。新中国成立后，考古工作者在长江中下游地区墓葬发掘中多次发现了类似佛像镜，为该镜的制作年代、流行区域等研究提供了最为直接的一手材料。据已刊布资料看，佛像夔凤镜中佛像装饰大概可分为两类：一类是青铜镜钮座的柿蒂形瓣内装饰佛像；另一类是青铜镜钮座的柿蒂形瓣内、镜缘、外连弧纹带中饰以佛像、飞天、莲花座、巨蟹等佛教图式。通过比较发现，在佛像夔凤镜中，佛像常常与传统的神仙道术图式并饰。如出土于湖南省长沙左家塘的墓佛像镜，直径16厘米，残损严重，但纹饰保存较好。主纹是代表性的双凤，相间的柿蒂形钮座内各饰一组端坐于带华盖佛龛中的佛像，两侧二人为肩生羽毛的"羽人"，与汉镜中的"羽人"类似，发掘者据伴出遗物判断该墓应属西晋时期。② 再如出土于湖北鄂州鄂城钢厂工地的佛像夔凤镜也非常具有代表性，现藏中国国家博物馆。该镜在1975年由湖北省博物馆发掘，纹饰清晰、保存完整，是同类器中的精品，青铜镜主纹为四组相对的双凤，双凤间有四组柿蒂形钮座，瓣内饰以四组佛像，其中三组内部表现有佛龛，龛顶饰华盖，下置一带项光的佛像坐于龙虎座上。另一组内表现三像，中间一尊为佛像，背有项光，两侧为站立胁侍与跪拜供养人。镜缘内侧连弧纹带中饰有龙、虎、鸟等形象，与传统"四神"图式有关，龙为代表东方的"青龙"，虎为代表西方的"白虎"、鸟为代表南方的"朱雀"（图4-10）。

---

① 王仲殊. 论吴晋时期的佛像夔凤镜：为纪念夏鼐先生考古五十年而作 [J]. 考古，1985 (7)：636-643.

② 刘廉银. 湖南长沙左家塘西晋墓 [J]. 考古，1963 (2)：107.

图 4-10　孙吴　夔凤镜
（中国国家博物馆藏）

"胜"是古代传说中西王母的配饰，《山海经·西山经》载："玉山，是西王母所居也。西王母其状如人，豹尾虎齿而善啸，蓬发戴胜，是司天之厉及五残。"[1] 东汉中后期，人们将"胜"形象化，转化为具体的图式与实物，在汉代画像石、画像砖、玉器及青铜镜中经常能看到"胜"的形象，如山东沂南画像石墓东西两侧的支柱、四川成都新都区出土的画像砖、四川西昌东汉中晚期墓出土的摇钱树等，在这些遗物中，西王母头饰两端均装饰有"胜"。此外，朝鲜乐浪古坟还出土了一件独立的玉"胜"（图 4-11），与国内出土"胜"的形象类同，可视作"胜"的典型样式。大致呈篆体"五"字状，交叉处设一圆形方孔钱币图式。"胜"的形象经由汉代定型后，魏晋南北朝时期甚为流行。据已刊布资料看，在花纹砖、青铜镜、金银器、玉器等器物中皆能发现它们的身影，其中有一部分表现出与佛教图式相融合的现象，以南朝时期"胜"与莲花纹结合最为多见，比如主图做"胜"形，圆圈内饰莲花等。出土"胜"形图案的墓葬有南京富贵山东晋墓 M1[2]、南京梁桂阳王萧融夫妇合葬墓[3]、南京江宁东善桥砖瓦一厂墓[4]等。

① 周明初. 山海经 [M]. 杭州：浙江古籍出版社，2000：36.
② 南京市博物馆. 江苏南京市富贵山六朝墓地发掘简报 [J]. 考古，1998 (8)：35-47.
③ 南京市博物馆. 南京梁桂阳王萧融夫妇合葬墓 [J]. 文物，1981 (12)：8-13.
④ 陈兆善. 江宁东善桥砖瓦一厂南朝墓发掘简报 [J]. 东南文化，1987 (3)：60-63.

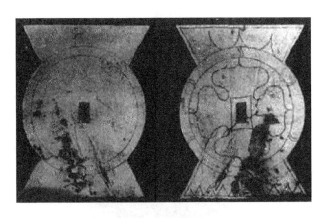

图 4-11 乐浪古坟出土玉"胜"

（采自梅原末治、藤田亮策：《朝鲜古代文化综鉴》，养德社，1959 年版，图 65）

　　用佛教图式作附属装饰是三国、西晋时期江南吴地特有的，这种方式大约始于孙吴中期，西晋沿袭，东晋以后就不多见了，而是开始以主体图案的面貌见之于各类载体。这种现象之所以出现在长江中下游地区，与佛教在当地的流行有关。六朝早期佛教在吴地流行，但还没有获得深入发展，其教义与礼仪制度还未正规化。对于吴地人来说，佛教是一种新兴的宗教。其代表性的图式被应用于当时工艺品中，与传统神仙、四神等图式绘于一器符合时人审美习惯，也是一种很讨巧的方式。正如阮荣春教授所言："佛教就是举着中国神仙的旗帜步入中国、兴于中国的。也正因为这样，当时民众对佛的认识一如对仙人的看法。"① 东晋以后，随着佛教的壮大，在社会各阶层的认可度已高于传统道教，佛教礼仪更加正规化，图式也更加成熟，所以佛教图式便开始以独立的形象出现在各类造物艺术中，脱离对道教图式的依赖。此外，四川地区出土了一些东汉至蜀汉时期佛教造像，由于蜀汉所处时期与孙吴几近相同，因此，其地出土的佛教造物可视作孙吴时期同类器的参考物，两者存有必然联系。四川地区因是早期道教发源地，在其造物中出现佛教造像具有重要意义。对佛教图式与道教图式合流现象研究有探根索源的意义。如流行于汉代的摇钱树上就有佛像的身影，早期摇钱树多以西王母像、仙人像、灵兽像等作装饰，后期发现了佛教造像。如四川西昌博物馆藏有两件摇钱树，其中一件有西王母的

① 阮荣春. 佛教南传之路 [M]. 长沙：湖南美术出版社，2000：32.

侍者手持莲花像，另一件在西王母的眉间发现有白毫相。① 说明至迟在东汉晚期，今天的四川地区就已出现了佛教图式与道教图式融合的现象，证实四川地区是佛教传入长江中下游的路径之一，进而说明吴、晋时期墓葬造物艺术中存在的"仙佛模式"体现了佛教初传中国对本土道教的依赖。

二、南朝画像砖墓中道、佛、儒纹饰的表现形式

六朝时期是中国传统文化发展的重要阶段，此时因汉末战乱，儒家名教权威衰落，道教（包括带有道家色彩的玄学）开始了布道方式的转变，由早期的社会底层进入上层社会传道。佛教经过大量的译经与传播活动，也由早期依附于道教渐渐转变为独立传播，最终在南朝齐、梁时期达到高峰，道教也吸收借鉴佛教诸多方式，使自身走向了更为成熟的传道之路。在此背景下，随着儒学的复兴，南朝时期形成了儒、释、道三教并行，相互冲突又互为借鉴的局面。加之陶弘景等一批富有影响力之士的倡导，儒、道、佛三教存在思想融合的现象，并在当时产生了一定的社会影响，这种现象也间接地反映在墓葬造物艺术方面，如刘宋会稽太守张融临终前说：

吾生平所善，自当凌云一笑！三千买棺，无制新衾。左手执《孝经》《老子》，右手执《小品法华经》。②

虽然发现关联的墓葬不多，且只体现在墓室壁画方面，但仍颇具研究价值。其中较为典型的墓葬有河南邓县学庄画像砖墓③、湖北襄阳柿庄画像砖墓④、湖北襄阳贾家冲画像砖墓⑤、湖北襄阳麒麟清水沟南朝画像砖墓⑥等，下面对这几座墓葬画像砖的造物特点做简要论述。

1957 年 12 月，河南邓县发现一座画像砖墓，该墓位于邓县学庄南约100 米的农田里，发现时已遭严重破坏，仅留下甬道与墓室三壁，券顶已毁，遗物已被取出，仅遗留陶俑 55 件、骨簪 1 件、五铢钱 9 枚及一些陶器残件。墓室长 6.54 米，宽 2.43 米，高约 3.20 米。甬道长 3.62 米，宽 1.66米。墓室与甬道皆用花纹砖砌筑，东、西两壁柱下和中部有彩色画像砖，雕刻工艺精湛，内容异常丰富。封门砖上的彩色壁画保存完整，色彩鲜艳，

① 阮荣春. 佛教南传之路 [M]. 长沙：湖南美术出版社，2000：24.
② 李延寿. 南史 [M]. 北京：中华书局，1975：837.
③ 陈大章. 河南邓县发现北朝七色彩绘画象砖墓 [J]. 文物，1958（6）：55-56.
④ 襄阳市文物考古研究所. 湖北襄阳柿庄南朝画像砖墓发掘简报 [J]. 文物，2019（8）：38-48.
⑤ 襄樊市文物管理处. 襄阳贾家冲画像砖墓 [J]. 江汉考古，1986（1）：16-33.
⑥ 襄阳市文物考古研究所. 湖北襄阳麒麟清水沟南朝画像砖墓发掘简报 [J]. 文物，2017（11）：21-39.

是罕见的艺术精品。发掘者认为该墓是北朝墓，多位学者从墓葬形制结构、壁画风格和陶俑特征几方面分析，认为该墓为一座主要受南朝风格影响的画像砖墓。① 该画像砖墓出土彩绘壁画题材相当广泛，制作亦甚为精良，是同类墓葬中最具代表性的一例。内容主要涉及传统辟邪、祥瑞，儒家孝子、古贤，道教隐士、升仙，佛教化生四类，分述如下。

1. 传统辟邪、祥瑞

传统辟邪、祥瑞有狮子画像（狮子画像南朝时也用作佛教题材），该画像还散见于南京及其周边地区墓葬，包括南京西善桥墓、丹阳南齐画像砖墓、常州画像砖墓等帝王陵墓，说明在当时是社会上层墓葬中较为流行的题材。"千秋万岁"画像砖，当时也较为常见，不仅大量出现在画像砖上，同时也广泛应用于青瓷器、青铜镜等载体上。该形象由"羽人"形象发展而来，《山海经·海外南经》曰："羽民国在其东南，其为人长头，身生羽。一曰在比翼鸟东南，其为人长颊。"郭璞注："能飞不能远，卵生。"② 将羽人与神仙思想结合首见于屈原《楚辞·远游》，曰："仍羽人于丹丘兮，留不死之旧乡。"王逸注："山海经言有羽人之国，不死之民。或曰：'人得道，身生毛羽也。'"③ 王充《论衡·无形》曰："图仙人之形，体生毛，臂变为翼，行于云则年增矣。千岁不死，此虚图也。世有虚语，亦有虚图。"同书《雷虚》曰："画仙人之形，为之作翼。"又《道虚》曰："为道学仙之人，能先生数寸之毛羽，从地自奋，升楼台之陛，乃可谓升天。"④ 鉴于此，汉代始在"羽人"旁边多榜题"千秋万岁"字样。⑤ 可见，"羽人"与"千秋万岁"在六朝时期实则已是道教题材之一，体现"长生"观念。另有代表四方与宇宙的四神——青龙、白虎、朱雀、玄武，这本是中国传统图式，在南北朝时广泛应用于墓葬中，成为墓葬造物艺术最为常见的图式之一。

2. 儒家孝子、古贤

孝子画像砖有两块，分别表现"郭巨埋儿得金"与"老莱子娱亲"故事。郭巨，东汉（一说晋代）人，字文举。该典故最早载于干宝《搜神记》卷十一，曰：

---

① 柳涵. 邓县画象砖墓的时代和研究 [J]. 考古, 1959 (5): 255-263.
② 郭璞, 注. 山海经 [M]. 上海: 上海古籍出版社, 2015: 240.
③ 屈原. 楚辞 [M]. 长沙: 岳麓书社, 2001: 217.
④ 王充. 论衡 [M]. 上海: 上海古籍出版社, 2013: 145.
⑤ 孙作云. 敦煌画中的神怪画 [J]. 考古, 1960 (6): 24-34.

兄弟三人，早丧父，礼毕，二弟求分。以钱二千万，二弟各取千万。巨独与母居客舍，夫妇佣赁以给供养。居有顷，妻产男，巨念与儿妨事亲，一也；老人得食，喜分儿孙，减馔，二也。乃于野凿地，欲埋儿。得石盖，下有黄金一釜，中有丹书，曰："孝子郭巨，黄金一釜，以用赐汝。"①

该故事后被选入《全相二十四孝诗选》而广为流传。此砖画正表现"郭巨埋儿得金"的场景，左为郭巨，着长衫，束袖，手持一铁刃掘地状，左侧榜题"郭巨"字样。右为郭巨妻，褒衣博带，与顾恺之《女史箴图》的人物表现手法相近，怀抱一婴，榜题"妻子"，二人之间置一釜，釜内盛满黄金。人物周围以各类树植相衬，烘托埋儿场景。与郭巨图相对的为老莱子娱亲图。老莱子，春秋楚国人，多载其至孝侍奉二亲，七十岁时还穿着五彩褊襕衣，弄雏鸟于亲侧。该图左侧置一胡床，上有覆斗式帐，两位老人踞坐床上，鼓掌欢笑状，床右前方有一人呈匍匐姿态，头挽花髻，应是老莱子扮幼儿娱双亲的情景。孝子题材在提倡儒术的汉代较为流行，在汉画像石中常能发现他们的身影，如武梁祠中就有大量孝子图式。但出现于六朝后期的现象应与当时儒学复兴的背景有关，士族阶层为了巩固自身的社会地位，通常以族群形式聚集在一起。为了维护内部团结，提倡孝道成为惯用的手段之一。这种现象在最大的士族群体皇室中也有体现，大谈忠与孝，一方面缓解内部争斗，另一方面用以维持社会稳定与江山永固。如《南史·齐高帝诸子下》载："武帝时，藩邸严急，诸王不得读异书，五经之外，唯得看孝子图而已。"②

古贤画像为"南山四皓"（也作"商山四皓"）图。"南山四皓"是秦末汉初四位信奉黄老学说的博士，即东园公唐秉、夏黄公崔广、绮里季吴实、甪里先生周术，后归隐于商山，后人用以代指有名望的隐士。"南山四皓"图出现于该墓中可能与当时流行的玄学思想有关，与该墓几近同时的建康、丹阳地区就发现了四块表现"竹林七贤"的砖拼壁画。

3. 道教隐士、仙人

墓中发现了两块几乎相同的描绘浮丘公与王子乔画像砖。构图以朱雀为中心，右边站着手持麈尾的浮丘公，左边是手捧吹长笙的王子乔。《列仙传》载有两位仙迹。道士浮丘公，上嵩山修炼十年，后在缑氏山巅乘白鹤

① 许文畅. 搜神记 [M]. 长春：长春出版社，2017：137-138.
② 李延寿. 南史 [M]. 北京：中华书局，1975：364.

仙去。王子乔是周灵王太子，名姬晋，字子乔，喜好吹笙作凤鸣声，游于伊、洛之间，为道士浮丘公引上嵩山修炼30余年，后得道成仙。此外，墓中还发现了升仙题材的仙人骑白虎图式，这种图式广泛见于武汉南朝墓与丹阳南齐三陵中，皆为表现道教"升仙"主题的图式，与葛洪《抱朴子·内篇》中所记"乘蹻"有关。

4. 佛教供养、化生等

墓中发现了两种佛化生图像：一种是坐于莲花上，两旁生出向上的莲花；另一种是手执麈尾，两侧生出莲花。此外，还有以博山炉为中心的供养飞仙、衣带飘举的伎乐，以及莲花与荷叶组成的装饰纹样等。这里涉及"飞仙"与"飞天"两个不同的概念，林树中说："'飞仙'与'飞天'本来是有区别的，'飞仙'的概念在我国传统艺术中早已有之，后来为道教画所利用佛教传入中国后，佛画中有'飞天'，本名'健闼婆'，在北方佛教石窟中，多表现为女性、赤裸上身，因为它在空中飞舞，散花作乐，有似中国原有的'飞仙'，故中国佛教画中的'飞天'也利用了原来道教画'飞仙'的形式，到后来'飞仙'与'飞天'的形象都分不清了。"① 此外，在邓县画像砖墓中还发现了出行图，是较为典型的南朝图式，其中侍从画像与女墓主出行画像等，与江苏武进湖塘乡烈帝南朝墓《骑马出行图》《乘车出行图》，以及南京雨花台区华为软件园内南朝画像砖墓出土《贵族男子出行图》《贵族女子出行图》的表现手法与构图皆十分相似，进而证明邓县画像砖墓为南朝墓无疑。

除邓县彩色画像砖墓外，在襄阳地区（邓县也属襄阳文化系统）发现的几座画像砖墓也颇为重要，在墓葬形制、筑墓方式、画像题材方面表现出强烈的统一性，是同一文化系统的产物。在众多画像砖墓中，以襄阳柿庄画像砖墓、襄阳贾家冲画像砖墓、襄阳麒麟清水沟南朝画像砖墓体现儒、道、释三家内容最为鲜明。三墓画像题材丰富，大致可分为花纹与画像两类。花纹类以莲花纹与忍冬纹最为多见，画像类有鼓吹、出行、祥瑞、四神、仙人、孝子、供养人、飞仙、飞天等。儒、道、释三教题材的具体情况如表4-8所示。

① 林树中. 六朝艺术 [M]. 南京: 南京出版社, 2004: 38-39.

表 4-8　襄阳地区画像砖儒、道、释题材概况

序号	墓葬	佛教	道教	儒家	备注
1	襄阳柿庄画像砖墓	莲花纹、忍冬纹、博山炉、净瓶莲花	飞仙、五石散	郭巨埋儿	五石散是长江中游地区仅见，之前只见于东晋时期的建康，且墓主身份皆很高
2	襄阳贾家冲画像砖墓	供养人画像、佛像、博山炉、净瓶莲花、净瓶忍冬、幢、狮子	飞仙、供养羽人、羽人莲花	郭巨埋儿	幢、佛像、供养羽人其他墓中不见
3	襄阳麒麟清水沟南朝画像砖墓	供养人画像、莲花纹、忍冬纹、博山炉、净瓶莲花	飞仙	郭巨埋儿、蔡顺闻雷泣墓	蔡顺闻雷泣墓纹仅该墓见

据表 4-8，我们可以见出两个特殊的现象：一方面，儒、道、释题材集中出现在襄阳地区，说明南朝时期襄阳地区在信仰方面呈现多元化特征；另一方面，墓葬中一些鲜见的图式丰富了儒、道、释题材。如五石散在南朝长江中游是首次发现，说明服食升仙思想此时仍较流行。幢、佛像、供养羽人形象也是在墓葬中首次出现，尤其是佛像，因为不同于生器，画像砖是专门用于墓葬砌筑而生产，属于明器，因而佛陀与菩萨形象一般不用于墓葬营造，襄阳贾家冲墓出土的 19 块佛像画像砖是同类墓葬中仅见。蔡顺闻雷泣墓画像砖（图 4-12）也是迄今为止墓葬中仅见，史载："汉蔡顺、少孤。事母孝。遭王莽乱。拾桑椹，盛以异器。赤眉贼问其故。顺曰：'黑者奉母，赤者自食。'贼悯之，赠牛米不受。母丧，未及葬，里中灾，火逼其舍。顺抱枢号哭，火遂越烧他室。母生平畏雷，每雷震，顺必圜冢泣呼。"① 该砖画像正描绘了蔡顺圜冢哭泣的场景。

---

① 蔡振绅. 孝悌读本 [M]. 北京：作家出版社，2007：20.

图 4-12 南朝 蔡顺闻雷泣墓画像砖

（采自杨一、刘江生：《湖北襄阳麒麟清水沟南朝画像砖墓发掘简报》，《文物》，2017 年第 11 期，第 27 页）

　　南朝时期，襄阳地区多座墓葬中同时出现儒、释、道三教题材的造物艺术，与当时信仰的多元化有关。东晋、南朝时，在诸多名士、大儒的推崇下，襄阳地区的佛教传播也较为活跃，开展了大量的推广活动，一跃成为长江中游地区重要的佛教中心。与道教的隐逸、升仙思想及儒家的孝悌观念产生了融合。王子乔、浮丘公等在南朝时皆被列入仙班，反映时人对求仙与归隐的向往。西晋末年赵王伦及其谋士孙秀皆为天师道信徒，《晋书·赵王伦传》曰："伦、秀并惑巫鬼，听妖邪之说……令亲近于嵩册著羽衣，诡称仙人王侨，作神仙书。"① 汉代提倡的孝悌观念在南朝时期也得到提倡，被道家与儒家同置于诸德之首，《南史·顾欢传》载："（欢）如黄、老，通解阴阳书，为数术多效验。"尝以《孝经》置病人枕边而治病。② 西晋皇甫谧表达了要以《孝经》随葬的遗愿，《晋书》卷五一载："气绝之后，便即时服，幅巾故衣，以籧篨裹尸，麻约二头，置尸床上。择不毛之地，穿圹深十尺，长一丈五尺，广六尺，圹讫，举床就圹，去床下尸。平生之物，皆无自随，唯赍《孝经》一卷，示不忘孝道。"③ 经过（西晋）葛洪、（东晋）杜子恭、（刘宋）陆修静、（萧梁）陶弘景等人的清整推广，神仙家、儒家和佛教的部分内容进行了系统的融合④，共同造就了襄阳地区儒、道、佛三教融合的墓葬造物艺术。

　　综上所述，六朝是思想多元化时期，其间儒、道、释三家的论争从未

① 房玄龄. 晋书 [M]. 北京：中华书局，1974：1601–1603。
② 李延寿. 南史 [M]. 北京：中华书局，1975：1874–1875。
③ 房玄龄. 晋书 [M]. 北京：中华书局，1974：1601–1603。
④ 李梅田，周华蓉. 试论南朝襄阳的区域文化：以画像砖墓为中心 [J]. 江汉考古，2017（2）：95–107.

中断。六朝早期道教因黄巾起义失败后开始转向上层路线，得到了贵族阶层的支持。此时，佛教还处于初传阶段，佛教的教规、教仪、教典还不完善，甚至被认为是道教的支派，因此，佛教多依附于道教进行传播。随着佛教影响力不断扩大，至东晋时已形成与道教分庭抗礼的局面，甚至引发一场参与人数众多的佛道论争。南朝时期，儒教有所复兴，形成了儒、释、道三家融合的局面。这种现象不仅载于典籍，在当时的墓葬造物艺术中也有所体现，表现的载体主要有青瓷堆塑罐、青瓷彩绘器、青铜镜、画像砖等，表现方式主要是"仙佛模式"及画像砖中儒、释、道图式共置一墓。

第五章

典型造物及其艺术思想

我国汉唐时期葬俗的发展，经历了自汉代的厚葬至六朝的薄葬，再至唐代厚葬。其间产生了对后世影响深远的"晋制"，该丧葬制度的最大特点是提倡薄葬思想。在此思想影响下，这一时期出现了一批具有典型时代特色的墓葬造物艺术成果，其造物艺术思想亦颇具鲜明的时代特征。

六朝墓葬造物艺术按其功能可分为生器与明器两类。生器即墓主生前所用之物或专为生人设计的器物；明器，也称"冥器"或"盟器"，是专为丧葬而特制的器物，是六朝墓葬造物艺术中最具艺术性的产品。《礼记·檀弓下》曰："孔子谓为明器者，知丧道矣，备物而不可用也。哀哉！死者而用生者之器也，不殆于用殉乎哉！其曰明器，神明之也。涂车、刍灵，自古有之，明器之道也。"① 从已发掘的六朝3000余座墓葬来看，明器数量可谓宏富。上承汉代之雄强，下启唐代之繁复，六朝明器在形制方面颇得汉代遗风，在装饰风格上又开盛唐之象。六朝明器早期主要受道教影响，后期受佛教影响较大，依附于当时推行的丧葬制度。总体而言，提倡厚葬制度的社会，随葬明器也更为多样与繁复；提倡薄葬制度的社会，随葬明器相对单一与简约。

六朝墓葬造物艺术思想相较于汉唐表现出极强的时代特征。一方面，先秦两汉时期的造物艺术思想在此时仍有指导性意义，但在具体表现中又与前朝有所不同，结合了新的造物艺术形制与纹饰，如"器以藏礼"与"施用有宜"两个命题即是对前人造物艺术思想的再发展；另一方面，六朝又是一个富有独特审美观念的时期，在玄学影响下，"清"美成为一种时尚，这种时尚不仅表现在时人的言谈中，服饰、家具、生活器皿等方面也均有所体现。

第一节　彰显士族身份的明器

六朝明器在继承汉代明器特点的同时，又显现出较强的时代特征。随着青瓷烧制技术的成熟，六朝早期出现了更多以瓷制作明器的现象，汉代流行的较大体量的明器此时已很罕见，多为陶、瓷质的小型器类，如杯、盘、碗、壶、槅等饮食器，以及熏炉、唾盂、虎子、凭几、灶、井、房屋等生活用器。它们形制多样，同时存在地区差异。如汉代以来较流行的庖

---

① 戴圣. 礼记 [M]. 北京：中华书局，2017：192.

厨明器和家畜明器在六朝时期虽然仍在使用，但已趋于衰落，往往形制较小，装饰纹样也更为简单。下面遴选六朝时期不同阶段最具代表性的明器做一剖析，以求探讨其彰显士族身份的具体表现。

一、六朝早期堆塑器

孙吴至东晋早期是六朝明器运用的高峰期，此时明器主要为陶瓷材质，形制多样，造型丰富，主要包括堆塑罐（魂瓶）、鸡（另有羊、虎、龙、鹰等形象）首壶、建筑模型等，以各类堆塑器最具代表性。

堆塑罐（魂瓶、谷仓罐）是孙吴、西晋时期长江下游地区最具特色的造物艺术之一，有青瓷、黑釉瓷、红陶三种材质，以青瓷最为多见。据实物铭文可知，其主要产地为孙吴、西晋时期会稽上虞或始宁（今浙江上虞区南），属越窑产品。另据考古发掘实物与窑址标本比对，瓯窑和婺州窑也有少量生产，从两窑产品特征分析，其风格显然受到越窑的影响。堆塑罐历来有多种名称，有从功能方面出发称其为谷仓罐的，有从精神方面出发称其为魂瓶的，不下 20 种，但是其作为六朝早期出现并流行于长江下游地区的一种明器是没有异议的，从装饰题材、铭文内容两个方面均可得到证实。装饰题材方面，南京邓府山一号墓出土的一件红陶堆塑罐，上部门阙之外放置一口棺材，一端上翘，两侧各有一孝子，跪伏状，形象地表现了丧葬时的悲痛场面。再有南京市博物馆藏有一件孙吴时期堆塑罐，该罐为征集物，从形制看是堆塑罐的早期形态，分上、下两部分，上部主体为五联罐，间以飞鸟、人物、狗等，在主罐的肩部饰一组哭丧场面，饰有孝子十余人，有三人围跪在一棺材边，头戴孝巾，一人呈跪伏状，场面凄凉。从碑文内容看，数件出土堆塑罐都可确证为丧葬用器，如 1979 年在苏州吴县狮子山发现的西晋墓，有碑文"会稽出始盗（宁）用此丧葬，宜子孙作吏高，迁众无极""永安三年时，富且洋（祥），宜公卿，多子孙，寿命长，千意（亿）万岁未见英（央）"等。在众多堆塑罐中，较具特色的是佛像堆塑罐，这种佛像堆塑罐迄今见著报道的约 40 件，佛像部分均为模印成型，其装饰方法可分为四种。

第一，贴于罐体肩腹部，有时是一件，有时为一组。如江苏金坛市唐王公社吴墓出土堆塑罐，所贴佛像达七尊；南京西岗西晋墓出土堆塑罐，所饰佛像与狮子等祥瑞位于罐体肩部一圈；江苏金坛市孙吴时期墓出土堆塑罐，罐体肩部装饰纹样三层，中间一层为佛像与狮形瑞兽相间，上层为十二生肖图式。

第二，贴、立于罐口沿或楼阁门阙处。如浙江武义县孙吴晚期墓出土堆塑罐，所饰佛像围于罐口沿一周。

第三，贴或立于上部楼阁入口处。如南京江宁区孙吴天册元年（275）墓出土堆塑罐，饰一尊佛像趺坐于顶层楼阁入口处。

第四，贴附于罐身上部五联罐外壁。如南京江宁区上坊孙吴天册元年墓出土堆塑罐，分两处装饰佛像，一处为罐体上方的四个小罐外壁，一处为罐下方的肩部。

在青瓷堆塑器中还有一件颇为特殊的器物，该器融合了长江中下游地区灶与魂瓶的特点，组合成一崭新的器型。1993年，南京市博物馆在对南京江宁区上坊城壝村下坊陈家山的一座砖室墓进行抢救发掘中，发现了一件青瓷堆塑飞鸟楼阙灶（图5-1），从伴出的一件刻有"凤皇（凰）元年立长沙太守作涘（刺）使宜孙子"铭文的魂瓶可知，该器可能是孙吴晚期一位士人的墓葬①。该灶高33厘米、长36厘米、宽36厘米，主体由上、下两部分组成，上部采用与魂瓶类似的楼阙布局，下部为习见的船形青瓷灶造型。整个青瓷堆塑飞鸟楼阙灶灰白胎，青釉及底多有剥落。灶头两侧各伸出一龙首，五官清晰，昂首状，二龙之间前出一方形出火孔。灶尾火膛为半圆形，两边有对称的网格纹、联珠纹及扇形划纹，火膛正上方与两侧立面设长方形条，条上布满联珠纹。灶身两侧各有两条联珠纹，其间虽被灶面断开但作意联状。灶台设两个灶眼，一个为直筒形，另一个为倒喇叭口形。灶台上方立有一船形廊檐，两侧各开两个方孔，外立面饰有网格纹。廊檐上放置有两个对称的神亭，两亭呈四面坡顶翘脊状，立四柱，亭顶立一柱，上饰珠形装饰。廊檐右侧前端下方设一方孔，内设一弓形出水流。灶头前端堆六层楼阁，翘脊状，两侧阁顶立三鸟，楼阁顶部两侧各立两个高矮相错的门阙，也呈四面坡顶翘脊状。灶尾火膛正上方堆塑有五层楼阁，略窄于灶尾，第四层两侧塑有一人首鸟身俑与狗，呈45°角向外张望状，两边各立一大型门阙，阙身正面有网格纹。第五层阁顶卧一鸟，两侧各立一门阙，同样呈四面坡顶翘脊状。此外，楼阁的第一层与第四层的两边各塑有两个神亭，分别在灶台与廊檐上方，顶部各立一鸟。笔者认为该器在形制上是对魂瓶与灶的丰富，也是二者在吴晋时期明器发展中的一种"变态"，该器虽然主体由罐换为灶，然而，通过比较我们仍可发现它们在造物

---

① 华国荣. 江苏南京市江宁县下坊村发现孙吴青瓷器 [J]. 考古, 1998 (8): 92-93.

方式上颇为一致。上方构成要素为常见的楼阁、亭台、门阙、飞鸟等，说明具有同样的造物艺术思想。陶谷仓是魂瓶的早期形态，随着陶瓷烧制技术逐渐成熟，丧葬文化的形式表达日趋多样化，魂瓶的形态也发生了些许转变，向着繁复方向发展，在吴晋时期的长江下游地区发展至鼎盛，出现了以灶为载体的现象，这体现了表达祭魂、安魂的丧葬观念。在此过程中，虽然其载体发生了囊—仓—罐—灶的转变，但以谷祭魂的恐魂饥丧葬观念未曾中断，并且器物上半部分的形制与表现手法较为相同，说明堆塑楼阙灶也是为了营建一个灵魂安息之所，是升仙思想主导下的一种新的造物艺术形式。

右侧面

正面

左侧面

背面

图 5-1　孙吴　青瓷堆塑飞鸟楼阙灶

（采自南京市博物馆：《六朝风采》，文物出版社，2004 年，第 335-337 页）

鸡首壶，又称鸡头壶、天鸡壶，是六朝墓葬造物艺术中较为特别的器型之一，创烧于吴末、西晋，成熟于东晋、南朝，南朝后期走向衰落。在

300余年的发展历程中，青瓷鸡首壶体现出不同的时代特征，其形式变化也反映了整个六朝青瓷的发展历程。鸡首壶是当代人针对其形式特征而命名的，其主体与当时的盘口壶相似，因壶的肩部置有一鸡首状流及对称部位饰一执手而得名。鸡首壶改变了以往注水或出水皆通过器皿口沿的传统方式，鸡首的嘴被做成一圆形开口与壶体相通，通过倾斜壶身，液体便可经由鸡首流出，这是我国陶瓷器发展史上的一大进步，为后来诸多窑系的相关产品开了先河。六朝青瓷鸡首壶无疑是青瓷发展史上的杰作，与之相似的还有虎首壶、羊首壶、鹰首壶、龙首壶等，这种"仿生装饰"手法不仅强化了器物的实用性，同时还增强了器物的美感，是时人审美感知的物化表现。

鸡首壶造型的转变约略经历了三个发展阶段：吴末至东晋初（早期）、东晋中期、南朝（晚期）。这种分期方法只是对各时期整体特征做大致的时代划分，因其风格变化具有延续性，所以三期论的定位只是就每个阶段呈现出的整个特征而言，并不是绝对的年代划分。早期青瓷鸡首壶的主要特征为尖嘴无颈，鸡首置于壶的肩部，嘴无孔与壶腹不相通。与鸡首相对的位置塑一泥片，间有数道划纹，象征鸡尾。载体多为盘口壶，其特征与同时期的盘口壶无异，通常为浅盘口、短颈、鼓腹，底部较小，平底内凹。鸡首无出水孔，只是作为盘口壶上的构件，与当时的虎首罐、羊首罐、鹰首壶等无异，作用是丰富器物的装饰性，增强其审美功能。如20世纪60年代在南京板桥石闸湖西晋永宁二年（302）墓中出土的一件鹰首盘口壶（图5-2），其装饰手法与同期鸡首壶如出一辙。该壶浅灰胎，青灰釉。浅盘口，斜肩，鼓腹。肩部塑一鹰首，双目圆瞪，下腹部相应部位饰两鹰爪与鹰尾，鹰首两侧的壶腹部饰大面积的刻划羽翼纹，显得尤为生动。这种无鋬鸡（鹰、虎、龙、羊）首壶东晋后期还有，如镇江跑马山东晋临淮谢氏墓出土的鸡首壶，鸡首虽已变为高颈，但依然没有鋬。① 东晋以后，鸡首壶在形制方面发生了较大的变化，主要特点是完善

图5-2　西晋　青瓷鹰首盘口壶
（南京市博物馆藏）

---

① 刘建国. 镇江东晋墓［C］. 文物资料丛刊（第8辑），1983：16—48.

了执壶的功能，增加了器物的实用性。变化表现在以下几个方面。

其一，鸡首造型有了较大的变化，上有高冠，前出长颈，喙为圆形有孔，孔与壶腹相通，这使得鸡首具有流通的功能。

其二，贴塑的鸡尾改为长长的泥条状执手，上接盘口，下接肩部。有的盘口相连处刻划有几道线纹，形似爪状。有的圆雕龙首或螭首，呈衔盘状，活泼生动。

其三，鸡首壶肩部的双系由早期的竖系变为横系，由条状系变为桥形系（东晋时期多种青瓷器的系为桥形系），由单系发展为双系。

其四，鸡首壶的整体特征与同时期的盘口壶具有一致性，即器身整体呈现一种由扁平状向瘦长状发展的趋势。

整体来看，东晋是整个六朝时期鸡首壶发展的高峰，这时期鸡首壶不仅出土数量多、造型丰富，而且烧制质量最高，产品类型也更为多样。同时期出现的一种黑釉鸡首壶，是东晋时期较具特点的瓷器品种。出土较有代表性的青瓷鸡首壶的墓葬有南京老虎山 M2（东晋）墓、南京伏家桥墓、温州双岑东晋墓、杭州老和山墓等。其中南京老虎山 M2 出土的一件青瓷鸡首盘口壶（图 5-3）较为典型。该壶灰白胎，施淡青釉不及底，曲柄，

图 5-3　东晋　青瓷鸡首盘口壶
（南京市博物馆藏）

龙首衔沿。浅盘口，短颈，鼓腹，平底。肩部有一对桥形系，前出一鸡首，凸目，高冠，圆喙，与壶腹相通。与鸡首壶造型类似的还有羊首壶，虽数量不及鸡首壶，但仍有一些精品存世，出土羊首壶的墓葬有浙江武义县东干砖瓦厂东晋墓、浙江金华市秋宾乡马鞍山村东晋墓、江苏镇江农业机械学院东晋墓（1961）等。

南朝时期鸡首壶的数量不及东晋时期，造型方面有向瘦长方向发展的态势，其烧制质量也远逊于东晋时期，主要呈现以下几个特征。

其一，整体造型更为修长，盘口缩小但口沿加高，颈部相较于东晋长宽比也更小，壶腹一改东晋的圆鼓形为圆锥状。

其二，溜肩现象更为明显，肩部均塑桥形系，有时每侧增加至两个。

其三，鸡首造型更大，昂首曲颈，形态夸张，更富审美趣味。

其四，执手弧度略有减小，但长度有所增加，高于壶口，多以龙首作装饰。

总体来看，南朝鸡首壶整体造型更为修长，高盘口、长颈、高腹、平底、长柄、鸡首呈昂首状等是这时期鸡首壶的共同特征。鸡首壶装饰呈现出与同时期其他青瓷器装饰相一致的特点，体现士人的审美趣味与时代风尚，主要表现在以下几个方面。

其一，以青釉为衣。青釉是六朝青瓷的主流，以铁为着色剂，由于当时存在釉料淘洗不尽、烧制温度不稳定等问题，所以青瓷釉面呈现较大的差异性，多见亮青色、青灰色、青中泛黄。釉水也有厚薄之分，厚釉处见玻璃质感，薄釉处可见胎骨。六朝鸡首壶因时代演进与烧制窑口的不同，釉面发色也有一定的差异。越窑烧制的鸡首壶整体质量最高，釉水纯净细腻。瓯窑鸡首壶釉色清澈明亮，积釉处有开片现象。婺州窑鸡首壶釉色泛青黄色，多有剥釉现象。均山窑鸡首壶釉水呈豆青色，荆楚地区鸡首壶釉水泛黄绿色，川赣地区鸡首壶则显青黄色。这些青瓷虽主色调呈青色，但仍有较大差异。晋代诗人潘岳《笙赋》曰："披黄苞以授甘，倾缥瓷以酌醽。"将青瓷的釉色与淡青色的丝织品相比拟。《说文解字》曰："缥，帛青白色也。"古人将青瓷形容为缥瓷，既反映了时人对丝织品的喜爱，又说明青色是当时社会的流行色，体现了当时人们对颜色的审美取向。六朝时期除了青瓷鸡首壶，还有黑釉鸡首壶，这是一种新的样式，由汉代的黑釉瓷发展而来，在东晋时期应用到鸡首壶中。目前发现的烧制黑釉鸡首壶的地区仅有浙江的余杭与德清两地，并且两处窑址同时烧制青釉瓷器。黑釉瓷釉面通常色黑如漆，具有较高的稳定性。由于出土数量较少，黑釉瓷鸡首壶尤为珍贵。

其二，六朝青瓷器在西晋时期发展出了以褐彩作装饰的手法，这一手法虽然只是作为青瓷器装饰的辅助手段，却打破了青瓷器以单一釉色为装饰的现象，进而给青瓷艺术的审美提供了更为多样的表现手法。褐彩装饰于青瓷应经历了由偶然到必然两个阶段，起初由于青瓷中釉水的含铁量较高或淘洗不净等，成品中多出现褐色的斑点，这样的斑点被认为是一种瑕疵，但工匠们很快发现这样的瑕疵是可以改造的，于是有意识地在青瓷表面点缀有规律的含铁量较高的釉料，便可形成图案，甚至可以绘成画面。这一发现为此后彩瓷的发展奠定了坚实的基础。鸡首壶中出现褐彩装饰多应用于鸡头、盘口、壶腹、盖等部位，尤其是在鸡的眼睛上点彩最为生动，极大地增添了鸡首的神韵。

其三，六朝青瓷器多运用印、刻、划的装饰手法，这种手法也出现在同时期的鸡首壶上。西晋时期多在鸡首壶壶肩部装饰网格纹、菱形纹、水波纹等，有时以多层出现。东晋时期以素面为主，少见西晋青瓷器常见纹饰，或仅见简单的刻、划纹。东晋后期青瓷器出现莲花纹，线条遒劲有力，轮廓鲜明。

2007年8月26日，江宁区博物馆对南京滨江投资在15号路施工中发现的3座墓葬进行了抢救性发掘，发掘东吴晚期墓葬1座，东晋中期墓葬2座，其中东吴晚期墓葬是一座纪年墓，据出土买地券所刻铭文考其为孙吴晚期建衡元年（269）。该墓早年虽被盗掘，但仍然出土了一些颇具学术价值的文物，如龙首青瓷罐、虎首青瓷罐、环状乳神兽镜、买地券等，其中青瓷龙首四系罐（图5-4）是迄今考古发现的唯一的一件。该罐口径12.8厘米，底径11.2厘米，高19厘米，瓷质，灰白胎，青绿釉，施釉不及底，直口，方唇，溜肩，鼓腹，平底内凹。肩饰两圈云纹与一圈水波纹，云纹一周分置四系，云纹与水纹之间前出一龙首状流且与罐体相通。与其同出的虎首青瓷罐、仙人神兽纹青铜镜、"建衡元年"砖地券等，从实物层面证实了道教在吴晋相交之际的民间具有深厚的信众基础。由于该龙首青瓷罐是目前出土的唯一有龙首的青瓷罐，故其造型

图5-4　孙吴　青瓷龙首四系罐
（江宁区博物馆藏）

特征在同时期的同类器物上没有参考，我们只能从与之相近时期的其他文物上找寻它的身影，对同类题材的文物做一爬梳辨异，厘清此类型的造物特点。六朝时期代表性器物的龙首造型如表5-1所示。

表5-1　六朝代表性器物龙首造型

序号	名称	出土地	收藏单位	图示
1	东晋青瓷龙柄鸡首壶	南京市江宁麒麟镇高盖村	六朝博物馆	

序号	名称	出土地	收藏单位	图示
2	西晋青瓷褐彩龙首灯	鄂州市西北山20号墓出土	湖北省博物馆	
3	西晋青铜龙柄镳斗	南京市江宁谷里街道和尚山出土	江宁区博物馆	
4	东晋龙纹砖	南京市雨花台区景明佳园出土	六朝博物馆	
5	东吴青瓷堆塑灶	南京江宁上坊出土	南京市博物馆	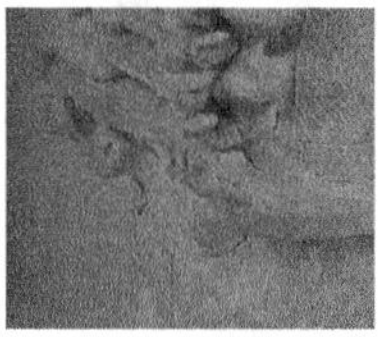

从表5-1各器物的龙首造型特征，我们大致可以得出以下几点结论。

其一，六朝时期的龙首造型通常体态修长，角出于眼眉处，鬃毛飘逸，瞠目、张口、无髯，这与龙首青瓷罐的造型风格较为类似。相比之下，龙首青瓷罐的造物特点更为具象，这与六朝早期青瓷罐上的鸡首、羊首等特征具有同一性。

其二，龙首造型多装饰于实用器具的某一部件中，具有实用功能。如龙首青瓷罐的龙首具有流通的功能，与罐体相通。龙首铜镳斗将龙首饰于手柄处增加了它的耐滑性，使之握起来更加牢固。这一现象的出现与汉代以来流行于民间的象生造物方式有关，龙虽不是自然界中真实存在的生物，但其形象特征在民间早已形成了普遍共识，因此，出现带有龙首的器物就不足为奇了。

其三，塑有龙首的器物其出土地大多在长江中下游地区，尤以宁镇地区最为多见，器物等级也最高，这是由于六朝时期宁镇与荆楚在政治与军事方面占有非常重要的位置。从出土的纪年器来看，最具代表性的青瓷多出现在东吴晚期及西晋时期，而此时的东吴都城建业正处于道教甚为流行的时期。

其四，载体多为青瓷器与青铜器，这是由吴楚地区在六朝时期的工艺发展特点决定的。六朝时期的青瓷发展已相当成熟，今江苏宜兴及浙北多地盛产高质量的产品，出土于长江中下游的代表性青瓷器多出此地，可以说吴晋相交之际的长江下游宁镇与三吴地区已迈入了青瓷时代。此时越窑系无论在制瓷技术上抑或装饰手法上都处于全国领先地位，由于采用更为先进的烧制技术，以及在材料选用、淘洗手段等方面越发精练，青瓷的可塑性更强，这也直接导致了六朝早期的青瓷装饰手法表现为由简到繁、由二维平面到三维立体的转变，东吴龙首青瓷罐及更为复杂的堆塑魂瓶就是这一现象的最好例证。

从江宁区博物馆所藏龙、虎首青瓷罐的造型特征，可反映出孙吴时期的道教传播状况。龙、虎载于道教史籍可见于葛洪《抱朴子·内篇·杂应》："从黄童百二十人，左有十二青龙，右有二十六白虎，前有二十四朱雀，后有七十二玄武。"[①] 在古代，四象历来就不是作为单一的天文学范畴而存在，而是被引用至道教中并带有丰富的神话色彩，表现为升仙主题。以龙、凤、虎、龟分别代表东、南、西、北四神，有着不同的指向性，这在考古发掘的众多遗物中已为许多学者所证实，认为它与道教徒修道成仙，魂升于天、魄藏于地的道家思想有关。[②] 葛洪《抱朴子·内篇·杂应》云："若能乘蹻者，可以周流天下，不拘山河。凡乘蹻道有三法：一曰龙蹻，二曰虎蹻，三曰鹿卢蹻……又乘蹻须长斋，绝荤菜，断血食，一年之后，乃可乘此三蹻耳。"[③] 此为文献中描写龙、虎作为驾乘工具指引亡者得道成仙的最早记载。在此之前，有大量描绘四神或与道教相关的图案与文字记载，如1973年出土于湖南长沙子弹库一号墓的战国楚墓帛画《御龙图》，即是一幅较为典型的描绘人物乘龙蹻的画面。再如汉代画像石中经常出现将神祇置于龙、虎座上的画面，可见龙、虎是作为道教的象征物而存在的，与道教的升仙思想有特殊关联。《神仙传》等书说张陵得道时见天人"金车羽盖，骖龙驾虎"。龙、虎又为道教有关内、外丹文献中的重要术语，天师道

① 王明. 抱朴子内篇校释 [M]. 北京：中华书局，1985：249.
② 李学勤. 西水坡"龙虎墓"与四象的起源 [J]. 中国社会科学院研究生院学报，1988（5）：75-78.
③ 王明. 抱朴子内篇校释 [M]. 北京：中华书局，1985：250.

以后在龙虎山立"正一玄坛",此山得名于张陵在此修炼成功而龙、虎出现的传说。由此,在门楣上标识龙、虎似乎也和墓主的道教信仰有关。^① 此外,龙虎纹青铜镜中类似"上大(泰)山,见仙人,食玉英,饮醴泉,驾交龙,乘浮云,白虎引兮直上天"的铭文及陶步座幛堆塑的龙、虎形象等,也都可视为对濮阳龙虎纹形象的延续。而江宁出土的这对龙、虎首青瓷罐则是在青瓷工艺发展成熟的基础上,表现道教徒乞求升仙得道思想的载体,通过升仙驾龙、白虎导引这一方式希冀死后进入长生的仙境,而当时的道教已由早期的民间宗教发展为神仙宗教,信众多为社会上层人士。因此,龙虎首青瓷罐所体现的正是士族阶层的道教升仙思想。

二、孙吴青瓷釉下彩绘器

青瓷是孙吴时期出现的一种釉下装饰图案的青瓷器,虽出土数量极少,但其鲜明的装饰特征,使之成为六朝时期最具特色的造物艺术之一。据已公开资料统计,迄今发现较为完整的青瓷釉下彩绘器仅 3 件,另有残件 50余片,全部出土于南京,具体情况如表 5-2 所示。

表5-2　南京出土釉下彩绘器一览表

序号	器形	时代	出土年份	出土地点	尺寸(厘米)	图案构成
1	盘口壶(残)	孙吴晚期	1983	南京长岗村	口径:12.6 底径:13.6 通高:32.1	铺首、佛像、双首鸟形系、持节羽人、仙草、云气纹
2	盘口壶(残)	孙吴晚期-西晋	2002	南京大行宫工地	口径:10.4 底径:13.4 通高:21.6	铺首、佛像、连体鸟、朵云纹、云气纹、瑞兽、珍禽、翼兽、覆莲瓣纹等
3	带盖双领罐(残)	孙吴晚期	2004	南京皇册家园工地	口径:20.0 底径:18.0 通高:28.6 盖径:14.8	铺首、鸟形系、卷云纹、龙纹、覆莲瓣纹、芝草、瑞兽、珍禽等

除上述 3 件相对完整的青瓷釉下彩绘器,其他标本未入列,从完整器与标本特征分析,主要包括洗、壶、罐等器形。其他标本所绘纹饰有卷云纹、联珠纹、缠枝纹、珍禽、瑞兽等,与上述 3 件完整器图案保持一致,参考所处地层及区域,应为同一时期的产品。胎土淘洗细腻,呈灰白色,胎壁较

---

① 巫鸿. 礼仪中的美术 [M]. 北京:生活·读书·新知三联书店,2013:490.

厚。施青灰釉，釉层较薄，局部泛青黄色，积釉处呈绿色，内外壁均施釉，釉层莹润，胎釉结合较好。

盘口壶通常为浅盘口、束颈、鼓腹，肩部贴塑铺首、佛像等。如 1983 年南京长岗村 5 号墓出土的青瓷釉下彩绘羽人纹带盖盘口壶（图 5-5），口径 12.6 厘米、底径 13.6 厘米、通高 32.1 厘米，盘口，短束颈，圆鼓腹，平底，盖弧凸，盖纽为鸟形。胎呈灰白色，通体施彩绘，胎釉结合不牢，有脱釉现象。肩部一圈对称排列 4 个铺首，2 尊佛像，2 个双首鸟形系。盖面绘瑞兽仙草纹，颈部亦饰以瑞兽，腹部绘两排持节羽人，间以仙草与云气纹。[1] 此外，出土于南京大行宫建设

图 5-5　孙吴　青瓷釉下彩绘
羽人纹带盖盘口壶
（南京市博物馆藏）

工地的一件盘口壶，也有类似的特征，浅盘口、束颈、溜肩、鼓腹、平底内凹。肩部相间对称的双首连体鸟形系，2 尊佛像与 4 个铺首。佛像清瘦，着尖顶帽，背有项光，结跏趺坐于狮莲座上。灰白胎，胎质细腻。内外施满釉，胎釉结合牢固。外壁与盘口内壁皆以褐彩绘制图案，肩部贴塑的佛像、铺首、连体鸟形系表面用褐色点彩装饰。盘口内壁绘卷草纹与三角形锯齿纹两周，外壁绘一周折线朵云纹。颈部以云气纹相隔绘大小 9 只瑞兽，肩部与胫部各绘一周覆莲瓣纹。[2] 大行宫邻近区的另一座墓葬出土了一件青瓷釉下彩绘带盖双领罐（图 5-6），该罐肩部相间贴塑衔环铺首与鸟形系各 4 个，皆用褐彩勾勒。口沿内绘卷云纹和龙纹，肩绘一周覆莲瓣纹。腹部图案分 3 层，每层绘 8 个心形纹样。上层以铺首与鸟形系为主纹，两侧为对称的瑞兽与龙纹，中层绘芝草、瑞兽和珍禽，下层绘龙纹，各组图案以弦纹相隔。以上 3 件釉下彩绘瓷器均是孙吴后期及西晋时期较为常见的器型，从出土层位看，它们都出土于孙吴至东晋早期的地层，伴出大量装饰联珠纹、网格纹、蕉叶纹及铺首的青瓷器，时代特征明显。特别是出土双领罐的地层中还发现了带有"赤乌元年""赤乌十三年""永安四年"年号的木简，

① 南京市博物馆. 南京长岗村五号墓发掘简报［J］. 文物，2002（7）：4–10.
② 王志高，贾维勇. 南京发现的孙吴釉下彩绘瓷器及其相关问题［J］. 文物，2005（5）：39–53.

"赤乌"是吴大帝孙权的第四个年号，赤乌元年即238年，赤乌十三年即250年。"永安"为吴景帝孙修的年号，永安四年即261年。[①] 以上木简纪年为彩绘青瓷器的年代断定提供了确凿的实物依据。由此可见，釉下彩绘瓷器的制作时代应为孙吴后期，使用年限下至西晋时期。

图5-6 孙吴 青瓷釉下彩绘带盖双领罐摹本[②]

综合3件釉下彩绘瓷器及标本的相关信息，我们发现彩绘瓷器通常以盘口壶、罐、洗、盏等日用器为载体，图案遍布器物全身，繁复而有规律，线条遒劲有力，意境深远，是同类器中的高端产品，具有较高的艺术价值。图案类别大致可分为两类：一类为辅助纹饰，主要有弦纹、云纹、卷草纹、菱形纹、覆莲瓣纹、柿蒂纹、水滴纹等，通常装饰于器物的口沿、颈部、胫部，起到区别主次纹饰的作用；另一类为瓷器的主题纹饰，如仙人、祥瑞、芝草等，通常绘于器物的突出位置，如腹部、盖等。釉下彩绘器的纹饰主要表现一种祥云环绕、珍禽来集、瑞兽毕现景象，其纹饰来源可上溯至六朝以前流行的各类祥瑞图式，这类图式在汉代的画像石、漆画及青铜镜中不难发现。祥瑞图式发源于古人将各种天文、气象、异物等无法解释的客观现象比附于现实的一种主观意象，即天人感应思想下产生的吉祥物。"祥瑞现"被视为帝王仁政、家族兴旺、天下太平的征兆，所以历来为世人所重视。据典籍所载，祥瑞图式相当丰富，常见的有麒麟、龙、虎、鹿、凤凰、鸟等。釉下彩绘器中出现的各种祥瑞，虽不能在古代典籍中找到相

① 王志高. 南京城南出土六朝简牍及相关问题 [J]. 文物, 2020 (12): 87.
② 王志高, 贾维勇. 南京发现的孙吴釉下彩绘瓷器及其相关问题 [J]. 文物, 2005 (5): 39-53.

应的表述，但图案的形式特征大多都能在历史遗存中探寻其踪迹，进而可以分析其演变规律。根据图案形式特征可将这类祥瑞分为 3 个类别，即珍禽类、瑞兽类、植物类，下面对这 3 类图案的形式特征与文献记述做尝试性比附，以便更为全面地了解其造物特点。

珍禽类主要有凤凰、比翼鸟、鸾鸟等。南京大行宫遗址出土有一片绘有两只凤凰的残片（图 5-7），其中一只凤凰完整，它尖嘴长尾，高冠展翅，呈站立状。上方另一只凤凰仅存下半部分，长尾及地，也呈站立状。两只凤凰周围还有许多飞鸟，有的停于凤凰前方，有的正由别处飞来，整个画面营造出以凤凰为中心的景象。《山海经·南山经》载：

> 有鸟焉，其状如鸡，五采而文，名曰凤皇，首文曰德，翼文曰义，背文曰礼，膺文曰仁，腹文曰信。是鸟也，饮食自然，自歌自舞，见则天下安宁。[1]

图 5-7 孙吴 青瓷釉下彩凤凰残片

（采自王志高、贾维勇：《南京发现的孙吴釉下彩绘瓷器及其相关问题》，《文物》，2005年第 5 期，第 49 页）

王充《论衡》卷十六《讲瑞》曰："孝宣之时，凤皇集于上林，群鸟从上以千万数。以其众鸟之长，圣神有异，故群鸟附从。如见大鸟来集，群鸟附之，则是凤皇，凤皇审则定矣。夫凤皇与麒麟同性，凤皇见群鸟从，麒麟见众兽亦宜随。"[2]《宋书》卷二十八《符瑞志中》云："汉灵帝光和四年秋，五色大鸟见新城，群鸟随之。民皆谓之凤皇……晋穆帝升平四年二

① 吴任臣. 山海经广注 [M]. 北京：中华书局，2020：31.
② 王充. 论衡 [M]. 上海：上海古籍出版社，2013：339.

月辛亥，凤皇将九子见郿乡之丰城。十二月甲子，又见丰城，众鸟随从。"①
此两只凤凰及飞鸟所表现的正是"大鸟来集，群鸟附之"的景象。南京大
行宫遗址出土的盘口壶上贴塑的双首连体鸟，二首一身的形象可比附神话
中的比翼鸟。张华《博物志》卷三《异鸟》载：

> 崇丘山有鸟，一足、一翼、一目，相得而飞，名曰虻，见则
> 吉良，乘之寿千岁。比翼鸟，一青一赤，在参嵎山。②

《宋书》卷二十八《符瑞志中》云："比翼鸟，王者德及高远则至。"③

上述对比翼鸟的描述与盘口壶中贴塑形象一致，是传统祥瑞题材
之一。

瑞兽类以龙、虎形象最为常见，鹿与麒麟形象也有少量发现。如南京
大行宫遗址出土的盘口壶与秦淮河南岸皇册家园建设工地出土双领罐的外
腹与器盖内壁，以及采集到的残件，均绘有姿态各异的龙、虎形象。龙呈
昂首状，周边有祥云，极具动感。鹿仅发现于一片残件中，从其头部的双
角与脚踏祥云可确认为鹿。龙、虎、鹿形象并不是六朝时期所独有，早在
新石器时期便可发现其踪迹，在古代典籍中更有将其纳入祥瑞的记载。王
充《论衡》卷十九《验符》载：

> 黄为土色，位在中央，故轩辕德优，以黄为号。皇帝宽惠，
> 德侔黄帝，故龙色黄，示德不异。东方曰仁，龙，东方之兽也，
> 皇帝圣人，故仁瑞见……龙，潜藏之物也，阳见于外，皇帝圣明，
> 招拔岩穴也。瑞出必由嘉士，祐至必依吉人也。天道自然，厥应
> 偶合。圣主获瑞，亦出群贤。君明臣良，庶事以康。文、武受命，
> 力亦周、邵也。④

《宋书》卷二十八志第十八《符瑞中》亦记载有龙、虎形象，有黄龙、
白龙、青龙、黑龙、白虎等，都属祥瑞。《艺文类聚》卷九十九《祥瑞部
下》载："王者仁而不害，则白虎见。""天鹿者，纯善之兽也，道备则白鹿
见，王者明惠及下则见。"⑤ 皇册家园建设工地出土盘口壶的腹部绘有一兽，
头伸一角，身躯修长，背生双翼，长尾曲颈，可能为史籍中所载的麒麟。
《宋书》卷二十八《符瑞志中》载：

---

① 沈约. 宋书 [M]. 北京：中华书局，1974：794-795.
② 张华. 博物志 [M]. 上海：上海古籍出版社，2012：17.
③ 沈约. 宋书 [M]. 北京：中华书局，1974：812.
④ 王充. 论衡 [M]. 上海：上海古籍出版社，2013：402.
⑤ 欧阳询. 艺文类聚 [M]. 上海：上海古籍出版社，1999：1714.

麒麟者，仁兽也。牡曰麒，牝曰麟。不剖胎剖卵则至。麕身而牛尾，狼项而一角，黄色而马足。含仁而戴义，音中钟吕，步中规矩，不践生虫，不折生草，不食不义，不饮洿池，不入坑窜，不行罗网。明王动静有仪则见。①

此外，在两件残器中还发现了类似水滴的纹饰，可能与典籍中所记载的甘露有关。王充《论衡》卷十九《验符》载："皇帝仁惠爱黎民，故甘露降。"②《宋书》卷二十八《符瑞中》曰："甘露，王者德至大，和气盛，则降。"③ 云气纹或卷云纹在釉下彩绘中也较多见，可能是典籍所载之庆云。《宋书》卷二十九《符瑞下》载：

云有五色，太平之应也，曰庆云。若云非云，若烟非烟，五色氤氲，谓之庆云。④

《宋书》中记载庆云的案例并不多见，除了两例属汉代，其他均属南朝时期，并没有孙吴、东晋时期的例子。以上这些辅助图案都是史籍所载的祥瑞图式，出现在六朝釉下彩绘器上并非偶然，应与当时的社会思潮与丧葬制度有关。在出土的三件较完整的釉下彩绘器中有两件贴塑佛像，且均为盘口壶。贴塑的位置都为盘口壶的肩部，形象相近，均为结跏趺坐于狮形莲座上，背有项光，清瘦。这类佛像装饰于青瓷器的现象吴晋时期较为多见，且都贴塑于器物的上部，器形有罐、盘、簋、渣斗、壶等。如1984年南京狮子山M1墓出土的西晋青瓷罐，两尊佛像均贴塑于肩部，压印于斜方格纹上。青瓷堆塑罐贴塑的佛像与上述两件釉下彩绘器的佛教造像在造型方面也十分相似，皆作跏趺坐，背有项光。如江宁区博物馆藏西晋青瓷堆塑人物楼阁罐中部贴塑的佛像。相较于釉下彩绘瓷器，堆塑罐在装饰手法上虽不同于前者，但题材运用与表现手法却有共同之处。

三、六朝中后期陶瓷牛车

牛车，亦称"犊车"，原为普通民众或下层官吏载物或载人所用，六朝时期受到社会上层的喜爱，广泛用作出行的代步工具。《晋书·舆服志》载："古之贵者不乘牛车，汉武帝推恩之末，诸侯寡弱，贫者至乘牛车，其后稍见贵之。自灵献以来，天子至士遂以为常乘，至尊出朝堂举哀乘之。"⑤

---

① 沈约. 宋书 [M]. 北京：中华书局，1974：791.
② 王充. 论衡 [M]. 上海：上海古籍出版社，2013：402.
③ 沈约. 宋书 [M]. 北京：中华书局，1974：813.
④ 沈约. 宋书 [M]. 北京：中华书局，1974：836.
⑤ 房玄龄. 晋书 [M]. 北京：中华书局，1974：756.

由此可见，在东汉灵、献二帝以前，牛车通常被作为社会底层民众和贫弱官员的代步工具。而东汉后期，乘坐牛车的人群开始有了变化，《后汉书·宦者列传》曰："仆从皆乘牛车而从列骑。"说明此时牛车已进入官方出行工具的行列，虽然乘坐者为社会上层人士的随从，但亦可见牛车已成为正式场合中交通工具的一种。此后，经魏晋的发展，至东晋时期牛车已成为社会上层乃至皇室的常用座驾。《晋书·王导传》记载了东晋早期权臣王导的一则逸事，文曰："初，曹氏（王导妻）性妒，导甚惮之，乃密营别馆，以处众妾。曹氏知，将往焉。导恐妾被辱，遽令命驾，犹恐迟之，以所执麈尾柄驱牛而进。"① 执麈尾乃为当时豪族标榜身份的行为，以麈尾柄来驱牛，说明乘坐牛车已获得社会上层人士的认可。《晋书》与《世说新语》中还分别记载了一则王恺关于牛的逸事。一则为王恺与王济斗富，二人的赌注是一头价值千万钱的牛，《晋书·王济传》曰："王恺以帝舅奢豪，有牛名'八百里驳'，常莹其蹄角。济请以钱千万与牛对射而赌之。恺亦自恃其能，令济先射。一发破的，因据胡床，叱左右速探牛心来，须臾而至，一割便去。"② 当时豪族以牛为赌注，亦可见牛在社会上层拥有较高的认可度，为时人所重。另一则为王恺与石崇乘牛车争胜的故事，《世说新语·汰侈》载二人分别乘牛车出游，以先入城门来争胜负。文曰："牛形状气力不胜王恺牛，而与恺出游，极晚发，争入洛城，崇牛数十步后迅若飞禽，恺牛绝走不能及。"③ 两晋时期，在人们的精心挑选与训练之下，牛拉车的速度较之东汉已有很大的提高。上文所述王恺有一头名为"八百里驳"的牛，可见当时贵族阶层喜以牛的速度来争胜负。这种现象至南朝时期仍很流行，南齐时人陈显达诸子与王敬则诸儿都善于驭牛车，当世快牛称陈世子青、王三郎乌、吕文显折角、江瞿昙白鼻。

东晋以降，南方高等级的墓葬中常出现以陶或瓷制作的牛车，以及与牛车伴出的男女侍俑或仪仗俑，具有典型的时代特征。如南京象山 M7 墓出土的东晋陶牛车及陶俑群即为这时期的典型器。该车陶质、灰色，由车、牛及俑组成。俑群曾涂有彩色，现已脱落。车厢为长方形，内置三足凭几，顶前后出檐，前部全敞，后部右侧留有一扇长方形门，有一牵牛陶俑

---

① 房玄龄. 晋书 [M]. 北京：中华书局，1974：1752.
② 房玄龄. 晋书 [M]. 北京：中华书局，1974：1206.
③ 刘义庆. 世说新语 [M]. 北京：中华书局，1998：891.

（图 5-8）①。此时社会上层流行以牛车代替马车，本是车制运用方面的重大变化，但由于士人的参与，牛车相较于早期更显华丽。贵族乘坐的牛车多带有篷，并着繁复的装饰。从已刊布的资料看，有些篷车内还伴有凭几，凭几本为士人日常的居家用具，既具有一定的实用性，又是士人标榜身份等级的媒介。从牛车中伴出凭几的现象，我们发现凭几不仅是士人们居家的生活器具，其出乘时也会用到。如出土于南

图 5-8　东晋　南京象山 M7 墓出土东晋陶牛车
（南京市博物馆藏）

京象山王氏家族的墓牛车俑群，正是这一时期贵族奢华生活的集中体现。据报告所记，出土时凭几的曲面是朝向前方的，说明凭几是用于乘者倚靠，缓解久坐带来的疲惫，进而提高乘坐时的稳定性与舒适性的。北齐颜之推《颜氏家训》卷上《勉学》载：

> 梁朝全盛之时，贵游子弟，多无学术……无不熏衣剃面，傅粉施朱，驾长檐车，跟高齿屐，坐棋子方褥，凭斑丝隐囊，列器玩于左右，从容出入，望若神仙。②

可见，牛车配凭几在当时甚为流行，不仅可减缓路途劳顿，还是乘坐者特殊社会地位的象征。

牛车代替马车成为社会上层的座驾，有学者分析主要出于两点考量。一方面，牛车通常带有车篷，与早期马车无篷现象相比，更加符合儒家传统礼仪的标准。晋朝提倡以儒立国，《论语·乡党篇》载："升车，必正立，执绥。车中不内顾，不疾言，不亲指。"③贾谊在《新书·容经篇》中也强调"坐车之容"，即乘马车时人物的姿态、表情等要符合一定的礼制，不能立不直、坐不正、左右环顾等。这些乘车要求如果换乘带有车篷的牛车，则不必考虑，因为在一个相对封闭的空间内不用担心别人目光。另一方面，

---

① 南京市博物馆. 南京象山 5 号、6 号、7 号墓清理简报［J］. 文物，1972（11）：23-41.
② 王利器. 颜氏家训集解［M］. 北京：中华书局，2014：140.
③ 陈晓芬，徐儒宗. 论语·大学·中庸［M］. 北京：中华书局，2015：117.

牛车行驶缓慢，在并不平坦的古代路面上，乘坐牛车相较于马车而言更为舒适。为了增强舒适度，甚至将原本用于室内的凭几移至车厢内，减轻路途劳顿。①

从上述明器特征看，六朝明器以陶瓷类为大宗，且有互为进退的现象。即六朝早期瓷质明器较为流行，而陶质明器呈衰落迹象，这种现象一直延续至东晋穆帝时期。东晋中期至南朝，陶质明器的流行似又超过瓷质明器。过去有人认为是瓷器产能下降与运输出现中断所致，其实根本原因应与社会结构变化有关。"八王之乱"后，中原流民南下，带来了先进的生产技术，大量开垦南方的土地，使江南经济在较短时间内获得了很大的发展，江南地主豪强的庄园经济被打破。东晋世家大族凭借手中掌握的强大武装力量，逐渐取得了对原有江南豪族的主动权。因此，在东晋墓葬中反映前朝庄园经济的家禽、家畜、房屋、灶等明器基本消失，代之的是代表东晋世家大族拥有强大私人武装的车、马及奢侈的私人用品，这些都是社会政治结构发生变化的反映。另外，东晋、南朝时期随葬用的盘、耳杯、托盘、樽等陶质明器内多涂有一层红硃，这种现象应是对当时漆木器的模仿，说明漆木器在当时仍然很流行，这也是当时瓷质明器减少的原因之一。青瓷制品不如漆木、玻璃、金银、青铜等材质器物精致，不能满足封建统治阶级穷奢极欲生活的需求，更不能彰显其身份地位。因此，在东晋以后的墓葬中多出土体现墓主高贵身份的金银器、玻璃器、青铜器等。可以说，东晋中期瓷质明器的减少与青瓷制品本身的产量与质量并无关联，而是因为青瓷制品大众化以后，已失去了体现墓主高贵身份的价值。②

第二节　体现时代特征的生器

生器即墓主生前所用之物，或专为生人设计的产品，有别于明器。六朝墓葬中只有少量明器，大多数是生器。六朝生器按材质，大致可分陶器、瓷器、漆器、青铜器、铁器、竹器、木器、玻璃器等，其中陶器、瓷器数量最为宏富，形制与纹饰也最为多样，是六朝墓葬造物艺术中最具代表性的品类。此外，漆器与青铜器也有一些颇具时代特色的产品，充分体现了

① 孙机. 汉代物质文化资料图说 [M]. 上海：上海古籍出版社，2011：118-119.
② 李蔚然. 南京六朝墓葬的发现与研究 [M]. 成都：四川大学出版社，1998：91-92.

当时文化、艺术的发展水平。

一、孙吴、东晋绘画性漆器

六朝是一个科技发达、文化繁荣的时代，在工艺美术领域取得了诸多对后世影响深远的成就，髹漆工艺即是其中的佼佼者。此时，密陀僧的运用、绿沉漆与犀皮漆的创新、漆画技艺的流行、夹纻造像技艺的兴起，以及镶嵌工艺的流行，都是髹漆工艺盛行的主要表现。其中，漆画工艺是六朝髹漆工艺最具代表性的。下面对六朝漆器中两处典型案例做一剖析，以探究绘画性漆器的时代特征。

1984 年 6 月初，安徽马鞍山孙吴右军师朱然墓出土的漆器代表了孙吴时期漆器工艺的最高水平，该墓出土漆木器约 84 件，其中部分漆器保存完整，色泽如新，表现手法娴熟，形象生动。纹饰内容是汉魏时期常见的绘画题材，约略可分为以下几类。

（1）历史故事类。包括"圣贤""列女""孝子"等，如《季札挂剑图》《伯榆悲亲图》《百里奚会故妻图》等。

（2）现实生活类。如描绘贵族生活的《宫闱宴乐图》《贵族生活图》及描绘社会风俗的《童子对棍图》《狩猎图》等。

（3）祥瑞类。如神禽、神兽、四神等。

（4）花鸟鱼藻类。如鱼、水藻等。

（5）道教升仙类。如《持节导引升仙图》。

在这批漆器中，因发现有"蜀郡作牢"铭文，故可确定为蜀郡所造。蜀郡即今四川成都地区，是汉代重要的漆器产地，其产品远销大江南北，在我国贵州的清镇、平坝，朝鲜的平壤，蒙古的诺音乌拉等地均发现了标有蜀、广汉工官制的纪年铭文漆器。成都地区的漆器制造业在西汉早期已相当发达，从湖北江陵凤凰山与湖南长沙马王堆出土的漆器中标有"成市草""成市饱"的铭文可见，成都所造漆器在西汉时期广为社会上层所重，并作为重要的随葬器。从已刊布的资料看，已出土的成都造漆器纪年最早为汉昭帝始元二年（前 85），最晚为东汉和帝永元十四年（102），这一时期是成都造漆器的鼎盛期，所造漆器精美、装饰华丽，并伴有镶嵌鎏金、银的铜扣或铜耳，即"银口黄耳"，也称为"钿器"。[①]然而，东汉元兴元年（105），殇帝继位，邓太后临朝，下令终止了蜀郡和广汉郡作为工官继续为

---

① 杨泓. 三国考古的新发现：读朱然墓简报札记 [J]. 文物, 1986 (3): 19.

朝廷制造漆器的事项。但这并不意味着蜀郡和广汉郡不再生产漆器，只是原有的中央控制的工官制造漆器出现衰落，而民间仍有大量制作工艺甚为精湛的作坊继续从事漆器制造。朱然墓出土的这批漆器应该就是在这样的背景下产生的，经由商贸、赠送，抑或掠夺方式被朱然带入墓圹。据史籍载，朱然生前曾参与了对蜀汉的两次战争，均以吴胜而结束，尤其在临沮一战中擒获蜀将关羽而功迁至昭武将军，受封西安乡侯，后又配合陆逊大破刘备率领的讨伐军，受封永安侯。因此，朱然墓出土的蜀郡所产漆器可能为战利品。

此外，朱然墓出土漆画中有多幅表现出极强的绘画性，如《季札挂剑图》《伯榆悲亲图》《百里奚会故妻图》《宫闱宴乐图》《贵族生活图》《童子对棍图》等。这批漆器呈现出了一定的时代特征，以盘为例，更多地采用圜状的多级式构图，以人物画为整个画面的中心，外圈再辅以鱼水云气、植物纹图案等，这种构图方式与汉代漆器有很大的不同。汉代漆画中的人物题材较少，主题不突出，更多的题材还是表现为拥有祥瑞功能的龙凤纹、云气纹、花草纹，以及禽兽和鱼类图案，这种现象可能是因为受制于当时官方对漆器纹饰的限制与引领。东汉元兴元年（105）后，随着政府对蜀郡与广汉郡控制力的减弱，漆器装饰也由之前的官样开始向民间私样转变。首先，题材的运用更为多样，虽然总体看来仍保留了很多东汉时期的图式，但已出现了一些新的倾向，画面不再受制于官府的定样，出现了新的图式。其次，画面的构图更趋中心化，两汉时期的漆画构图更加均衡，与汉画像石、画像砖、青铜镜等类似。而朱然墓出土漆器的画面构图多具有鲜明的主题，往往以一个人物故事或一个场景为中心，再辅之花草、云气等图案。如《季札挂剑图》，画面左方绘有一树，树枝上悬挂一把剑，树下立三人。穿红袍者当为季札，两手举于胸前，神情哀婉悲怆。身后二人呈对话状，更远处绘山峰，间以云气相隔。最后，人物刻画更加传神，六朝是我国绘画艺术的自觉时期，在众多颇有建树的艺术家的引领下，绘画美学得以建立，并提出了多条影响后世的美学命题。如顾恺之的"传神写照"、谢赫的"六法论"、姚最的"心师造化"等，这些命题虽不仅仅针对人物画，但都指向了一共同方向，即笔与墨的关系问题。在传世六朝绘画真迹已很难看到的今日，通过对六朝漆画艺术的探讨，我们仍能窥见六朝人物画的审美取向。朱然墓出土的漆画虽然在艺术表现技法方面不及当时的绢本绘画，但依然体现了当时绘画艺术变革带来的影响。此时的人物画以更为简约的手法处理人物的神态与衣着，并且注重环境的刻画，与两汉时期的漆画艺术注重画面均衡而忽略人物形象本身刻画存在较大的不同。如《童子对棍图》（图 5-9）中描绘的两名儿童嬉戏的场景，人物比例匀称、形态生动，在人物上下配以山石，营造出较强的空间感，这些都与两汉人物画大相径庭。

图 5-9　孙吴　朱然墓出土《童子对棍图》漆盘①

　　东晋漆画的纹饰总体上延续了孙吴时期的特点，代表作品当属 1997 年 9 月在南昌火车站前广场发现的 6 座墓葬出土的漆器，主要有《神仙故事图》漆器、《九天玄女图》漆器（M2）、《商山四皓图》漆平盘（图 5-10）、《车马人物图》奁、《瑞兽图》攒盒盖（M3）、《凤鸟》漆器（M4）。这些漆器纹饰刻画生动且富有趣味，笔力遒劲，敷色层次鲜明，是具有很高艺术水准的绘画作品。其中，《商山四皓图》漆平盘最为引人注目，该盘口径为 26.1 厘米，图中主要位置绘四位老者围在一贮酒器旁席地而坐，有的呈酌酒状，有的呈抚琴状，一派欢愉的气氛。盘的右侧描绘了一位身着华服、手持麈尾的气宇轩昂的贵人在侍者的引领之下正向四位老者走去，背景以远处的高山与近处树木相点缀，山林之间还穿插些动物衬托氛围，如鹿、兔等，盘的外沿还描绘了正在忙碌的侍者与一辆华丽的"翠盖"。发掘者表述为《宫闱宴乐图》，后经孙机考证应为《商山四皓图》，表现西汉惠太子访贤商山四皓的故事。②

①　安徽省文物考古研究所，马鞍山市文化局. 安徽马鞍山东吴朱然墓发掘简报［J］. 文物，1986（3）：1-15+97-104.
②　孙机. 翠盖［N］. 中国文物报，2001-03-18（6）.

图 5-10　东晋　《商山四皓图》漆平盘
（南昌市博物馆藏）

　　马鞍山孙吴朱然墓与南昌火车站东晋墓出土的漆器可视为六朝时期漆画艺术的最高水平，两者在题材方面存在承续关系，后者除沿用前期颇受欢迎的宴饮、神话场景外，还融合了时人日常的生活场景，较多地描绘人们的现实生活。文人士大夫进入绘画艺术领域对漆画的表现起到了促进作用，强调真实性，写实技巧与状物功能受到重视，并出现了表现凹凸效果的渲染技法，进而得以与六艺中的"射"相提并论。但随着手工艺进入青瓷时代，漆器的衰落已不可避免，至南朝时期墓葬中已难寻漆器的身影。

　　二、孙吴佛像夔凤镜

　　纵观整个六朝青铜镜业，以孙吴时期的产品最具特色，其中尤以佛像夔凤镜的时代特征最为鲜明。此类青铜镜的纹饰不仅包括了新出的佛像图式，还涵盖了同时期其他纹饰，是基于传统镜纹的创新，下面对其特征做一探讨。

　　佛像夔凤镜是孙吴、西晋时期较具特色的造物艺术，它的出现为我们研究六朝早期佛教文化在长江中下游的传播状况提供了实物支持。典型的案例有浙江省武义县桐琴果园出土镜，该镜直径 15.4 厘米，佛像见于柿蒂形钮座的三瓣内，相对的两瓣内各置一飞天浮雕，头后有项光，侧身微斜，衣裾飘拂。另一瓣内置 3 尊像，中间一尊为坐佛，背有项光，莲花座，两侧各立一胁侍，头后也有项光。镜缘内侧的连弧纹由 16 个独立的弧形组成，图案包括飞天、走兽、飞禽、蛙等，走兽中有代表四神中的"青龙""白虎"，飞禽中有象征太阳的"赤乌"与代表方位的"朱雀"。① 湖北鄂州鄂城钢铁厂出土的佛像夔凤镜（图 5-11），该镜保存完好，图案清晰，直径 16.3 厘米，在柿蒂形钮座中有 4 组佛教图像，其中 3 组为佛龛，龛内各有一坐佛，头有项光，龙虎座（王仲殊先生认为佛像下方是莲花座，参考相关资料，本书认为这 3 组佛像应是坐于龙虎座上，这种现象在同类其他器物中也有发现），座两端各置一龙。余下的一组佛龛内有 3 个人物，中央为一尊佛像，半跏趺状，头有项光，其他两人一立一跪，立者应为胁侍，跪者应为供养人。同出的纹饰还有镜缘内侧 16 个半圆形中的图案，其中有龙、虎等，与上述相同，它们都是代表方位的四神。②

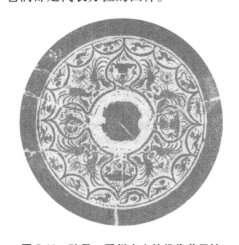

图 5-11　孙吴　鄂州出土的佛像夔凤镜

（采自王仲殊：《关于日本的三角缘佛兽镜》，《考古》，1982 年第 6 期，第 635 页）

综上所述，六朝早期的佛像夔凤镜表现出如下特征。

其一，佛像图式出现的位置通常为柿蒂瓣内，柿蒂为 3~4 个不等，或者是将佛像图案置于青铜镜外缘的连弧内。

其二，同一面镜中佛像图案可分为两类：一类为佛像、胁侍、供养人等，佛像往往结跏趺坐，供养人、胁侍跪拜或站立；另一类为独立的飞天图案，这种飞天往往呈现侧身飞舞状。与飞天等佛教造像同时出现的通常有"赤乌""玉兔""蟾蜍"等象征日月的图案，以及"青龙""白虎""朱雀""玄武"四神的图案，这些图案都是汉镜中较为流行的样式。

---

① 武义县文管会. 从浙江省武义县墓葬出土物谈婺州窑早期青瓷 [J]. 文物, 1981 (2)：51-56.
② 王仲殊. 关于日本的三角缘佛兽镜 [J]. 考古, 1982 (6)：630-639.

其三，时人在设计一款表现当时主流思想的青铜镜时，必然要考虑青铜镜纹饰给人带来的审美感受，在确定了主体图案的同时，也应考虑到整个画面的统一性。因此，为了求得画面整体美观，有时可以牺牲图案的完整性，这就出现了有的青铜镜中只有表现太阳的"赤乌"而无代表月亮的"玉兔"，只有"青龙""白虎""朱雀"而无"玄武"的现象。①

三、南朝莲花纹青瓷器

据已刊布的资料来看，以莲花纹装饰的青瓷器广泛流行于长江中下游地区，在浙江、江苏、湖北、湖南等地都有大量发现，有尊、盘、罐、碗等器型，在诸多莲花纹装饰的青瓷器中，以青瓷莲花尊最具代表性。如1972年南京灵山南朝墓出土的青瓷莲花尊（图5-12），通高85厘米，盖高9厘米，盖径21厘米。灰白胎，青釉，有冰裂纹，釉面光润。盖圆弧形，子口方纽，纽周围高浮雕二周莲瓣纹，盖沿塑一周锯齿状变形莲纹，整个器盖形似僧帽。尊侈口，呈喇叭状，长颈，弧肩，椭圆形腹，高圈足。口沿外一横系，口至颈部贴饰三层纹饰，用粗弦纹分隔，上层为飞天，中层为力士，下层为二龙戏珠及忍冬纹、莲花纹，均做成团花样式。肩有三对复系，肩至上腹浮雕二周覆莲纹、一周菩提

图5-12 南朝 青瓷莲花尊
（六朝博物馆藏）

纹，并刻划二周瘦长仰莲纹。下腹浮雕仰莲纹，高圈足。此类器在整个六朝青瓷器中体型之大、装饰手法之繁复、表现佛教图式之多样，堪称六朝青瓷之最。② 湖北武汉何家大湾出土南朝齐永明三年（485）青瓷莲花尊，装饰有莲瓣、仰莲、忍冬、覆莲等，发色青翠，胎釉结合较好。该器虽不及江苏南京灵山山上的青瓷莲花尊，但从其形制、装饰手法方面看，在整个南朝时期也不多见。此外河北景县、山东淄博各庄村、湖北武汉、河南上蔡等地皆有莲花尊出土，由此可见，青瓷莲花尊不仅流行于南方，同时

① 王仲殊. 论吴晋时期的佛像夔凤镜：为纪念夏鼐先生考古五十年而作 [J]. 考古, 1985 (7)：636-679；贺中香，喻少英. 鄂城六朝文物的佛像装饰与南方佛教 [J]. 文物, 1997 (6)：60-67.
② 南京市博物馆. 六朝风采 [M]. 北京：文物出版社, 2004：272.

也受到北方士族的青睐。莲花纹饰还广泛应用于其他器物上，如福建闽侯南屿南朝墓出土的青瓷莲花灯，该灯是同类器中较为奇特的一件，盘心凸起一覆莲座，上竖梯形八棱柱，柱的下端两侧各有半束莲花，柱顶两侧对称置一对环，顶上饰一飞鸟，这种形制的灯具在南朝时期较为少见。将莲花与飞鸟同饰一器，或可看作前期佛像与飞鸟结合的一种演变。江苏南京市江宁区博物馆也藏有一件类似的青瓷莲花灯，由灯托、灯柱等构成，灯柱中部两侧贴附两片半束莲花，柱顶两侧置对称双环，柱顶端饰一锥形尖顶，形似火焰或含苞的莲花。

由上述案例可见，以莲花图案作装饰的造物艺术广泛流行于六朝后期，常与忍冬、兽首、宝相花、飞天及多种几何图案共饰一器。莲花图式有覆莲、仰莲两种，尖头圆身，较为具象。从已刊布的资料看，莲花纹装饰的表现手法主要有平刻（划）、凸刻、堆塑3种。

（1）平刻（划）。在碗、盘、盏等圆器的外壁平刻出莲花纹轮廓，呈现一种白描的效果。

（2）凸刻。在碗、盘、盏等圆器的外壁先划出莲花纹轮廓，而后沿着莲花纹外壁以半刀泥手法剔去一些泥土，突出莲花纹图式，这种手法在宋元时期被运用到极致。

（3）堆塑。通过模印或捏塑的方式将立体的莲花纹粘接在各类器皿上，再进行简单的修饰，如青瓷莲花灯等。①

青瓷莲花尊作为六朝莲花纹装饰的典型代表，关于其功能学界却一直没有形成共识。尊是先秦时期的酒具，那么南朝的青瓷莲花尊也应当属于酒器。但南朝是佛教盛行的时期，社会中普遍遵循着不饮酒的戒律，加之青瓷莲花尊体型较大，胎体较厚，内部利坯粗糙，并不适宜日常使用。因此，将莲花尊视为酒具，在法理上说不通。鉴于此，有学者认为南朝青瓷莲花尊可能为礼佛时的礼器②。

莲花虽是我国传统纹样之一，但其大量出现于东晋、南朝时期显然与当时佛教盛行背景相关。莲花是佛教特有图形符号，是佛教教义的象征物，被称为"佛门圣花"。莲花与佛教的渊源可上溯至佛教形成伊始，相传佛祖降生时，舌根上射出千道光芒，每道光芒都化作一朵白莲，白莲内坐着盘足交叉、足心向上的菩萨，如大慈大悲的观世音菩萨通常就是或坐或立于

① 袁承志. 风格与象征：魏晋南北朝莲花图像研究 [D]. 北京：清华大学，2004.
② 万长林，刘雅琴. 魏晋南北朝时期陶瓷艺术的审美取向 [J]. 艺术评论，2011（10）：109–112.

莲花座上。然而，莲花与佛教的关系更多地体现在莲花纹样所暗喻的人文思想上，莲花出淤泥而不染的特征与佛教信徒希冀自身不受尘世污染的愿望相一致，因此被视为一种美好圣洁之物。可见，中国莲花纹饰在佛教盛行的南朝被广泛使用便是顺理成章的，莲花纹饰也成为佛教徒甚至是普通民众寄予美好愿望的形象载体。

综上所述，六朝墓葬中随葬的生器品类繁多，占据随葬物的绝大比例。六朝墓葬的随葬生器当以孙吴至东晋时期的漆器、青铜镜与南朝瓷器最具代表性。相较于两汉，六朝漆器整体呈衰落之势。当然，孙吴时期漆器在前朝工艺的基础上仍有一定的创新，绘画性漆器即为其代表，虽然出土数量不多，但仍代表着孙吴至东晋时期漆器发展的最高水平。六朝绘画性漆器图式包括历史故事、现实生活、祥瑞、花鸟、宗教 5 类题材。佛像夔凤镜是孙吴时期的创新品，将佛像图式与传统青铜镜纹饰相结合，设计出新的具有鲜明时代特征的镜饰，该类青铜镜的出土与发掘，为我们深入研究佛教在孙吴时期的传播状况提供了新的材料。莲花纹青瓷器是南朝时期佛教兴盛的重要物质见证，主要发现于江苏、浙江、湖北、湖南等地，多见尊、盘、罐、碗等器，以青瓷莲花尊最具代表性。以往学者多将该器视为酒具，然而，根据青瓷莲花尊工艺特征判断，该尊可能并非酒具，而是僧人礼佛时的礼器。

第三节　墓葬造物的艺术思想

六朝是我国历史上最混乱的时代之一，但同时也是思想极自由的时代。在玄学思想的影响下，六朝时期的美学思想满含玄远的人生意向，这种美学思想富有强烈的个性色彩，"纵心调畅""超世而绝群，遗俗而独往""志浩荡而自舒"等命题，无不说明六朝美学的确带有一种强烈的个性色彩。在此美学思想的影响下，六朝时期的艺术思想，如顾恺之论"传神写照"、宗炳论"山水以形媚道"、王微论"神飞扬""思浩荡"、谢赫论"气韵生动"等命题，无不体现着鲜明的时代特色与个性色彩。造物艺术思想方面呈现出多样性特征，一方面，沿袭了前朝造物思想，如"器以藏礼""施用有宜"等命题；另一方面，则是受玄学思想影响表现出的"清"美风尚。

一、"器以藏礼"在六朝造物艺术中的表现

"器以藏礼"是中国哲学的重要命题，也是造物艺术的重要特征。中华

文明以注重礼乐而独显，礼由礼义（观念）、礼仪（行为）、礼器（物质符号）构成三位一体的话语体系，观念与行为往往通过物化的器而得以彰显。《左传·成公二年》载："唯器与名，不可以假人，君之所司也。名以出信，信以守器，器以藏礼，礼以行义，义以生利，利以平民，政之大节也。"[①]杨伯峻注"器以藏礼"曰："制定各种器物，以示尊卑贵贱，体现当时之礼。"[②] 周代十分注重礼制，饮食器具的优劣、种类的多寡、所盛食物的品种、搭配等，均能体现饮用者的政治身份、社会地位。因此，饮食餐具体现出一定的礼制，也被称为礼器，具有"明贵贱，辨等列"的功用。其实，先秦时期还出现了与"器以藏礼"相近的命题，如"物以载道""制器尚象"等，即《周易·系辞上》所载："形而上者谓之道，形而下者谓之器。"[③] 从先秦诸子开始，古代典籍中凡涉及造物思想的多从"以物寓意""借物言志"角度展开，其根源实为"器以藏礼"。今天的人们，要了解古代"器"与"礼"的关系，只能从已发掘的墓葬、遗址中去找寻，因为祭祀遗物和墓葬遗存实是丧葬礼仪的物化表现，是我们研究当时信仰、礼仪最为直接的资料，即"藏礼之器"。张道一说："如果孤立地看一器一物，似乎无关紧要，但若要把人的全部服饰用品和他所处的环境联系起来看，岂不是能看出一种格局、情调？而人们的举止、仪表、风度、情操，又怎能与它无关呢？"[④] 这段话给"器以藏礼"做出了新的注解，为我们研究"器以藏礼"提供了重要的方法论提示。"器以藏礼"造物思想在之后的各朝各代丧葬文化中均被奉为圭臬，战争频仍的六朝时期也不例外。

　　"器以藏礼"造物思想发展至六朝时期呈现出较为鲜明的时代特征，此时道教开始由东汉晚期的民间道教向神仙道教过渡，而佛教在六朝早期依附于道教传播，至东晋后期开始走向独立发展道路，终于在南朝中期完成佛教中国化的转变，成为当时最大的宗教团体，甚至出现梁武帝舍身寺院的景象。而在汉代取得独尊地位的儒家在六朝时期备受压制，在意识形态方面影响不及道、佛两家深刻，直至六朝后期的墓葬中才出现反映儒家思想的题材。以上道、佛、儒三家在六朝时期的发展状况在当时的墓葬造物艺术中有最为直接的反映，也是"器以藏礼"造物思想在六朝时期最直接

① 阮元. 十三经注疏：春秋左传正义 [M]. 北京：中华书局，2009：4111.
② 杨伯峻. 春秋左传注 [M]. 北京：中华书局，1981：788.
③ 高凡. 周易新解 [M]. 北京：中央编译出版社，2014：365.
④ 张道一. 造物的艺术论 [M]. 福州：福建美术出版社，1989：39.

的表现，下面列举六朝墓葬造物艺术中较为典型的器物做一分析。

孙吴青瓷堆塑楼阙灶是目前考古发现唯一的一件同类器，最为主要的特征是将当时流行的魂瓶与灶合为一体，从风格学角度考量，可将该器物看成明器的一种"变态"，这里的"变态"指形制方面的一种变异，它的出现打破了人们对同类器物的习惯性认识。就该器造型特征来看，其可分为两部分，即上部堆塑飞鸟楼阙与下部灶。从造物形式的演变规律来看，魂瓶由五管瓶（一说为五谷囊、五谷仓、五谷囤等）发展而来，这充分反映了五谷祭魂、五谷引魂的丧葬观念与习俗。这种以谷祭魂的习俗源自春秋时期的五谷囊，五谷囊是盛放谷物的布袋，其实物虽今已不得见，但有关其文字记载在出土的衣物疏与相关典籍中时有发现。据相关文献记载："今丧家棺枢中，必置粮罂者。昔鲁哀公曰，夷齐不食周粟而饿死，恐其魂之饥也，故设五谷囊。"① 近年考古发现，在较多的汉墓中都可见到陶谷仓，它的出现表明盛放谷物的载体由纺织品转为陶瓷品，这一转变不仅体现了陶瓷器烧制技术越发成熟，也凸显了丧葬制度中明器的使用发生了巨大的变化。陶谷仓是魂瓶的早期形态，随着陶瓷烧制技术逐渐成熟，丧葬文化的形式表达日趋多样化，魂瓶的形态也发生了些许转变，向着繁复方向发展，在吴晋时期的长江下游地区发展至鼎盛，出现了以灶为载体的新现象，其造物思想仍是为了表达祭魂、安魂的丧葬观念。在此发展过程中，虽然其载体经历了囊—仓—灶的转变，但以谷祭魂的恐魂饥丧葬观念一直得以延续，其间还出现了一些另类的表现方式，孙吴青瓷堆塑楼阙灶即是这一另类的特殊形式。

中国古代丧葬制度存在三种典型的形态，即周制、汉制、晋制，汉唐之间经历了厚葬—薄葬—厚葬的转变。经济基础的变更是"周制"演化为"汉制"又发展为"晋制"的根本原因。② 谈起汉唐墓葬制度的演变，晋制往往被视为承前启后的过渡制度，具有划时代意义，其丧葬活动反映当时的社会文化，以薄葬思想为其典型特征。然而，一切事物皆存在两面性，"晋制"虽倡薄葬，只是相较于"周制""汉制"而言，其丧葬观念、习俗、礼仪、制度仍存在等级特征，许多墓葬遗存仍是统治阶级主观意志的反映，体现当时的丧葬礼仪。两晋时期出土的牛车，即是薄葬制度影响下

① 王三聘. 古今事物考 [M]. 上海：商务印书馆，1937：21.
② 俞伟超. 汉代诸侯王与列侯墓葬的形制分析：兼论"周制"、"汉制"与"晋制"的三阶段性 [C] //中国考古学会第一次年会论文集 1979. 北京：文物出版社，1980：332.

"器以藏礼"造物思想的典型代表。

魏晋南北朝时期大中型墓葬中出土了较多的陶瓷牛车，装饰繁简不一，有时还伴有陶瓷俑，是墓葬造物艺术的一大特点。墓葬出土牛车在两汉时期便有少量发现，但当时社会并不以乘坐牛为贵，与"晋制"影响下的牛车形态存在较大差异。整个魏晋南北朝时期，在河南、甘肃、辽宁、湖北、江苏、广东等地均发现了一定数量的陶瓷牛车，以河南、江苏地区最为集中。仅就六朝时期而言，南京作为京畿之地，是贵族墓葬最集中的地区，也是出土牛车最多的地方。虽然在广州等地也发现了数量有限的牛车，但仅是孤例。孙吴、西晋时期受制于政治因素，牛车的形制多受到北方造物风格的影响，极少带有江南地方特色。东晋以后，由于政治、文化中心南移，牛车的形制开始形成新的时代特征，明显有别于同时期的北方同类造物。如南京象山 7 号墓中出土的陶牛车，牛通身涂有白粉（部分脱落），双角向前弯曲，两耳向后，张口俯首，四肢挺立。牛车很大，出土时已破碎，内置一陶凭几（图 5-8）[1]。而同时期北方墓葬出土的牛车往往立于一长方形踏板上，车棚为拱形，前置直棂窗，车身伴有挂饰。

魏晋南北朝时期，高等级墓葬中集中出土大量的陶瓷牛车，反映出牛车在当时应受到上层社会的认可，被视为一种身份地位的象征。关于盛行乘坐牛车出行的现象，当时的典籍也有所记载。

《晋书·舆服志》曰：

> 古之贵者不乘牛车，汉武帝推恩之末，诸侯寡弱，贫者至乘牛车，其后稍见贵之。自灵、献以来，天子至士遂以为常乘，至尊出朝堂举哀乘之。[2]

又：

> 皂轮车，驾四牛，形制犹如犊车，但皂漆轮毂，上加青油幢，朱丝绳络。诸王三公有勋德者特加之。

> 油幢车，驾牛，形制如皂轮，但不漆毂耳。王公大臣有勋德者特给之。

此外，当时的达官显贵还将驾牛车比赛作为斗富夸耀之事。在晋朝，牛车虽已盛行，但马车还没有完全绝迹，一些社会上层人士仍驾乘马车，如《晋书·舆服志》载："三公、九卿、中二千石、二千石、河南尹、谒者

① 南京市博物馆. 南京象山 5 号、6 号、7 号墓清理简报 [J]. 文物, 1972 (11): 30.
② 房玄龄. 晋书 [M]. 北京: 中华书局, 1974: 756.

仆射、郊庙明堂法出，皆大车立乘，驾驷。前后导从大车驾二，右骓。他出乘安车。其去位致仕告老，赐安车驷马。"然而，至南朝时期，士大夫们出行则完全为牛车取代，正所谓"出则车舆，入则扶持，郊郭之内无乘马者"。由此可见，牛车在六朝时期，尤其是东晋、南朝，已成为士大夫们彰显其身份地位的载体，是薄葬思想影响下六朝"贵族制社会"的真实反映。

二、造物艺术的"清"美风尚

"清"是中国美学中的一个重要概念，在国人审美观念中，是美的事物多具有"清"的特质，"清"的审美意趣对后世人物品藻、诗歌创作、文学品评、书画鉴赏、工艺制造等方面均有重要指导意义。然而，"清"美观念的形成，实始于魏晋南北朝时期，是诸多士人倡导玄学思想影响下的产物，在此影响下，"清"不仅是一种人生境界、人格风范，也是一种生活趣味，是六朝人审美意识的主要特征之一。

六朝时期，"清"具有清爽、不俗、高雅之义，通常用来赞赏一个人的个性气质或标榜文学、艺术作品之独特性，与"美"相近。"清"之概念实源自先秦时期，最早见之于《老子》一书，曰："天得一以清，地得一以宁。"[①] 六朝美学中的"清"是对道家相关概念的发展，即从强调"道"的本体性到注重"道"的实践性，将"清"从一个道家哲学和美学的概念，演变为一个普遍的审美标准和审美范畴，实现了道"清"—人"清"—文"清"思维逻辑的推衍过程。[②]"清"往往与"浊"相对，两者代表"气"之两种状态，因此，时人在讨论人物气质时通常以"清"或"浊"来指向两种不同特点，带有道德评价意义。如袁准《才性》云："凡万物生于天地之间，有美有恶。物何故美？清气之所生也。物何故恶，浊气之所施也。"王充《论衡·本性》曰："贵贱贫富，命也；操行清浊，性也。"[③]《世说新语》中亦多有记载，如《赏誉》篇曰："王公目太尉，岩岩清峙，壁立千仞。"[④]《容止》篇曰："嵇康身长七尺八寸，风姿特秀。见者叹曰：'萧萧肃肃，爽朗清举。'"[⑤] 由此可见，以"清"来品评或赞赏人物的气质、风神、才情在六朝时期颇为盛行，至少包含两种含义：其一，重在人物德行品格廉洁清白，不贪图名利，本性清虚超俗，任性自然，人性气质不阿谀

① 老子. 老子 [M]. 上海：上海古籍出版社，2013：85.
② 王玫. 道玄思想与六朝以"清"为美的意识 [J]. 厦门大学学报（哲学社会科学版），2006（2）：118.
③ 王充. 论衡 [M]. 上海：上海古籍出版社，2013：59.
④ 刘义庆. 世说新语 [M]. 北京：中华书局，1998：406.
⑤ 刘义庆. 世说新语 [M]. 北京：中华书局，1998：588.

逢迎，无故加之而不怒，临危不惧、处变不惊；其二，注重人物仪表风度之清朗飘逸①。基于此，还生发出许多以"清"为词根的词汇，如清高、清疏、清和、清远、清真、清恬、清虚、清约等。

"清"不仅用于人物品藻，还广泛见于艺术品评，艺术观照与实践，宗白华说："晋人风神潇洒，不滞于物，这优美的自由的心灵找到一种最适宜于表现他自己的艺术。""中国绘画艺术的灵魂—是从晋人的风韵中产生的。""晋人的美感和艺术观，大体而言，是以老庄哲学的宇宙观为基础，富于简淡、玄远的意味。"②六朝时期的诗文中多见将"清"作为评判高下的标准，如鲍照评谢灵运的诗说："如初发芙蓉，自然可爱。"颜延之诗曰："若铺锦列绣，亦雕绘满眼。"六朝艺术家对山水的观照也体现出"清"趣，在山水诗与山水画中均得到充分体现。山水因其不染杂尘的特点与"清"美甚为契合，左思《招隐》云："何必丝与竹，山水不清音。""清"为山水的审美意向，山水则为"清"的形象表达。晋代是山水画作为独立画科的肇始期，时人基于山水画的特点提出了一些颇有价值的命题，如宗炳提出的"澄怀观道""山水以形媚道""圣人含道映物，贤者澄味象"等均将山水画的审美上升至生命的本体，而"清"美则是重要表现。《宋书·隐逸》载：

> （宗炳）以疾还江陵，叹曰："老病俱至，名山恐难遍睹，唯当澄怀观道，卧以游之。"凡所游履，皆图之于室，谓人曰："抚琴动操，欲令众山皆响！"③

在宗炳看来，观赏山水在一定意义上也是在"观道"，而山水画是对自然山水的描摹，同样也是对"道"的折射。而"澄怀"就是老子所说的"涤除玄鉴"，庄子所说的"心斋""坐忘"，即人们排除一切功利欲望的计较和思考，从而使心灵处于一种虚静空明的状态。④ 这种状态与"清"美甚为契合，也是审美观照必须具备的审美心胸。

"清"美不仅广泛运用于文学、艺术中，在当时的墓葬造物艺术中也有体现。据已刊布的资料看，六朝墓葬造物艺术中，以青瓷器为大宗，在大中型的墓葬中多发现色泽清亮、器形规整的青瓷器。这类青瓷器在东汉晚

① 王玫. 道玄思想与六朝以"清"为美的意识 [J]. 厦门大学学报（哲学社会科学版），2006（2）：114-115.
② 宗白华. 美学散步 [M]. 上海：上海人民出版社，1981：212-220.
③ 沈约. 宋书 [M]. 北京：中华书局，1974：2278.
④ 樊波. 中国书画美学史纲 [M]. 长春：吉林美术出版社，1998：239.

期便已出现，广泛应用于六朝时期，尤其受到孙吴、东晋时期士族阶层的喜爱，今各大博物馆中展出的高品质的青瓷多出土于这时期的士族墓葬中。青瓷器之所以受到士族阶层的欢迎，并在一定程度上替代了两汉时期流行的漆器与青铜器，有着更为深层的原因。青瓷器作为新出的品种，因具有温润清洁、坚固耐用的特性，很快取代之前流行的釉陶，成为众人追捧的对象，这便使青瓷器刚一出现便迎来其发展的高峰。孙吴时期由于士族庄园经济的影响，多出现魂瓶、灶、笔、羊、鸡、乐舞俑、酒尊、耳杯、水注、渣斗、虎子等与士人生活有关的造物艺术。东晋时期由于士族门阀的盛行，墓葬中以反映南渡后豪族们拥有的私家武装和仪从车马最具代表性。这些造物多与士人清谈玄辩的生活有关，体现出"清"美影响下青瓷器形制方面呈现出的时代特征。此外，青瓷器本身的釉色也符合时人对"清"美的追求，六朝青瓷器由于以石灰釉为原料，氧化钙含量较高，呈现出光泽较好、透明度较高的特点，胎土本身的色泽对釉色影响较大，整体呈现青灰色。而这种发色可以给六朝士人以无限的想象，符合"清"的审美标准。除青瓷器外，六朝漆器、青铜镜、画像砖中的纹饰也反映出六朝人在审美方面呈现出的变化。首先，汉代流行的"四神"、西王母、东王公、奇珍瑞兽等已不多见，代之而起的是大量植物纹，这种变化在东晋后期尤甚，主要原因是当时佛教盛行，玄学与佛学在某些方面融合，"清"美成为二者共同的审美标准。其次，六朝造物艺术中的人物形象与形式特征也表现出对"清"美的追求。此时反映士人生活的高士、宫闱题材较之两汉更为流行，如上文提及的朱然墓中出土的漆器就有多个相关的题材，如"季札挂剑""贵族出行""商山四皓"等，在人物题材方面均与汉代漆器存在较大不同。南朝高等级墓葬中还出现了四幅表现"竹林七贤"的画像砖，由于"竹林七贤"是玄学人士的典型代表，因此，最为直接地体现出墓葬造物艺术的"清"美特征。在人物形象的表现手法方面，也体现出一定的时代特征，六朝墓葬造物艺术中的人物画更多地采用飘举流畅的线条来表现，以浅浮雕手法来体现立体效果，一改汉代的浑朴雄大，转为秀骨清相、俊雅飘逸的形式表达。

三、"施用有宜"——造物艺术的适用观

我国古代造物艺术思想体系中，适用始终为一个重要的准则而影响造物艺术发展的进程，许多造物思想家对其做了较为系统的研究。明代文震亨《长物志·器具第七》说："古人制器尚用，不惜所费。故制作极备，非

若后人苟且……今人见闻不广，又习见时世所尚，遂致雅俗莫辨。更有专事绚丽，目不识古，轩窗几案，毫无韵物，而侈言陈设，未之敢轻许也。"①
这里的"尚用"，一方面指适用，是造物的目的所在；另一方面说明古人为了追求器物的精致，不惜花费大量的人力与物力，以最高的标准制作理想的器物。其实，以适用为造物标准在文震亨之前便有多位学者提出相似的理论。如北宋王安石提出"以适用为本"的理念，在讨论"文""质"关系时，并未否定外在装饰在造物中的积极意义，但他同时也提出要以"适用为本"，即造物的首要目的是适用，如果背离这一准则，即使装饰了非常华丽的外衣，也是不完美的。其实，早在魏晋南北朝时期对此便已有了较为全面的阐释，北齐人刘昼在《刘子·适才》中提出了"物有美恶，施用有宜"的命题，他说：

> 物有美恶，施用有宜；美不常珍，恶不终弃。紫貂白狐，制以为裘，郁若庆云，皎如荆玉，此毳衣之美也；蘑菅苍蒯，编以蓑笠，叶微疏累，黯若朽穰，此卉服之恶也。裘蓑虽异，被服寔同；美恶虽殊，适用则均。今处绣户洞房，则蓑不如裘；被雪沐雨，则裘不及蓑。以此观之，适才所施，随时成务，各有宜也。②

刘昼认为"美"与"丑"并非两个相对的概念，二者在一定的条件下会产生相应的变化，甚至相互转化，这种条件便是"适用"原则，即他提出的"美恶虽殊，适用则均"。以"裘"与"蓑"为例，认为"处绣户洞房，则蓑不如裘；被雪沐雨，则裘不及蓑"。在此，刘昼并没有否定"裘"本身美的特点，"紫貂白狐，制以为裘，郁若庆云，皎如荆玉，此毳衣之美也"。同时也认为材料易得、制作粗糙的蓑衣因具备适用性，也可视为美的造物。刘昼在论述"美恶虽殊，适用则均"的概念前，还提出"物有美恶，施用有宜"的命题，这里的"施用"与"适用""尚用"概念一脉相承，具有相同的旨趣，同时又存在一定的差异。相较于"适用""尚用"，"施用"更加注重造物完成之后在具体环境中有选择的运用。同文中刘昼借助《采菱》与《嘘吁》两首歌曲来阐释"施用有宜"在具体环境中的运用。他说："伏腊合欢，必歌《采菱》；牵石拖舟，则歌《嘘吁》。"在伏祭与腊祭之日，适宜吟唱凄清悲凉的歌，而在从事牵石拖舟这样的体力活时更适合诵唱一些轻快的歌，以便于众人根据歌声节奏协调步伐，使合力。可见，

---

① 文震亨. 长物志 [M]. 重庆：重庆出版社，2017：146.
② 王叔岷. 刘子集证 [M]. 北京：中华书局，2007：128.

"施用有宜"还包括情感与形式相统一的因素,并不仅限于"适用"目的。

从六朝墓葬出土的遗物中,我们也能看出"施用有宜"在造物艺术中的运用。以青瓷为例,六朝是青瓷造物艺术的成熟期,在300多年的发展历程中,各时期均表现出鲜明的时代特征,以明器最具特色。孙吴时期流行以青瓷制作仿生器与生活用具,如鸡埘、猪圈、狗圈、灶、房舍等,这反映出当时社会经济较为活跃,形成了多阶层的庄园经济。以上明器正是为具有一定经济能力、拥有较高社会地位的墓主服务,希冀在另一个世界继续享有优渥的物质生活。然而,随着孙吴的灭亡,以及北方士族的南迁,原有南方自给自足的庄园经济被打破,社会权力更多地集中在世家大族手中,他们虽是一群失去土地的流亡者,但凭借掌握的强大武装力量,很快获取了孙吴故地的政治、经济话语权,实现"未有力田,悉资俸禄而食"。因此,孙吴时期流行的仿生器与生活用具类明器已很难见到,代之而起的是反映南渡后的私家武装与仪仗车马等生活用具,反映出社会结构变化对墓葬造物艺术的影响。从孙吴与东晋时期青瓷器形制的变化可以看出,社会结构、经济结构的变化引发了造物艺术风格的改变,而这种改变多是基于"适用"的原则,即适合不同的社会环境与人群。

上述三种造物思想在六朝时期最具代表性,其源有二,一是前朝造物思想。如"器以藏礼",实出自《左传·成公二年》,与该命题类似的观点还有"物以载道""制器尚象"等。然而,"器以藏礼"在六朝时期的具体表现相较于前朝存在诸多不同,随着造物水平的提高与人文思想的转变,六朝时期的"器"以青瓷器为主,"礼"多指道、佛思想影响下的丧葬礼仪。二是在六朝人文思潮影响下形成的新思想。如"施用有宜"的造物适用观是北齐人刘昼提出的新命题,这一命题对后世影响很大,如北宋王安石提出的"适用为本"理念,明代文震亨"制器尚用"观等,皆源自"施用有宜"的造物观。刘昼认为"美"与"丑"并非两个相对的概念,在一定的条件下会发生转变,这个条件便是"适用",他说"美恶虽殊,适用则均",很好地诠释了"适用"在"美"与"丑"二者之间所起的作用。"清"美是六朝时期特有的产物,它生发于魏晋玄学思想,指代一种人生意向,一种审美取向。这种"清"美风尚广泛应用于当时的文学艺术,在造物艺术中也有所体现,通过材质、纹饰、形制等表现对"清"美的笃爱。

第六章

六朝墓葬造物艺术交流与影响

　　六朝是我国对外交流发展史上承前启后的重要时期，各朝虽偏于江南一隅，但与域外诸国的文化、经济往来从未中断，在汉代古丝路基础上又开辟了对后世影响甚大的海上陶瓷之路。北方借助古丝路几个互市点与诸国保持一定的商贸往来，南方则通过开辟的海上贸易通道将灿烂的文化传播至海东、东南亚、南亚、中亚等地。同时，域外诸国的文化与造物艺术也通过这两条贸易路线传至六朝，这在一定程度上丰富了六朝墓葬造物艺术的多样性。相较于北方，南方海路显得更为繁忙与重要。交州以南诸国、天竺、康居等国的使节与商旅不断经由海上陶瓷之路进入都城建康及东南沿海诸城市，一时出现"四海流通，万国交会"的盛况。海上贸易中，出口商品多为丝织品、陶瓷器、金银器、漆器等。进口商品多为香料、异果、珍珠、琉璃、象牙等。这在南京及"一带一路"沿线国家的出土遗物中都多次得到证实。丰富的异域物品也是六朝时期对外文化艺术交流的最好见证。

　　域内外墓葬造物艺术之间的交流，必然是通过一定的传播路径，借助来往于两地之间特定的人群来完成的。这些人群可能是两国之间互派的使臣、两地的商贾，抑或布教人士，他们的初衷虽不是促进两地间造物艺术交流，却无意中充当了艺术交流的使者。来往于两地的通道即是造物艺术相互传播的路径，一方面，六朝造物艺术通过此路径源源不断地向域外输出；另一方面，域外的造物艺术也通过此路径输入六朝。这种传播路径大致可分为两类：一类是经由陆路向北方的传播；另一类是借助更为成熟的海上贸易通道对海东地区的传播。在由陆路向北方传播的通道中，互市点对造物艺术的传播起到重要作用，它是两地间造物艺术交流的重要窗口。在对海东地区传播的过程中，百济不仅是主要的传播对象，同时还起到向日本传播的桥梁作用。

　　六朝墓葬造物艺术对外输出的影响体现在多个方面，对同时期的北方与海东地区造物艺术产生较大影响，包括提升墓葬造物艺术等级、丰富墓葬造物艺术类别、促进造物工艺水平提高三个方面。此外，六朝墓葬造物艺术也直接或间接地影响了隋唐墓葬造物艺术，对隋唐繁缛华丽造物风的形成起到促进作用。

第一节 六朝墓葬造物艺术传播路径

一、经由陆路向北方的传播

六朝时期与北方的交通线路即是造物艺术的传播通道，从南方墓葬造物艺术的分布情况可见，该线路大致可分为四条。

（1）泗水通道。该通道可分为两条，东侧一条主要经临沂，越大岘关，北上至临淄地区；西侧一条由六合、天长越淮河至淮阴，而后达徐州、青州等地。其中东侧一条更为重要，是南方墓葬文化向北方传播的重要路线。临沂洗砚池墓、苍山元嘉墓等均位于这一路线上。

（2）合洛通道。该通道沿建康西南大路至采石渡江，经历阳（和县）、岘山、昭关、合肥、寿春（寿县），渡淮河后可达许昌和洛阳。此通道不仅是南北贸易的重要通道，还是北人南下或南人北伐的重要路线。合肥西晋永康元年墓、淮南唐山乡南朝墓等均是该传播路线中的重要发现。

（3）南襄通道。该通道是六朝时期最为繁忙的路线之一，由南阳与襄阳之间夹道组成，是进出南北两地的重要通道，也是重要的战略要地，历来为军家必争之地。襄阳因为是汉水线上的重镇，其地位更显重要，南方的造物艺术经襄阳溯水而上，可到陕南地区。该通道上出土南方造物艺术的墓葬有河南南阳住宅修缮公司墓、南阳市妇幼保健院东晋墓，陕西汉中崔家营子墓、安康长岭墓等。①

（4）河南道。该通道因吐谷浑（治今青海都兰）在南朝宋时被封为河南王而得名。六朝时期，由于南襄通道常年受到南北争战的困扰，之前较为少用的连通益州（治今四川成都）与西域的路线被重新启用，成为南方政权与西域进行政治、经济、文化交流的重要通道。②

六朝时期，虽然中国南北政权长期处于对峙状态，但彼此间的文化艺术交流并未完全中断。一方面，各政权之间的官方交往还在继续，双方仍互派使者保持一定限度的沟通；另一方面，南北两地间通过边境互市的方式保持物资流通。互市也称"交市"，即双方在边境地区设置专为物资贸易的机构，互派专人进行管理，这些人被称为"互市人"。六朝的互市经历了

---

① 韦正. 六朝墓葬的考古学研究 [M]. 北京：北京大学出版社，2011：305-322.
② 唐长孺. 南北朝期间西域与南朝的陆道交通 [M]//唐长孺. 魏晋南北朝史论拾遗. 北京：中华书局，1983：179-193.

一个由非官方向官方发展的过程，孙吴时期，魏、吴边境地区虽没有官方组织的互市机构，但民间自发形成的互市行为也得到了政府的默许。《三国志》卷九《夏侯尚传》载江夏太守王经事曰："大将军曹爽附绢二十匹令交市于吴，经不发书，弃官归。"① 此外，六朝早期僧侣的南来北往也间接促进了南方造物艺术在北方的传播，梁僧祐《出三藏记集》中收有《渐备经十住梵名并书叙第三》一文，曰：

> 元康七年十一月二十一日，沙门法护在长安市西寺中出《渐备经》，手执梵本，译为晋言……大品出来，虽数十年，先出诸公，略不综习……不知何以遂逸在凉州，不行于世……未能乃详审。泰元元年，岁在丙子五月二十四日，此经达襄阳。释慧常已酉年，因此经寄互市人康儿，展转至长安。长安安法华遣人送至互市，互市人送达襄阳，付沙门释道安……《渐备经》以泰元元年十月三日达襄阳……与《光赞》俱来……《首楞严》《须赖》，并皆与《渐备》俱至凉州。道人释慧常，岁在壬申，于内苑寺中写此经。以酉年因寄，至子年四月二十三日达襄阳。②

这则记载明确了佛经由凉州（今武威）至长安（今西安）再达襄阳的传播路径。由此可见，孙吴与北方曹魏政权在文化、经济方面并未因双方的军事对立而中断，两国仍然保持着一定的互动。南朝宋与北魏之间则保持了长时间的官方互市，双方物资经商贩运送至边境互市点进行贸易，交易完成后返回原地再做分配，在此过程中双方人员虽未进入对方管辖区域，但物质交换行为已完成。在北方墓葬中发现的南方造物艺术大多是通过这种互市方式进入北方，并最终被带入墓穴的。

二、经由海路向海东的传播

中国与域外的互市，据零星的史料推测在汉武帝之前便已展开，如张骞通西域时在大夏国见到蜀布、邛竹杖等，表明在此之前川滇缅身毒道已开通，并有了贸易往来。《史记·西南夷列传》载：

> 及元狩元年，博望侯骞使大夏来，言居大夏时见蜀布、邛竹杖，使问所从来，曰："从东南身毒国，可数千里，得蜀贾人市。"③

---

① 陈寿. 三国志 [M]. 北京：中华书局，2011：253.
② 僧祐. 出三藏记集 [M]. 北京：中华书局，1995：332.
③ 司马迁. 史记 [M]. 北京：中华书局，2011：6871.

魏晋南北朝时期，是六朝与域外交流互市的重要阶段，此时北方政权多取道河西走廊与中亚及西方国进行贸易，南方的六朝则多通过海路与沿线国家互市。这一海上交通线可分为两个方向：一是南向的航线以广州为出海口，入南海后与沿海各国贸易，有的出南海经印度洋、波斯湾后接上西方海上航线，将贸易对象扩展至地中海沿岸国家；二是东向的航线从东部沿岸出海，经朝鲜半岛后再入日本列岛，也有直入日本列岛线路。就六朝造物艺术而言，对海外地区影响最大者当属海东诸国，尤以百济与日本为最。

孙吴由于长期与曹魏政权处于对峙状态，陆路交通虽未完全中断，但已不见往日的辉煌。出于政治与经济目的，孙吴政权着手大力发展海运。《三国志》卷八《公孙度传》引《魏略》载：

> （孙吴）恃江湖之险阻，王诛未加。比年已来，复远遣船，越渡大海，多持货物，诳诱边民。边民无知，与之交关。长吏以下，莫肯禁止……十室之邑，犹有忠信，陷君于恶。[1]

又《三国志》卷四十七《吴主传》载：

> （权）使太常张弥、执金吾许晏、将军贺达等将兵万人，金宝珍货，九锡备物，乘海授渊。[2]
>
> 时有至会稽货布，会稽东县人海行，亦有遭风流至亶洲者。所在绝远，卒不可得至，但得夷洲数千人还。[3]

从上述材料可知，孙吴时期的航海已达万人规模，且多具政治与经济目的的官方行为。"亶洲"多见于《三国志》《后汉书》等文献，据王仲殊先生考证应是日本列岛的一部分。日本长野县御猿堂古坟、冈山县县王墓山古坟、千叶县鹤卷古坟等出土的"画文带佛兽镜"可为物证，这些青铜镜纵使不是吴镜，至少也是西晋时期的产物。[4]

南朝由于在军事方面与北朝长期处于争战状态，陆路的商贸往来受到极大影响，加之此时南朝政府崇尚佛教，积极发展农商，所以，南朝政府更加注重海上航运。《宋书》卷九十七《夷蛮》载：

> 晋氏南移，河、陇夐隔，戎夷梗路，外域天断。若夫大秦、天竺，迥出西溟，二汉衔役，物艰斯路，而商货所资，或出交部，

---

① 陈寿. 三国志 [M]. 北京：中华书局，2011：212.
② 陈寿. 三国志 [M]. 北京：中华书局，2011：948.
③ 陈寿. 三国志 [M]. 北京：中华书局，2011：947.
④ 王仲殊. 关于日本的三角缘佛兽镜：答西田守夫先生 [J]. 考古，1982（6）：634.

泛海陵波，因风远至……故舟舶继路，商使交属。①

这则记载表明刘宋时期的对外贸易更多依赖海上航运，并已形成较为成熟贸易航线。与此同时，官方的往来也更加频繁，朝鲜半岛诸国与日本皆奉南朝为宗主国，接受册封。如东晋时期封高琏为高丽王、都督营州诸军事、征东将军、乐浪公，宋武帝时又加封为征东大将军。百济王先后被东晋、南朝政权授以镇东将军、镇东大将军、征东大将军、宁东大将军封号。至此，双方互派使节，来往不断。

六朝与海东之间的海上交通线也是造物艺术的传播路线，可归纳为两条，大致情况如下。

（1）六朝—百济。百济是朝鲜半岛发现六朝墓葬造物艺术最多的地区，两者间的航线也最近。大致是由建康入江后顺流而下，出长江口后循东海、黄海直入百济。此外，由于东晋在数次北伐过程中曾占领山东半岛大部区域，因此，在山东半岛也有连接百济的直接航线，该航线对东晋时期墓葬造物艺术的输出可能有一定的促进作用。

（2）六朝—日本。六朝与日本的海上航线大致可分为两条：一条为六朝时期的北路航线（黄海北线）；另一条为南朝时期新开发的南路航线（黄海南线）。② 北路航线是六朝与日本之间最为繁忙的航线，特点是借道百济后再入日本。史籍记载了日本派遣使节至东晋、南朝，通常借道百济的情形，如《宋书》载倭王武在致中国皇帝的表文中谈到"道迳百济"，说明百济在中日两国的交往中起到了桥梁作用。日本学者木宫泰彦也指出，当时造船术、航海术尚不发达，未能横渡大洋，且所以派遣使臣至中国者，实因韩土之政治的关系，则经过百济，为自然之结果。③ 南路航线是南朝时期新开辟的航路，由于海域宽广，时常发生不测，因此，并不成熟，上文提及的"亶洲"即位于该航线上。

综上所述，六朝时期墓葬造物艺术的传播，一方面源于官方的交往，双方互派使节必然带来物质的互动，六朝造物艺术借此大量输出；另一方面，双方民间的商贸往来更为频繁，并且民间商贸交往传播是六朝墓葬造物艺术传播的主要方式。在众多传播线路中，建康—百济—日本海路是六朝对海东地区造物艺术传播最为繁忙的航线。

① 沈约. 宋书 [M]. 北京：中华书局，1974：2399.
② 陈定棨，龚玉和. 中国海洋开放史 [M]. 杭州：浙江工商大学出版社，2011：60.
③ 木宫泰彦. 中日交通史 [M]. 陈捷，译. 上海：商务印书馆，1931：58.

第二节　六朝与北方、海东地区造物艺术交流

一、六朝墓葬造物在北方的发现

六朝虽是我国历史上最为动乱的时期之一，经历了 300 多年的动荡与分裂，此时，对抗与消灭是时代的主旋律，但政治的分裂并不能完全妨碍经济、文化方面的交流与往来。尤其是"永嘉之乱"后东晋王朝的建立，汉文化的中心第一次南移。由于北方长期混战，以及蛮族的入侵，南朝一直保持文化上的正统地位，士族们的衣冠礼乐成为华夏正朔所在，包括丧葬制度在内的南方文化长期成为北方各政权学习和模仿的榜样。因此，在北方的墓葬中经常发现南方造物艺术。

在北方墓葬中发现的六朝造物艺术，以陶瓷器最为多见，其次是青铜镜。就青瓷器而言，山东地区由于靠近长江下游的青瓷产区，更加容易获得质量较高的青瓷产品。如山东临沂洗砚池晋墓 M1、M2 发现的盘口壶、四系罐、鸡首壶、钵、砚台、双口罐、瓷灯、瓷胡人骑狮水注等①，其形制与纹饰均与江浙地区出土青瓷器无异，具有鲜明的南方墓葬特征。山东临沂苍山晋墓出土的盘口壶、四系罐、鸡首壶、素烧罐等也都具有鲜明的南方墓葬造物艺术特征②，与南京地区出土的孙吴晚期至东晋早期造物艺术形制颇为相近。山东邹城西晋刘宝墓出土了四系罐、虎子、狮形烛台、唾壶、钵、耳杯等，该墓出土的一件釉陶兽形砚滴颇值得注意，与江苏南京湖熟孙吴墓及南京仙鹤观 6 号墓出土的青铜鎏金砚滴造型有异曲同工之处。以上是山东地区出土西晋前后较为典型的南方墓葬造物艺术（图 6-1），这批瓷器大多等级较高，甚至可与南京地区出土同时期同类器相比。说明西晋时期山东地区与长江下游地区存在较为频繁的往来，这种往来或许是商贸抑或是高层之间的互动，与两晋之际社会动荡的历史背景不无关系。此外，六朝早期处于南北交界的今安徽北部地区，也有不少南方墓葬文化因素的瓷器出现，如合肥西晋永康元年墓出土的青瓷盘口壶、钵、水盂等③，凤台西晋永宁二年（302）墓出土的青瓷钵等，均与南京地区出土同类器具有一致的造物特征。说明西晋统一后，原本孙吴时期较为成熟的青瓷器受到临近巢湖地区民众的欢迎，并由此向北方大量输送。

① 山东省文物考古研究所，临沂市文化局. 山东临沂洗砚池晋墓 [J]. 文物，2005 (7)：7-40.
② 临沂地区文管会，苍山县文管会所. 山东苍山县晋墓 [J]. 考古，1989 (8)：714-718.
③ 合肥市文物管理组. 合肥西晋纪年砖墓 [J]. 考古，1980 (6)：568.

1   2   3   4

图 6-1 西晋 山东地区出土青瓷器

1. 瓷胡人骑狮水注 2. 青瓷四系罐 3. 青瓷鸡首壶 4. 青瓷虎子

（1、3. 临沂洗砚池晋墓 M1 出土；2. 临沂苍山晋墓出土；4. 邹城西晋刘宝墓出土）

    荆襄地区历来是出入南北的重要通道，也是文化艺术交流的重镇。六朝时期该地区常年为多国交战地，且国界互有进退，因此，该地区的墓葬文化因素较为复杂，时常发现南北两地丧葬文化共置的现象，尤以出土南方青瓷器最具特色。如河南南阳住宅修缮公司墓出土的扁壶、四系罐、瓷灯、盘口壶等[①]；河南南阳市妇幼保健院东晋墓中出土的鸡首壶、盘口壶、四系侈口罐、唾壶、四系长腹罐、灯盏、碗等，除青瓷器外，该墓还出土了铁镜、铁剪、镯、银钗等，与东晋大中型墓出土同类器造型相近，应是产自南方[②]；河南南阳东关晋墓出土的四系罐、四系盘口壶等[③]；陕西安康长岭墓出土的青瓷盘口壶[④]；湖北襄阳贾家冲墓出土的青瓷钵及部分陶俑[⑤]。此外，这片区域内多座墓葬中的画像砖也具有鲜明的南方文化因素特征，除上述南阳东关墓与襄阳贾家冲墓外，较为典型的还有湖北谷城县肖家营墓、邓县学庄墓、襄阳麒麟清水沟南朝画像砖墓、襄阳柿庄南朝画像砖墓等。出土的人物故事类与仪仗出行类画像砖与南京出土的画像砖较为一致。

    在远离国境线的北方也出土了数量不多的南方青瓷器，如河南孟州永平四年（511）司马悦墓出土的唾壶、碗，偃师孝昌二年（526）华染墓出土的碗、烛台，洛阳武泰元年（528）元邵墓出土的鸡首壶、罐；河北河间延昌四年（515）邢伟墓出土的唾壶、碗；陕西华阴熙平二年（517）杨舒墓出土的唾壶等。这些青瓷在南方广泛出现于一般墓葬，但北方墓葬中出土的同类器，墓主的身份等级明显要高于南方。

① 南阳市文物工作队. 河南省南阳住宅修缮公司晋墓发掘简报 [J]. 华夏考古, 1994 (1): 45-48.

② 南阳市文物研究所. 南阳市妇幼保健院东晋墓 [J]. 中原文物, 1997 (4): 56-63.

③ 南阳市文物管理委员会. 河南南阳东关晋墓 [J]. 考古, 1963 (1): 25-27.

④ 李启良，徐印信. 陕西安康长岭南朝墓清理简报 [J]. 考古与文物, 1986 (3): 16-22.

⑤ 襄樊市文物管理处. 襄阳贾家冲画像砖墓 [J]. 江汉考古, 1986 (1): 16-32.

除青瓷器外，北方墓葬中还偶见南方生产的青铜镜。如山东临朐大周家庄墓出土的神兽镜，其中瑞兽、羽人乘龙、羽人乘风纹饰具有典型的南方青铜镜特征[①]；河南偃师杏园村 926 号墓出土的画纹带高浮雕神兽镜，该镜主纹由跪坐仙人、瑞兽组成，具有鲜明的南方文化因素特征[②]。

漆画也是反映南北文化艺术交流的重要载体，2019 年南京博物院策划了"琅琊王——从东晋到北魏"展，展出北魏司马金龙墓出土文物与南京及其周遭地区出土东晋文物，其中司马墓中出土的漆画屏风因画风与东晋人物画风格相近，引起了诸多专家学者的注意。漆画保存较为完整的屏风有 5 块，均出土于后室甬道西侧。大小相等，每块长约 0.8 米，宽约 0.2 米，厚约 0.025米。板面遍满红漆，题记与榜题处涂黄色，其上墨书。画面以黑色线条勾勒，面部与手部平涂铅白，间以黄、白、橙红、青绿、灰蓝等色。两面均有画面，向下一面由于长期浸泡于水中、通风差等因素，出土时大多画面已不能辨识。向上一面保存较好，内容多为宣扬封建道德，表彰帝王、将相、烈女、高人、孝子、逸士等（图6-2）。该批漆画题材及表现手法与南方东晋、南朝时期的绘画艺术存在相同旨趣，因此，对研究南北造物艺术交流具有重要意义。

图 6-2　北魏　司马金龙墓出土漆画

（采自山西省大同市博物馆、山西省文物工作委员会：《山西大同石家寨北魏司马金龙墓》，《文物》，1972 年第 3 期，第 89 页）

---

① 宫德杰，李福昌. 山东临朐西晋、刘宋纪年墓 [J]. 文物，2002（9）：30-35.
② 中国社会科学院考古研究所河南二队. 河南偃师县杏园村的四座北魏墓 [J]. 考古，1991（9）：818-831.

二、海东地区发现的六朝墓葬造物

六朝时期与海东的交流并未因战乱而中断，由于继续保持了对海东诸国的宗主国地位，加之海路交通变得更为成熟便利，两地间使节、僧侣、商贾往来也更加频繁。文献记载东晋从 372 年开始与朝鲜半岛接触，至 6 世纪后期，百济派使节往建康达 28 次之多，皇室以得到东晋皇帝册封为荣。东晋、南朝时期，百济派遣使节至 10 余次。南朝时期，日本倭王派遣使节访问建康 10 余次，还不包括战乱或海上交通事故导致来往文书未能送达的情况。两地来往的见证不仅限于《隋书》《南史》《周书》《梁书》《北史》等文字记载，流传至今的萧绎《职贡图》与韩国及日本出土的六朝时期的陶瓷器与青铜镜等也为最好的实物见证。

六朝时期是朝鲜半岛国家初步形成期，此时的朝鲜半岛处于三国鼎立阶段，他们的文化、宗教、政治均受中国影响较大。由于此时的中国正处于社会动乱的魏晋南北朝时期，相较于北方，文化上的正统地位由相对稳定的南方诸政权承续。因此，朝鲜半岛三国受南方影响较大。三国之中以百济与南朝交往最为密切，据不完全统计，百济建国后至少 11 次遣使至都城建康，从南朝引进典籍与佛经，并有工匠、画师远渡百济，参与相关工艺品的制造。宋文帝元嘉二十七年（450），百济王曾上表请求《易林》、式占、腰弩；梁武帝时又请涅槃等佛经、《毛诗》博士及工匠、画师等[1]。所辖区域内发现的六朝墓葬造物艺术的数量与质量均远超新罗，甚至出现百济铸造的"七支刀"上铭刻东晋"泰和四年（369）"的纪年方式。在百济出土众多六朝墓葬造物艺术中，以青瓷器最为多见，质量也最高。比较重要的墓葬有首尔风纳土城遗址，出土陶瓷器 20 多件，包括黑褐釉瓮、钱纹罐、盘口壶等；首尔梦村土城遗址，出土陶瓷器 20 多件，包括黑褐釉瓮、盘口壶、碗、砚台等；公州水村里墓，出土陶瓷器 4 件，包括黑褐釉鸡首壶、盘口壶、青瓷四系罐、莲花纹碗；公州武陵王陵，出土陶瓷器 9 件，包括黑褐釉盘口壶、青瓷六系罐、碗等。此外，其他墓葬或遗址中还出土了青瓷虎子、青瓷羊、青瓷莲花尊等六朝时期的典型造物艺术。以上出土的器物涵盖了六朝各个时期，时间愈晚出土青瓷器的数量越多。六朝早期以黑褐釉瓷器为主，器型包括瓮、罐等；中期青瓷器数量逐渐增多，黑褐釉器呈衰减之势，但仍有一定数量出土；后期青瓷器数量继续增多，黑褐釉

---

① 杨泓. 吴、东晋、南朝的文化及其对海东的影响 [J]. 考古，1984（6）：568.

瓷器则较为少见。

在众多出土六朝文化因素的墓葬中，以百济王墓最具代表性。百济王先后被东晋、南朝政权授以镇东将军、镇东大将军、征东大将军、宁东大将军等封号。1971年，在韩国公州郡宋山里发掘了百济武宁王墓，从墓葬形制与出土遗物看，受南朝墓葬制度影响颇为明显。墓葬为"凸"字形，券顶砖室，前出一条长甬道与斜坡墓道及砖砌排水沟。墓室后部置一砖砌棺床，侧壁与后壁对称设置直棂假窗，假窗上有桃形灯龛。这种形制的墓葬与南朝时期墓葬颇为相似。墓中出土的遗物亦具有典型的南朝造物艺术特征，应是自南朝输入的"舶来品"，包括盘口壶、六系罐、盏等青瓷器与铜盏、铜托银盏、铜熨斗等铜器，以及梁简文帝《望月》诗中描绘的"七子镜"。随葬的石质买地券不仅形制与南朝买地券相同，其志文还用汉字书写"宁东大将军"字样，也与普通二年（521）梁武帝授予百济王的官职相符。此外，甬道中发现一串90余枚铁五铢钱，经鉴定为萧梁时期的产物。大量铁钱的出现与史载梁武帝尽罢铜钱更铸铁钱的时代背景相关①。这说明在百济时期，王朝上下都有一种模仿、学习中国南方墓葬文化的风尚。这种现象的出现与六朝拥有较高的造物艺术水平有关。

六朝与日本的往来至迟在3世纪便已开始，早期的交往更多限于民间往来。至于官方互动，载于史册的是东晋义熙九年（413），倭王遣使前往建康入贡，此后至宋顺帝升明二年（478），赞、珍、济、兴、武五位王先后分十次遣使来到建康，并被授以安东将军和安东大将军的官号。日本境内发现的六朝文物较为丰富，尤以青铜镜最为重要，主要有神兽镜、画像镜、佛像夔凤镜三类。如山梨县鸟居原墓出土的"赤乌元年"对置式神兽镜；兵库县安仓墓出土的"赤乌七年"对置式神兽镜；岗山高新庄上庚申山出土的对置式神兽镜等。这些青铜镜中，出现用佛像或模仿佛像装饰的青铜镜，专家们称之为三角缘佛兽镜，约500枚，是孙吴时期青铜镜的创新品，有鲜明的时代特征。一些佛兽镜中饰有"笠松"形纹样，这种纹饰在中国没有发现，王仲殊先生认为是中国工匠东渡日本后，综合中国传统镜纹与日本当地"笠松"形纹的创新品。② 据此，认为日本出土的三角缘神兽镜可分为两大类：舶载镜与仿制镜。大量青铜镜出土于日本，且与六朝青铜镜形制、纹饰类似，说明此类镜应是从江南吴地传入，属六朝的舶来品。经

① 王志高. 六朝文物 [M]. 南京：南京出版社，2004：389-396.
② 王仲殊. 关于日本三角缘神兽镜的问题 [J]. 考古，1981（4）：346-396.

东京国立文化研究所化学研究室对东京国立博物馆所藏佛像夔凤镜做铅的同位素分析，发现其铅元素与我国南方铅矿相吻合，说明日本在六朝时期引进我国南方青铜镜属实。

此外，日本出土六朝墓葬造物艺术还有铜器、青瓷器等品类。如奈良新山古墓出土的铜带饰，爱媛县松山市出土的黑褐釉四系罐等，均能在六朝墓葬中找到与之相似的遗物，说明此类墓葬造物艺术应来自六朝。

三、六朝墓葬发现的域外造物

六朝时期由于海上陶瓷之路的进一步繁盛，使得域外的造物艺术也更多地传入我国，成为域内外文化艺术交流的见证。六朝墓葬中发现的域外造物艺术有玻璃器、萨珊银币、珊瑚、琥珀、绿松石等，主要发现于长江中下游地区的大中型墓葬中，尤以帝王陵墓与世家大族墓为最。此外，东南沿海的几个海路贸易点及连接内地的运输点也有零星发现。

（一）玻璃器

在诸多域外造物艺术中，以玻璃器最具代表性。六朝出土的玻璃制品数量远较其他舶来品为多。从已发现的六朝玻璃器来看，主要出土于大中型墓葬中，这种现象与当时的社会结构相关。据相关资料所载，玻璃器在六朝时期颇受统治阶层喜爱，属宝器之列，非常珍贵，多为舶来品。交、广地区自汉代始即为我国对外通商的口岸，玻璃制品多由此地进入，为后期在此进行仿制提供便利。六朝时期，由于世家大族占有大量的土地与财富，整个社会弥漫着一股奢靡之风，相互攀比，形成斗富陋习。如《世说新语》中记载的王恺与石崇斗富即为典型一例，王恺是晋武帝的外甥，皇亲国戚，石崇则是当时的巨贾，"百道营生，积财如山"。斗富中双方都将自己的宝物拿出来以示身份的高贵，而这些宝物都是世所罕见之物，玻璃器位列其中。《洛阳伽蓝记》载，后魏河间王琛最为豪富，常会宗室，陈诸宝器……其余酒器有水晶碗、玛瑙、琉璃碗、赤玉卮数十枚，做工奇妙，中土所无，皆从西来。这里明确记载了玻璃器为豪富手中的宝物，并且是西方舶来品。

六朝玻璃器主要发现于南京及其毗邻地区，如南京象山7号墓出土一件磨花筒形杯，无色透明微泛黄，圆底、直筒下底内收，口沿与底均磨有椭圆形花瓣①；南京富贵山4号墓出土一只玻璃碗，透明微泛蓝，敛口、束

---

① 南京市博物馆. 南京象山 5 号、6 号、7 号墓清理简报 [J]. 文物，1972（11）：23–41.

颈、圜底，下腹有 20 条火焰状花瓣；南京仙鹤观 6 号墓出土一只玻璃碗，透明微泛青，直口、束颈、圜底，肩腹有 3 组细椭圆形花纹，均用磨花方法做出，排列有序（图 6-3）①。此外，南京六朝墓中还出土一些残碎的玻璃器，如象山 7 号墓、南京大学北园东晋墓、江宁众彩物流东晋墓等。除南京出土了六朝玻璃器外，鄂州与广州两地也出土了玻璃器皿，如鄂州五里墩 121 号西晋墓出土一只玻璃碗，透明泛黄绿色，侈口、束颈、鼓腹、圜底；鄂钢饮料厂 1 号墓出土一片玻璃器残片，呈白色透明状；广州下塘狮带岗墓出土一件残器，蓝色、弧壁有凸棱纹。此外，玻璃器中除杯、碗形器外，还有珠状、管状等，如南京富贵山东晋墓中出土玻璃珠，扁圆形，中有穿孔，为深绿色。② 根据出土玻璃制品成分分析，约可分为两类：一类为罗马制品，出土时间多为汉代，如广州横枝冈西汉墓出土的玻璃碗③、江苏邗江甘泉二号墓出土的绞胎玻璃残件④、扬州老虎墩汉墓出土的玻璃杯残片⑤等；另一类为萨珊制品，时间相较于罗马制品为晚，如湖北鄂城五里墩墓与江苏镇江多座西晋时期墓圹中出土的玻璃碗、玻璃杯等。

1　　　　　　　　2　　　　　　　　3

图 6-3　六朝　南京出土玻璃器

（1-2. 采自《六朝风采》，第 42-43 页；3. 采自六朝博物馆）

（二）萨珊银币

中国与伊朗早在公元前 2 世纪便有了频繁的往来，在商贸、文化方面相互交流。六朝时期联系更加紧密，此时正值伊朗的萨珊时期，由丝路贸易输入我国的物品除玻璃器、香料、宝石、银器外，还有一定数量的萨珊银币。据统计，我国境内发现的萨珊银币共 33 批 1000 多枚⑥，分别出土于新

①　南京市博物馆. 江苏南京仙鹤观东晋墓 [J]. 文物, 2001 (3)：4-40.
②　南京博物院. 南京富贵山东晋墓发掘简报 [J]. 考古, 1966 (4)：197-204.
③　广州市文物管理委员会，广州市博物馆. 广州汉墓 [M]. 北京：文物出版社, 1981：239.
④　纪仲庆. 江苏邗江甘泉二号汉墓 [J]. 文物, 1981 (11)：1-11.
⑤　徐良玉，印志华，吴炜. 江苏邗江县甘泉老虎墩汉墓 [J]. 文物, 1991 (10)：62-70.
⑥　夏鼐. 综述中国出土的波斯萨珊朝银币 [J]. 考古学报, 1974 (1)：91.

疆、青海、陕西、河南、河北等地，其中六朝疆域内主要发现于今广东英德、曲江、遂溪，江苏南京等地，共 30 多枚。据已刊布资料，出土六朝时期萨珊银币情况如表 6-1 所示。

表 6-1　出土六朝时期萨珊银币一览表

序号	出土地点	埋藏时代	银币数量（枚）	银币年代	资料出处
1	广东英德	南齐	3	卑路斯时期（457—483）	杨豪：《广东英德、连阳南齐和隋唐古墓的发掘》，《考古》，1961 年第 3 期
2	广东遂溪	南朝	20	沙卜尔三世至卑路斯时期（383—483）	陈学爱：《广东遂溪县发现南朝窖藏金银器》，《考古》，1986 年第 3 期
3	广东曲江	南朝	9	卑路斯时期（457—483）	杨少祥：《广东曲江南华寺古墓发掘简报》，《考古》，1983 年第 7 期
4	江苏南京		1	卑路斯时期（457—483）	罗宗真、王志高：《六朝文物》，南京出版社，2004 年版

以上萨珊银币中除遂溪窖藏 3 枚沙卜乐三世与 5 枚伊斯提泽德二世外，余皆为卑路斯时期制品，全部为东晋、南朝时期输入，说明此时与萨珊王朝之间的商贸往来更为频繁，相较于北方银币借助丝绸之路输入，六朝萨珊银币则更可能是通过海路流入。

除上述玻璃器与萨珊银币外，六朝墓葬中还出土了一些颇具异域色彩的造物艺术。如南京象山 7 号墓出土的一枚嵌金刚石金指环，该环素面无纹，金刚石嵌于方形斗状孔中，无琢磨痕迹，直径约 1 毫米，应是西域产物。《南史》卷七八《列传第六十八》载："呵罗单国都阇婆洲，元嘉七年，遣使献金刚指环、赤鹦鹉鸟、天竺国白叠、古贝、叶波国古贝等物。"[1] 南京象山 1 号墓出土一件鹦鹉螺杯，该杯以鹦鹉螺外壳为杯身，用鎏金铜镶扣口沿与中脊等处，制作精细，是一件非常华丽的酒器。这些制品都具有鲜明的地域色彩，当属舶来品。

---

[1] 李延寿. 南史 [M]. 北京：中华书局，1975：1957.

第三节 六朝墓葬造物艺术的影响

一、对北方、海东地区造物艺术的影响

六朝虽是我国社会最为动乱的时期之一，然而与域外在政治、经济、文化方面的互动从未中断。由于南朝造物水平更为先进，域外多与南朝保持较为频繁的贸易往来，因此，南朝制作的产品得以大量输出，成为域外社会上层彰显自身品位、社会等级的重要载体，尤以北方与海东地区为最。此外，南方政权不仅直接输出既有产品，同时还输出工匠、技术、工艺等，参与输入地区的造物艺术设计与制作过程，丰富了其造物艺术样式，提升了其造物艺术水平，进而影响这些地区的文化艺术构建。

（一）提升北朝墓葬造物艺术等级

在众多输往北朝的造物艺术中，以青瓷器最具代表性，相较于其他品类造物艺术，不仅数量多，质量亦居上层。据已刊布资料看，输往北朝的青瓷器大多出土于等级较高的墓葬中，如山西大同司马金龙墓出土的青瓷唾壶；河南孟州司马悦墓出土的唾壶、碗；河南偃师联体砖厂墓出土的鸡首壶、盘等。司马金龙因其特殊的身份，在北魏时期享有极高的政治地位，其墓圹中出土南方青瓷器，说明北魏时期社会上层对于南方青瓷器较为认可。反之，墓葬中随葬青瓷器亦可提升墓葬造物艺术等级。然而，纵观北方出土青瓷器，我们不难发现这些青瓷器中的大部分只出土于南方一般阶层的墓葬中，反映出南北两地在随葬青瓷器时墓主身份等级存在差异化。即南方一般墓葬中出土的青瓷器，在同时期的北方则多出现在等级较高的墓圹中，如前述司马金龙墓出土的唾壶、碗，这样的青瓷器是东晋、南朝时期最为常见的器型，在南方的中小型墓葬中时有出土。然而，如唾壶一类的青瓷器在北方则多出土于等级较高的墓葬中。

考察北方出土的青瓷器，其中有一部分即使在南方也仅出现在品级较高的墓葬中，如狮形插器、鸡首壶、虎子等。如山东北魏太和十七年（493）崔犹墓出土狮形插器，其形制与纹饰同于南方墓葬出土器，皆为四足蜷卧于腹下，双目圆睁，颔下留有长须，项脊刻鬃毛，腹两侧刻划羽翼，尾部贴塑呈蕉叶状，脊中竖一管状插孔，孔与腹部相通。此类器还出土于南京禄口墓、南京江宁张家山墓、南京东山街道上坊社区东宁建材厂墓等，皆出土于规模较大的墓圹中，为南方墓葬中较为多见的品类，从出土纪年

铭文判断，应为孙吴后期至西晋的产品。鸡首壶与虎子的情况同于狮形插器，此处不再赘述。

（二）丰富北方、海东地区造物艺术样式

相较于南方瓷业，北方的青瓷烧制要逊色很多。然而，在经过引进—仿制—创新几个阶段后，北方瓷业也取得了不俗的成就，在传统铅釉陶的基础上成功烧制出了中国第一件白瓷，对隋唐陶瓷业的发展起到了促进作用。在模仿南方青瓷烧制过程中，北方的窑工们利用自身掌握的釉陶技艺，加之南方青瓷的特点，仿制出了颇具地域特色的青瓷，在器形与装饰两个方面均有鲜明的地域特征。北方制瓷主要集中于东魏、北齐、北周，烧制的陶瓷器主要有青瓷、白瓷、黑褐釉与铅釉陶，器形种类有碗、杯、盘、钵、盂、镳斗、长颈瓶、烛台、带系罐、盘口壶、莲花尊、鸡首壶、唾壶、虎子等。其中四系盘口壶、盂、鸡首壶、唾壶、虎子等均具有鲜明的南方造物艺术特征。因其烧制时代较晚，所以必然是受到南方造物艺术的影响。在仿南方造物艺术的同时，北方窑工们也融入了适合北方审美特点的形制与纹饰。如兽首形陶壶的形制无疑是参考了东晋、南朝时期的鸡首壶造型，东晋时期的鸡首壶通体修长，柄通常为龙形，而东魏时期的同类器将龙柄换成兽柄（图6-4），这种现象可能与中国传统文化南移，北方的统治者受汉文化影响较少的历史背景有关。

1　　　　　　　　　　　2

图6-4　东魏与南朝出土兽首形陶壶

（1. 东魏　河北天平四年高雅夫妇墓出土；2. 南朝　南京蔡家塘 M1 出土）

海东的百济与日本是与六朝来往最为密切的两个国家，境内出土的六朝造物艺术最为宏富。不仅如此，由于六朝工匠的加入，百济与日本无论是墓葬形制抑或墓葬造物艺术都极力模仿六朝风格，其中不乏颇具自身特点的产物。相较于日本，百济受六朝丧葬文化影响更深，以武宁王墓最具代表性，该墓无论是墓葬形制抑或墓葬造物艺术均有鲜明的六朝色彩。如墓室的直棂假窗、灯龛、砖砌排水道等，都是仿照南朝墓葬形制而设。此外，墓内不仅出土了来自南朝的造物艺术，自制的石雕也颇具南朝镇墓兽的特点。日本的须惠器也与六朝墓葬造物艺术有渊源关系，须惠器是由百济传入，但其形制实源自东汉、孙吴时期的五管瓶。从烧制须惠器的"登窑"造型来看，窑身修长，设有火膛与烟道，与六朝时期南方的"龙窑"极为相似。须惠器上端的"子持壶"，即1个大壶四周附4个及以上的小壶，形制颇似六朝早期的五管瓶（图6-5）。新中国成立后，这类五管瓶在长江下游地区出土数量较多，形制多为上部置1个大瓶，周围再分布4个相同小瓶，早期为陶质，孙吴时期出现青瓷质。由此可见，日本须惠器应是参考东汉、孙吴时期的五管瓶而创制的新样式。

图 6-5　日本须惠器与中国五管瓶

（1.6 世纪　日本岐阜县养老郡上石津町 1 号坟出土；2. 孙吴　南京江宁东山街道下坊村沙石岩墓出土）

（三）提高北方、海东地区造物艺术水平

3 世纪上半叶，当南方已开始烧制成熟的青瓷产品时，北方还处于烧制传统的铅釉陶阶段。此后，经过引进南方青瓷成品，与本土成熟的烧制技艺结合，最终创烧出具有北方特色的胎釉洁白的铅釉陶产品，无形中奠定了唐三彩的历史地位。研究南方青瓷对北方窑业的影响，可以从产品的造型与装饰两个方面考量，上文已有论及，此处不再赘述。我们发现在仿制南方青瓷器的过程中，因南北两地的陶瓷原料差异较大，北方窑工并不是一味模仿，而是在充分利用自身陶瓷既有成就基础上有选择性地学习，具体而言，即是以素陶与铅釉陶的表现方式仿制南方青瓷器的造型与装饰，前述的东魏兽形盘口壶等即属这种仿制的典型案例。此外，还有山西武平元年（570）娄叡墓出土的二彩盂，武平六年（575）范粹墓、河南武平七年（576）李云墓出土的二彩带系罐等。通过对比发现，北方仿制南方青瓷器的产品有素陶器与铅釉陶器两种，其中素陶器仿制南方青瓷的现象较为少见，仍以生产北方传统造型陶器为主。施釉陶器是仿制南方青瓷器的主要表现手段，其造型多采自南方青瓷器，北方传统造型较少。从出土情况看，素陶器的仿制品多与传统陶器伴出一墓，墓等级较低，而施釉陶器则多出土于等级较高的墓圹中。对比北方早期的产品，在造型与装饰纹样两个方面均有较大进步。不仅产品造型趋于多样化，而且更加迎合了时人的审美需求，其装饰纹样也更加繁复，符合陶瓷器的历史发展规律，受到时人的青睐，对唐代釉彩陶的成熟亦起到重要的促进作用。

与海东诸国的贸易交往中，陶瓷器与青铜镜是最为重要的产品。前述日本生产的须惠器是在引入朝鲜半岛土器基础上的仿制品，而朝鲜土器实则是在孙吴时期的五管瓶基础上创制的品种。通过考察日本须惠器生产窑址发现，生产须惠器的"登窑"与中国南方的"龙窑"形制较为相近，二者均采用带有斜角的长条状窑身，前设火膛后接烟道。"登窑"还成功使用了还原焰的高温烧制法，使得产品更加坚固耐用，发色更加清亮，产品质量远超早期平地掏窑烧制的陶器。日本不仅从六朝引进陶瓷烧制技术，还有青铜及冶炼技术。据考，日本在古坟早期并没有成熟的青铜冶炼技术，可能与日本缺乏铜料的情况有关。从现已发现的青铜镜来看，大多是来自六朝的产品，如神兽镜、佛像夔凤镜等。然而，随着中日间官方与民间的来往更趋频繁，日本从六朝引进的不仅有成品的青铜镜，还包括工匠、技术、工艺等，他们一方面将中国做的镜模带去日本翻铸，另一方面也在日本重新塑造新的镜模。据王仲殊先生考证，日本出土的大量三角缘神兽镜即为由东渡日本的中国工匠所产，青铜镜中的"笠松形"纹饰即为这种新塑镜模的最好佐证。由此可见，日本的青铜镜铸造业受六朝影响颇深，经历了从引进到创新的过程，在此过程中日本青铜镜铸造业获得了质的提升。

六朝通过对海东地区造物艺术的输出，并且是技术、工匠、工艺的全面输出，使输入国的造物艺术水平得以在较短时期内获得显著提高，进而生产出颇具地域特色的造物艺术，让六朝的强势文化参与到海东诸国的文化建构中，强化了自身的宗主国地位。

二、对隋唐造物艺术风格的影响

在我国墓葬造物艺术发展史中，六朝时期是在继承与革新的运动发展中进行的，其上承两汉下启隋唐，对我国造物艺术的承续起到重要作用。纵观隋唐墓葬造物艺术，其风格特征似乎是多元的，受到南北两地及域外造物艺术的影响。陈寅恪先生说："隋唐之制度虽极广博纷复，然究析其因素，不出三源：一曰（北）魏、（北）齐，二曰梁、陈，三曰（西）魏、周。"[1] 指出隋唐之制的来源有三处，而南朝的影响要重于其他两处。考察隋唐墓葬造物艺术的风格特征，似能对陈先生提出的观点给予实物佐证。据已刊布的资料看，六朝对隋唐墓葬的影响体现在多个方面，从墓葬形制到造物艺术都能发现鲜明的六朝痕迹。仅就墓葬造物艺术而言，在陶瓷器、青铜镜、买地券等多种载体上都能看出对六朝后期造物艺术的承续，其中陶瓷器的影响最为复杂，且更为深远。

在中国陶瓷发展史上，唐代越窑的地位极为显赫，长期代表中国瓷器的最高水平。然而，考其渊源，无论是在造物艺术形制方面，还是审美特征等方面，越窑实是在继承六朝青瓷的基础上发展起来的。唐代前期越窑仍延续着南朝的造物风格，并无太多创新之处，胎质较为粗松，鲜见新的形制，仍以碗、壶、罐等常见器形为主，对北方的影响逐渐式微。至唐代后期，随着长江下游手工业的繁荣，越窑的产品制作工艺也更加成熟。对胎、釉原材料的提炼更加精细，成型手法更加娴熟，烧制技艺更加稳定，器型种类更为多样。生产的杯、罐、碗、壶、熏炉、盏等常见生活器，胎釉结合较好，釉色莹润。《茶经》载："碗，越州上，鼎州次，婺州次。"[2]可见，越州所产青瓷碗在当时享有盛誉，法门寺地宫出土的唐代"秘色"瓷，可谓越窑青瓷的最高代表。瓯窑是地处浙江南部温州一带的普通窑口，在两晋时期以出产缥瓷而负有盛名，至唐代时其产品多似越窑产品，但质量逊之。东晋时期流行的釉下点彩在唐代瓯窑中仍时有发现，东晋以点彩居多，而唐代的瓯窑则发展出了写意性的花卉装饰。受六朝点彩装饰风格影响最甚者当属湖南长沙窑，唐代长沙窑的彩绘艺术由团扇形或散点装饰发展为彩绘写生图式。可见，长沙窑的图式虽源自多处，但六朝点彩装饰

---

① 陈寅恪. 隋唐制度渊源略论稿 [M]. 北京：商务印书馆，2011：3.
② 陆羽. 茶经 [M]. 上海：上海三联书店，2014：41.

工艺对其影响最显而易见。此外，唐代最让人迷恋的唐三彩，其前身是北齐的二彩铅釉陶，该铅釉陶的装饰特征亦是受到六朝点彩装饰的影响，可以说，唐三彩的装饰工艺亦可上接自六朝青瓷彩绘器。

隋唐买地券的形制与行文史载缺略，新中国成立后，随着考古工作的深入开展，发现了买地券若干，散见于各考古报告。详见表6-2。

表6-2　隋唐买地券出土概况

纪年	出土地点	墓主	质地	资料来源
大业六年（610）	湖南湘阴	陶智洪	陶	熊传新：《湖南湘阴县隋大业六年墓》，《文物》，1981年第4期
延载元年（694）	江苏镇江	伍松超	砖	刘兴：《武周延载伍松超地券》，《文物》，1965年第8期
天宝六载（747）	广东吴川	陈聪慜	陶	张均绍：《唐代南巴县令买地券考》，《广东省博物馆馆刊》，1988年第1期
大历四年（769）	新疆吐鲁番	张无价	纸	新疆维吾尔自治区博物馆、西北大学历史系考古专业：《1973吐鲁番阿斯塔那古墓群发掘简报》，《文物》，1975年第7期
元和九年（814）	江苏苏州	乔进臣		罗振玉：《地券征存》，《罗雪堂先生全集》，大通书局，1973年版，第1304页
开成二年（837）	江西弋阳	姚仲然	石	陈柏泉：《江西出土墓志选编》，江西教育出版社，1991年版，第4-6页
咸通二年（861）	福建漳州	王处中		郭封城：《唐代漳州买地券考辩》，《闽南日报》，2004年12月13日
大顺元年（890）	江西南昌	伍松超	木	刘兴：《武周延载伍松超地券》，《文物》，1965年第8期
天复元年（901）		秦温		张勋燎、白彬：《中国道教考古》，线装书局，2006年版
唐末	福建漳州	陈氏	砖	王文径：《漳浦唐五代墓》，《福建文博》，2001年第1期

从上述隋唐买地券出土情况看，主要分布于原六朝统辖区域，北方仅在新疆发现一例，这与买地券在3—6世纪主要流行于南方的现象保持一致。隋唐买地券的材质整体上是对六朝的延续，但也出现了一些变化，如六朝早期铅、锡材质此时已不见，新出了陶、木、纸材质，甚至出现陈聪慜买地券刻在陶罐片上的现象，纸质买地券仅出现新疆一例，其余买地券皆为砖、石质，与六朝时期保持一致。隋唐买地券对六朝的继承主要表现在行文方面，保持了较高的统一性。隋唐买地券行文仍然主要由纪年、墓主、

生卒、职官、宅地、四界、土地价格、券约见证人、效力等内容组成，如卖地神祇（地府官人、蒿里父老、丘丞墓伯、魂门监司等）、雇钱（万九千九百九十九）、见证人（张坚固、李定度）等，这些内容都常见于六朝买地券中。可见，隋唐买地券在材质与行文两方面仍多沿袭六朝造物风格，然而，隋代至唐早期民间使用买地券的现象似乎较为少见，至唐代后期随葬买地券的现象又逐渐增多。

综上所述，六朝墓葬造物艺术对当时的北方、海东诸国与后世的隋唐墓葬造物艺术产生了影响，这种影响不局限于某一品类，而是全方位的，在工艺、风格、技术等领域均有迹可循。对北方、海东地区的影响主要表现在提升墓葬造物艺术等级、丰富造物艺术样式、提升造物艺术水平三个方面。对隋唐墓葬造物艺术的影响是多方面的，除了陶瓷器与买地券外，在青铜镜、金银器等类别皆能见到六朝墓葬造物艺术的身影。六朝墓葬造物艺术对唐代繁缛华丽造物风的形成也有促进作用。

结　语

　　六朝在我国传统文化承续过程中起到了关键作用，西晋灭亡后，中国文化的中心第一次由北方转移到了南方，核心区域位于长江的中下游地区，尤以国都所在地建康及其毗邻地区为最。隋唐以降，研究六朝的文化、政治、宗教、社会等大多依据正史及散落的其他文献资料，随着科学的考古学进入我国，结合传统金石学、文献学、艺术学等学科方法，对六朝墓葬造物艺术做更为科学的研究成为可能，对六朝墓葬出土实物的揭橥，让我们在研究六朝墓葬造物艺术时避免对某一现象做前期预设的思路。笔者在前述章节里，已较为细致地论述了六朝墓葬造物艺术的形式特征与视觉形象的形成，也比较系统地分析了墓葬造物艺术的宗教特征及域内外交流情况。下面对六朝墓葬造物艺术做一总结。

　　本书所讲的纹饰指通过印、刻、划、塑等手法装饰于各类载体的纹样，包括青瓷器、青铜器、漆器、玉器等，主要有几何纹、动物纹、人物纹、植物纹等。在众多造物艺术门类中，以青瓷器的纹饰最富多样性，六朝早期在罐、壶、碗等圆器的肩部或口沿处多装饰几何纹，如菱形纹、水波纹、方格纹、联珠纹等，它们多呈环状，平行置于器物肩部或口沿处，有时与其他纹饰共置一器，如在器物肩部饰以铺首或流状物，包括羊首、鸡首、龙首、虎首等。堆塑罐是孙吴、西晋时期长江下游地区最为典型的明器，该器纹饰繁复多样，是制作工艺极其复杂的造物艺术形式。由三维的堆塑与二维的贴塑组成，纹饰主要有人物、动物、飞禽、建筑等。六朝中期以后，纹样丰富的堆塑罐、青瓷釉下彩绘器则已不见，代之而起的是纹饰更为简洁的普通日用器，虽然出现像青瓷莲花尊这类纹饰繁复的器型，但青瓷器纹饰的整体状况是向更为简洁的方向发展，并且纹饰题材也比较单一，南朝时期多以莲花形象为青瓷的主要纹饰。

　　漆器与青铜器的发展状况较为一致，六朝早期是漆器与青铜器发展的高峰，此时的纹饰大多延续东汉时期的纹饰特征，装饰繁复、题材多样。东晋以后，战争频仍，加之青瓷器的地位越发重要，漆器与青铜器制作受到严重冲击，几近停产，仅有的一些器型其纹饰也比较简单，甚至无纹。

六朝时期造物艺术纹饰由繁到简的变化，一方面受社会环境的影响，随着青瓷器的成熟发展，获得了社会上层的青睐，原本受重视的漆器与金属器，迎来了一个新的强有力的竞争对手，加之战争的影响，六朝墓葬造物艺术纹饰更多地表现在青瓷器方面。另一方面，宗教对墓葬造物艺术的影响也颇为显著。六朝早期道教的盛行，直接导致升仙主题的纹饰增多，随着道教的衰落，代之而起是佛教的兴盛，东晋后期至南朝器物纹饰更趋简单化，多以莲花为器物的主要纹饰，虽有些器物制作工艺复杂，但纹饰单一，不及六朝早期纹饰繁复多样。

六朝墓葬造物艺术的形制在 300 多年的发展历程中，呈现更趋实用性的倾向。在众多造物艺术门类中，以青瓷器最具代表性，主要表现为两个方面的变化。其一，六朝早期青瓷器中的明器远多于六朝中后期，比如孙吴时期流行的魂瓶、灶、鸡舍、建筑模型、青瓷彩绘器等，在东晋中期以后便不多见。东晋时期虽新出了青瓷牛车等，但无论是形制，抑或数量，与孙吴时期均不可同日而语。其二，六朝时期最为常见的罐、壶、渣斗等器形，呈现出由较小向高大、由扁矮向瘦长发展的趋势。这种变化一方面增加了器物的容量，另一方面由于口沿增大，腹部变长，在实际使用时更加便捷，较为符合时人的审美喜好。如孙吴时期多见的鸡首罐、羊首罐等，在东晋时期随着罐身拉长，颈部变高，并且增加了鋬手，更加符合人体工程学要求，使用起来愈加方便。

理论上讲，当考古学者去发掘一座墓葬时，他不只是发掘一个单独的个人，而是一个"社会人"。这"社会人"不但与其他"社会人"发生关系，而且此关系的发生还依循着社会制度所订下的规则。[①] 六朝墓葬造物艺术亦如此，它的形制与纹饰及其组合特征必定也遵循着当时的丧葬制度，反映社会习俗并体现墓主人生前的信仰与社会关系等。判断墓主身份等级的高低，最为直接的方式是辨识墓中出土的墓志、买地券、遣册、衣物疏等文字信息。然而，六朝时期有大量无法判明墓主身份的墓葬，我们只能借助墓葬的规模、形制、出土遗存来判断其所处的等级，国内外学者对此已做了些许有益的尝试并取得了一定研究成果。如町田章根据规模与形制将墓葬分为四个等级，冯普仁将"凸"字形墓划分为四类，日本学者中村圭尔也对墓葬形制与墓主身份等级的关系做了考察，中国台湾学者谢明良

---

① 蒲慕州. 墓葬与生死：中国古代宗教之省思 [M]. 北京：中华书局，2008：7.

首开以出土器物来分析墓主身份等级的先河。笔者根据谢明良先生的研究方法，对六朝墓葬出土遗物与墓主身份等级关系展开研究，分别对青瓷器、陶俑、玉器等作深入剖析。青瓷器是六朝墓葬中出土最多，也是最具代表性的随葬品，在六朝的不同阶段都有代表性产品问世。如孙吴的青瓷堆塑罐（魂瓶）、东晋的青瓷牛车、南朝的青瓷莲花尊等都代表了各阶段造物艺术的最高水平，且这些器形皆出自各时段较高等级的墓葬中。陶瓷俑在六朝墓葬中的出现也是等级制度的集中反映，从已刊布的资料看，出土陶瓷俑的墓葬多为等级很高的墓葬，其中有些甚至是帝王陵墓。如南京大学北园墓、南京北郊象山王氏家族墓、鄂州孙将军墓等。陶瓷俑的造型特征也说明了墓主人具有很高的身份地位，比较多见的形象有奴仆俑、牵马（牛）俑、守门俑、立俑、跪俑等。六朝时期的丧葬制度与社会风俗对墓葬造物艺术也产生了一定影响。孙吴地处江南一隅，治内经济发达、社会相对安定，在丧葬思想上承袭了汉代的厚葬制度。大量出土的墓葬说明孙吴时期仍延续了汉代的立碑丧葬制度，但在薄葬思想作为时代主旋律的背景下，立碑的方式也在发生改变，流行于孙吴、西晋时期长江下游堆塑罐上出现的圭首碑造型即是最好的见证。原本立于墓穴外的石碑出现在随葬器物，行文沿袭了汉代碑文的形式，由纪年、官职、吉语等组成。鉴于此，可以说堆塑罐是具有较高身份地位的人才可享用的器物。孙吴墓葬中还出土数量可观的乐舞俑，这显然是对墓主生前生活状况的再现，抑或对死后生活的向往，在墓葬中安置乐舞俑已成为当时社会上层丧葬礼仪中较为多见的丧葬方式。

六朝墓葬造物艺术的宗教性特征主要受到本土道教与外来佛教的影响，二者在整个六朝时期表现出此消彼长的现象，与道、佛二教在社会传播中的影响力一致。六朝早期墓葬造物艺术体现出道教占主导地位，在众多载体的遗物中都能看到与道教相关的图式，如承袭于汉代青铜镜上的西王母、东王公、羽人及各种祥瑞，青瓷堆塑罐上的门阙、飞鸟、万岁千秋；买地券上铭记的张坚固、李定度、女青诏书等。与此同时，佛教造物艺术则显得式微，虽然佛教造物艺术的载体亦较为多样，在石刻、青铜镜、壁画、陶瓷中都能见到他们的身影，但无论是出土数量，还是在器物中所处位置，都比道教造物艺术逊色很多。以表现佛教题材最为多见的青铜镜与青瓷器来看，长江中下游地区出现的佛像夔凤镜与流行于江浙地区堆塑罐上贴塑的佛像，是六朝早期佛教造物艺术两个最为典型的例证。夔凤镜上以表现佛像、菩萨、飞天图式为主，堆塑罐上则仅出现佛像，这些图式多与道教形象杂糅在一起，且都处于相对次要的位置。说明六朝时期长江中下游地区佛教还处于依附于道教宣扬自身教义的境地。随着东晋时期佛教在民间大力传播，加之一些高僧对佛经的翻译及社会上层的推广，南朝齐梁时期迎来了佛教造物艺术的兴盛期。此时道教则相形见绌，虽然在墓葬遗存中还能较多地发现与道教相关的造物艺术，然而出土数量与重要性已远不及六朝早期。南朝佛教造物艺术不仅数量多，图式也更加丰富，多见佛像、僧侣、伎乐、飞天、供养人、狮子、象征物杂器（瓶花、博山炉）、佛塔、莲花、忍冬、缠枝等。

南朝时期在儒、道、佛三教并行于世、相互借鉴又互为竞争的背景下，由一批有为之士倡导的三教融合思想在襄阳地区的墓葬造物中得到了鲜明的体现。正如刘宋时人张融临终前说："吾生平所善，自当凌云一笑！三千买棺，无制新衾。左手执《孝经》《老子》，右手执《小品法华经》。"①据已刊布的资料看，此类墓葬数量虽不多，但较为集中，多出现于南北对峙的最前沿襄阳地区（邓县在南朝早期隶属襄阳）。儒家题材有"郭巨埋儿""蔡顺闻雷泣墓""老莱子孝亲"等；道教题材有"浮丘公""王子乔""飞仙"等；佛教题材有"佛化生""莲花纹""忍冬纹""博山炉""经幢"等，其中还出现"供养羽人""羽人莲花"等佛、道融合的图式。南朝时期襄阳地区出现儒、道、佛相融的造物艺术，是受到当时信仰多元化影响。襄阳地区因地处南北交流的核心区，历来为兵家必争之地，也是南北文化交流的前沿。东晋、南朝时期襄阳地区佛教传播甚为活跃，是除都城建康外最为活跃的地区；与此同时，儒家孝悌观念也得到提倡，与道教升仙思想融合。在此背景下，襄阳地区的墓葬造物艺术中出现了儒、道、佛题材共置一墓的现象。

六朝时期虽战火频仍，但造物艺术并未因社会动乱而停滞不前。相反，在一些领域还取得了较高的成就，形成一批颇具时代特色的产品。这些造物艺术约略可分为两类，即生器与明器。较为典型的有孙吴青瓷彩绘器、东晋青瓷牛车、南朝青瓷莲花纹尊、六朝早中期人物纹漆器等。这些器物与当时的造物艺术思想分不开，六朝时期的造物艺术思想具有两个特点：一是对前朝造物思想的再发展，结合当时造物艺术的具体情况，设计出一

---

① 萧子显. 南齐书 [M]. 北京：中华书局，1972：729.

批既反映前朝造物思想又体现当时造物水平的产品，如"器以载礼""施用有宜"都是前朝概念或是对前朝概念的再发展；二是在当时人文思想影响下，产生了以"清"为美的倾向，这种倾向也对当时的造物艺术产生一定的影响，在形制与纹饰两个方面均有所反映。

六朝是我国对外交流史上的重要时期，因其治内经济发达、文化繁荣，加之造船技术与航海事业发展较快，所以海外贸易规模相较之汉代更大。此时在东部与东南沿海陆续设置了几个出海口，开辟了海上陶瓷之路，通过陶瓷之路我国与海外国家长期保持官方与民间商贸往来，六朝灿烂的文化、艺术得以源源不断地向外输出，海外国家的商品也得以输入国内。从已刊布的资料看，海外输入我国的商品主要有玻璃器、银币，还发现数量较少的银器、金器、贝类器等。以玻璃器为大宗，出土数量较多且地域更为集中，主要出土于南京及其毗邻地区，如南京象山 7 号墓、南京富贵山 4 号墓、南京仙鹤观 6 号墓、句容春城刘宋墓等均有出土。此外，鄂州与广州也曾出土了风格类似的玻璃器。从出土墓葬的时代判断，玻璃器主要出现于孙吴后期至南朝刘宋时期，形制与纹饰颇为相近，通常为圜底，口沿与腹部常饰弦纹、椭圆形磨花纹及花瓣纹。据王仲殊先生推定，萨珊朝玻璃器从波斯由海路经扶南为主的东南亚诸国向东北传输，由外国或中国的商人输入孙吴南方沿海的交州、广州，然后再转运至都城建业（南京）或武昌（鄂州），也可能是经扶南等东南亚诸国的使者乃至孙吴前往扶南等国的官员之手，直接或间接传入建业或武昌。[①]

与六朝存在商贸往来的海外国家至今依然能够发现大量六朝的造物艺术，在诸多域外国家中，以海东地区的朝鲜半岛与日本列岛出土六朝遗物最为多见。六朝时期，朝鲜半岛正处于三国时期，三国均与六朝来往密切，在政治、经济、科技、文化、艺术等领域多受到六朝的影响，百济因其处于朝鲜半岛西南部，与中国存在天然的交往通道，所以与六朝的交流最为频繁，曾多次遣使至建康，并奉献方物。其时中国是实行商贡结合政策，各国之间的朝贡聘使往来，通常伴随着商业贸易。据史籍记载，百济与六朝之间的官方往来达 11 次之多，这还不包括纯粹的民间贸易。因此，在今之百济辖区内发现了众多六朝时期的造物艺术，以日常生活用器的青瓷器居多，如罐、壶、碗、砚台、虎子、鸡首壶等。日本与六朝之间的往来大

---

① 王仲殊. 试论鄂城五里墩西晋墓出土的波斯萨珊朝玻璃碗为吴时由海路传入 [J]. 考古, 1995 (1)：85.

概始于孙吴时期，史载会稽郡东部跨海有亶洲，3 世纪早期亶洲与会稽郡即存在商贸往来。日本与六朝的官方交往始于东晋后期，倭王曾遣使至东晋并进献方物。南朝时期，日本亦遣使来南朝 10 余次，其最高统治者甚至被册封为安东将军和安东大将军。由此可见，日本与六朝的交往较为频繁。据相关学者考证，日本与六朝的交流存在两条交通线，北方一线指借道百济再入日本列岛，南方一线指六朝后期开辟的海上交通线。两条航线以北方一线为主，南方一线因受造船与航海技术的限制，并没有发展为成熟的航线。日本区域内发现的六朝造物艺术不同于百济，以青铜镜最为瞩目，且多为六朝早期的吴镜，如神兽镜、画像镜、佛像夔凤镜等。日本出土的六朝青铜镜主要是通过商贸直接或间接所得，同时存在吴地工匠进驻日本后铸造的青铜镜。日本古坟先后出土了 500 余枚三角缘神兽镜，据王仲殊先生考证，该类镜并不能算作吴镜，而是吴地工匠在日本所铸。此外，日本称为"须惠器"的陶器，其中有许多"子持壶"的造型，据考这类器物实源自六朝早期流行于长江下游地区的五管瓶，是日本借道百济传入日本的仿制器。

参考文献

一、史料

司马迁. 史记［M］. 北京：中华书局，2010.

王充. 论衡［M］. 上海：上海古籍出版社，2013.

刘熙. 释名［M］. 北京：中华书局，1985.

戴圣. 礼记［M］. 北京：中华书局，2017.

郑玄，贾公彦. 周礼注疏［M］. 上海：上海古籍出版社，1990.

班固. 汉书［M］. 北京：中华书局，2012.

许慎. 说文解字［M］. 天津：天津古籍出版社，1991.

陈寿. 三国志［M］. 北京：中华书局，2011.

王明. 抱朴子内篇校释［M］. 中华书局，1985.

干宝. 搜神记［M］. 北京：中华书局，2012.

张华. 博物志［M］. 上海：上海古籍出版社，2012.

范晔. 后汉书［M］. 北京：中华书局，2012.

刘义庆. 世说新语［M］. 北京：中华书局，1998.

沈约. 宋书［M］. 北京：中华书局，1974.

僧祐. 出三藏记集［M］. 北京：中华书局，1995.

慧皎. 高僧传［M］. 北京：中华书局，1992.

萧子显. 南齐书［M］. 北京：中华书局，1972.

欧阳询. 艺文类聚［M］. 上海：上海古籍出版社，1999.

房玄龄. 晋书［M］. 北京：中华书局，1975.

许嵩. 建康实录［M］. 北京：中华书局，1986.

李延寿. 南史［M］. 北京：中华书局，1975.

段成式. 酉阳杂俎［M］. 北京：中华书局，2015.

王洙. 地理新书校理［M］. 湘潭：湘潭大学出版社，2012.

张敦颐. 六朝事迹编类［M］. 北京：中华书局，2012.

李昉，李穆，徐铉. 太平御览［M］. 北京：中华书局，1960.

周应合. 景定建康志［M］. 南京：南京出版社，2009.

李渔. 李渔全集 [M]. 杭州：浙江古籍出版社，1991.

孙希旦，沈啸寰，王星贤. 礼记集解 [M]. 上海：商务印书馆，1933.

陈直. 三辅黄图校证 [M]. 西安：陕西人民出版社，1982.

闻人军. 考工记译注 [M]. 上海：上海古籍出版社，1993.

郭郛. 山海经注证 [M]. 北京：中国社会科学出版社，2004.

二、专著

杨宽. 中国古代陵墓制度史研究 [M]. 上海：上海人民出版社，2016.

张光直. 中国青铜时代 [M]. 北京：生活·读书·新知三联书店，2016.

汤用彤. 魏晋玄学论稿 [M]. 上海：上海人民出版社，2015.

田余庆. 东晋门阀政治 [M]. 北京：北京大学出版社，1989.

唐长孺. 魏晋南北朝史论拾遗 [M]. 北京：中华书局，1983.

罗宗真. 六朝考古 [M]. 江苏：南京大学出版社，1994.

宗白华. 美学散步 [M]. 上海：上海人民出版社，1981.

黄仁宇. 中国大历史 [M]. 北京：生活·读书·新知三联书店，2007.

宋兆麟. 古代器物溯源 [M]. 北京：商务印书馆，2016.

李泽厚. 美学三书 [M]. 天津：天津社会科学院出版社，2003.

林树中. 六朝艺术 [M]. 南京：南京出版社，2004.

田自秉. 中国工艺美术史 [M]. 上海：东方出版中心，1985.

张勋燎，白彬. 中国道教考古 [M]. 北京：线装书局，2006.

陈寅恪. 金明馆丛稿初编 [M]. 北京：生活·读书·新知三联书店，2015.

陈寅恪. 隋唐制度渊源略论稿·唐代政治史述论稿 [M]. 北京：商务印书馆，2011.

冯先铭. 中国陶瓷 [M]. 上海：上海古籍出版社，2006.

童书业. 童书业瓷器史论文集 [M]. 北京：中华书局，2008.

杨泓. 北朝文化源流探讨之一 [M]. 北京：科学出版社，2000.

张福康. 中国古陶瓷的科学 [M]. 上海：上海人民美术出版社，2000.

汪庆正. 中国陶瓷研究 [M]. 上海：上海人民出版社，2008.

徐复观. 中国艺术精神 [M]. 上海：华东师范大学出版社，2004.

张道一. 工艺美术论集 [M]. 西安：陕西人民美术出版社，1986.

张道一. 造物的艺术论 [M]. 福州：福建美术出版社，1989.

李泽厚，刘纲纪．中国美学史［M］．北京：中国社会科学出版社，1984.

林语堂．生活的艺术［M］．合肥：安徽文艺出版社，1984.

巫鸿．黄泉下的美术［M］．北京：生活·读书·新知三联书店，2013.

巫鸿．礼仪中的美术［M］．北京：生活·读书·新知三联书店，2013.

巫鸿．时空中的美术［M］．北京：生活·读书·新知三联书店，2013.

卿希泰．道教与中国传统文化［M］．福州：福建人民出版社，1990.

奚传绩．设计艺术经典论著选读［M］．南京：东南大学出版社，2013.

李倍雷，赫云．中国艺术学理论与研究方法［M］．南京：南京大学出版社，2015.

罗宗真，王志高．六朝文物［M］．南京：南京出版社，2004.

胡阿祥．东晋南朝侨州郡县与侨流人口研究［M］．南京：江苏教育出版社，2008.

张岱年，方克立．中国文化概论［M］．北京：北京师范大学出版社，2004.

韦正．六朝墓葬的考古学研究［M］．北京：北京大学出版社，2011.

阮荣春．佛教南传之路［M］．长沙：湖南美术出版社，2000.

鲁西奇．中国古代买地券研究［M］．厦门：厦门大学出版社，2014.

潘雨廷．道藏书目提要［M］．上海：上海古籍出版社，2017.

吕林．四川汉代画像艺术选［M］．成都：四川美术出版社，1998.

汪悦进．图像与仪式：中国古代宗教史与艺术史的融合［M］．北京：中华书局，2017.

杭间．中国工艺美学思想史［M］．太原：北岳文艺出版社，1994.

中国硅酸盐学会．中国陶瓷史［M］．北京：文物出版社，1982.

蒋星煜．中国隐士与中国文化［M］．上海：上海人民出版社，2009.

陈戍国．中国礼制史：魏晋南北朝卷［M］．湖南：湖南教育出版社，1995.

李蔚然．南京六朝墓葬的发现与研究［M］．成都：四川大学出版社，1998.

郑岩．逝者的面具：汉唐墓葬艺术研究［M］．北京：北京大学出版社，2015.

李文初．中国山水文化［M］．广州：广东人民出版社，1996.

牟宗三. 才性与玄理［M］. 台北：学生书局，1989.

田文棠. 魏晋三大思潮论稿［M］. 西安：陕西人民出版社，1988.

邓之诚. 中华二千年史［M］. 北京：中华书局，1983.

凌继尧，徐恒醇. 艺术设计学［M］. 上海：上海人民出版社，2000.

樊波. 中国书画美学史纲［M］. 长春：吉林美术出版社，1998.

江苏省文物局. 江苏考古［M］. 南京：南京出版社，2013.

逯钦立. 先秦汉魏南北朝诗［M］. 北京：中华书局，1982.

扬之水. 梄柿楼集：唐宋家具寻微［M］. 北京：人民美术出版社，2015.

许建良. 魏晋玄学伦理思想研究［M］. 北京：人民出版社，2003.

姚迁，古兵. 东晋墓葬艺术［M］. 北京：文物出版社，1981.

管维良. 中国青铜镜史［M］. 北京：群言出版社，2013.

张之恒. 中国考古通论［M］. 南京：南京大学出版社，2010.

余英时. 士与中国文化［M］. 上海：上海人民出版社，1987.

李蔚然. 南京东晋墓葬的发现与研究［M］. 成都：四川大学出版社，1998.

晋同文.“文化大革命”期间出土文物［M］. 北京：人民出版社，1972.

南京博物院. 南京附近考古报告［M］. 上海：上海出版公司，1952.

河南省文化局文物工作队. 邓县彩色画像砖墓［M］. 北京：文物出版社，1958.

张学锋. 中国墓葬史［M］. 扬州：广陵书社，2009.

梁白泉，卢海鸣. 南京的东晋墓葬石刻［M］. 南京：南京出版社，1998.

周维林，许长生. 江宁出土历代墓志考释［M］. 南京：南京出版社，2011.

南京市博物馆. 六朝风采［M］. 北京：文物出版社，2004.

江宁区博物馆. 江宁文物［M］. 南京：江苏美术出版社，2004.

中国人民政治协商会议南京市江宁区委员会. 江宁历史文化大观［M］. 南京：南京出版社，2008.

南京市博物馆. 南京考古资料汇编［M］. 南京：凤凰出版社，2013.

南京市博物馆. 中国东晋墓葬瓷器［M］. 公州：国立公州博物馆，2011.

江宁博物馆. 东山撷芳：江宁博物馆暨东晋历史文化博物馆馆藏精粹［M］. 北京：文物出版社，2013.

木宫泰彦. 中日交通史［M］. 陈捷，译. 上海：商务印书馆，1931.

林巳奈夫. 神与兽的纹样学［M］. 常耀华，王平，刘晓燕，李环，译. 北京：生活·读书·新知三联书店，2016.

内藤湖南. 中国中古的文化［M］//中国史通论. 北京：社会科学文献出版社，2004.

李约瑟. 中国科学技术史［M］. 《中国科学技术史》翻译小组，译. 北京：科学出版社，1975.

梅原末治. 绍兴古镜聚英［M］. 京都：桑名文星堂，1939.

后藤守一. 古镜聚英［M］. 东京：大塚巧艺社，1942.

三、论文

谭其骧. 中国历史上的七大首都［J］. 历史教学问题，1982（1）.

夏鼐. 西晋周处墓出土金属带饰的重新鉴定［J］. 考古，1972（4）.

郭沫若. 由王谢墓志的出土论到兰亭序的真伪［J］. 文物，1965（6）.

刘昭瑞. "东治三师"、"三五将君"、"大一三府"、"南帝三郎"考——谈镇江东晋墓所出道教印［J］. 1995（5）.

杨泓. 吴东晋南朝的文化及其对海东的影响［J］. 考古，1984（6）.

杨泓. 三国考古的新发现：读朱然墓简报札记［J］. 文物，1986（3）.

谢明良. 六朝谷仓罐综述［J］. 故宫文物月刊（109），1992.

谢明良. 从阶级的角度看六朝墓葬器物［J］. 美术史研究集刊，1998（5）.

王仲殊. 关于日本三角缘神兽镜的问题［J］. 考古，1981（4）.

王仲殊. 关于日本三角缘神兽镜的问题：答西田守夫先生［J］. 考古，1982（6）.

王仲殊. 关于日本的三角缘佛兽镜［J］. 考古，1982（6）.

王仲殊. 论吴晋时期的佛像夔凤镜［J］. 考古，1985（7）.

史树青. 晋周芳命妻潘氏衣物券考释［J］. 考古通讯，1956（2）.

张光直. 濮阳三蹻与中国古代美术上的人兽母题［J］. 文物，1988（11）.

张光直. 古代墓葬的魂魄观念［N］. 中国文物报，1990-06-28（3）.

宿白. 四川钱树和长江中下游部分器物上的佛像：中国南方发现的早

期佛像札记 [J]. 文物, 2004 (10).

宿白. 朝鲜安岳所发现的冬寿墓 [J]. 文物参考资料, 1952 (1).

诸葛铠. "造物艺术论"的学术价值 [J]. 山东社会科学, 2006 (4).

贺云翱. 中国南方早期佛教艺术初探 [J]. 东南文化, 1991 (6).

金琦. 南京附近东晋墓葬陵墓整修纪要 [J]. 文物, 1959 (4).

阮荣春. 早期佛教造像的南传系统 [J]. 东南文化, 1990 (1-3).

李蔚然. 论南京地区东晋墓葬墓的葬地选择和排葬方法 [J]. 考古, 1983 (4).

李蔚然. 试述南京地区六朝墓葬青瓷来源及其有关问题 [C]. 中国考古学会第三次年会论文集, 1981.

华国荣. 六朝墓文字砖的归类分析 [J]. 南方文物, 1997 (4).

邹厚本. 东晋张镇墓碑志考释 [J]. 文博通讯 (27).

白彬. 南方地区吴晋墓葬出土木刺研究 [M] //四川大学考古专业创建四十周年暨冯汉骥教授百年诞辰纪念文集. 成都：四川大学出版社, 2001.

李梅田, 周华蓉. 试论南朝襄阳的区域文化：以画像砖墓为中心 [J]. 江汉考古, 2017 (2).

李倍雷. 造物"形制"与图案"纹饰"关系研究 [J]. 民族艺术研究, 2018 (6).

王志高. 南朝帝王陵寝初探 [J]. 南方文物, 1999 (4).

王志高. 简议西善桥"竹林七贤"砖印壁画墓的时代及墓主身份 [N]. 中国文物报, 1998-12-30.

王志高, 邵磊. 试论我国古代墨的形制及其相关问题 [J]. 东南文化, 1993 (2).

王志高, 马涛, 龚巨平. 南京上坊孙吴大墓墓主身份蠡测：兼论孙吴时期的宗室墓 [J]. 东南文化, 2009 (8).

王志高, 董庐. 六朝买地券综述 [J]. 东南文化, 1996 (2).

王志高, 许长生. 南京淳化新见南朝罗氏地券考释 [J]. 文物, 2019 (10).

韦正. 简论西晋时期的南北士族墓葬 [J]. 东南文化, 1994 (4).

韦正, 马铭悦. 司马金龙墓屏风漆画散论 [J]. 西部考古, 2018 (2).

周裕兴, 顾苏宁. 南京江宁晋墓出土瓷器 [J]. 文物, 1988 (9).

龚良. 汉—孙吴时期我国南方地区砖室墓形制类型初探 [J]. 东南文

六朝墓葬造物艺术论纲

化，1986（2）.

王书敏. 镇江城市考古出土东晋墓葬瓷器散论［J］. 南京文物，1995（4）.

魏正瑾，易家胜. 南京出土东晋墓葬青瓷分期探讨［J］. 考古，1983（4）.

沈时英. 关于江苏宜兴西晋周处墓出土带饰成分问题［J］. 考古，1962（9）.

王去非，赵超. 南京出土东晋墓葬墓志综考［J］. 考古，1990（10）.

阮国林. 谈南京东晋墓葬中的帷帐座［J］. 文物，1991（2）.

王兴平. 南朝镜概况及其成因浅析［C］. 东晋墓葬文物考古论文选，1983.

全洪. 试论东汉魏晋南北朝时期的铁镜［J］. 考古，1994（12）.

邵磊. 南京市博物馆藏汉晋官印考略［J］. 南方文物，1998（1）.

温玉成. 公元1至3世纪中国的仙佛模式［J］. 敦煌研究，1999（1）.

齐东方. 三国两晋南北朝时期的袝葬墓［J］. 考古，1991（10）.

柳涵. 邓县画像砖墓的时代和研究［J］. 考古，1959（5）.

冯普仁. 南朝墓葬的类型与分期［J］. 考古，1985（3）.

宁稼雨. 从《世说新语》看魏晋士族婚姻观念变化［J］. 广州大学学报，2007（3）.

仝涛. 从魂瓶看吴晋时期的庄园生活和丧葬礼俗［J］. 四川大学学报，2004（2）.

阮国林. 谈南京六朝墓葬中的帷帐座［J］. 文物，1991（2）.

袁建平. 金玉之尊：馆藏西晋刘弘墓出土金器、玉器［J］. 文物天地，2015（9）.

武义县文管会. 从浙江省武义县墓葬出土物谈婺州窑早期青瓷［J］. 文物，1981（2）.

贺中香，喻少英. 鄂城六朝文物的佛像装饰与南方佛教［J］. 文物，1997（6）.

王明发. 南朝模印拼嵌画像砖的工艺特色与创新［J］. 南京理工大学学报，2005（6）.

黄景春. 地下神仙张坚固李定度考述［J］. 世界宗教研究，2003（1）.

孙作云. 敦煌画中的神怪画［J］. 考古，1960（6）.

洪晴玉. 关于冬寿墓的发现与研究［J］. 考古，1959（1）.

李明. 云南昭通后海子东晋霍承嗣墓葬艺术研究［J］. 四川文物，

2019（4）.

冈内三真. 五连罐と装饰付壶［C］//古代探丛Ⅱ：早稻田大学考古学会创立 35 周年纪念考古学论集，早稻田大学出版部，1985.

四、考古报告

张璜，中央古物保管委员会编辑委员会. 梁代陵墓考·六朝陵墓调查报告［M］. 南京：南京出版社，2010.

南京博物院. 南京附近考古报告［M］. 上海：上海出版公司，1952.

南京博物院，南京文化保管委员会. 南京栖霞山甘家巷六朝墓群［J］. 考古，1976（5）.

南京博物院. 江苏丹阳胡桥南朝大墓及砖刻壁画［J］. 文物，1974（2）.

华国荣. 南京南郊六朝谢琉墓［J］. 文物，1998（5）.

阮国林，魏正瑾. 南京北郊郭家山东晋墓葬发掘简报［J］. 文物，1981（12）.

李蔚然. 南京太平门外刘宋明昙憘墓［J］. 考古，1976（1）.

易家胜. 南京出土的六朝早期青瓷釉下彩盘口壶［J］. 文物，1988（6）.

祁海宁，华国荣，张金喜. 江苏南京市富贵山六朝墓地发掘简报［J］. 考古，1998（8）.

李蔚然. 南京富贵山发现晋恭帝玄宫石碣［J］. 考古，1961（5）.

罗宗真. 南京西善桥南朝墓及其砖刻壁画［J］. 文物，1960（8-9）.

阮国林. 南京梁桂阳王萧融夫妇合葬墓［J］. 文物，1981（12）.

陆建方，王根富. 梁朝桂阳王萧象墓［J］. 文物，1990（8）.

丁邦钧. 安徽马鞍山东吴朱然墓发掘简报［J］. 文物，1986（3）.

刘建国. 镇江东吴西晋墓［J］. 考古，1984（6）.

南京市博物馆. 南京市东善桥"凤凰三年"东吴墓［J］. 文物，1999（4）.

南京市文物保管委员会. 南京老虎山晋墓［J］. 考古，1959（6）.

南京市文物保管委员会. 南京人台山东晋兴之夫妇墓发掘报告［J］. 文物，1965（6）.

南京市文物保管委员会. 南京象山东晋王丹虎墓和二、四号墓发掘简报［J］. 文物，1965（10）.

南京大学历史系考古组. 南京大学北园东晋墓［J］. 文物，1973（4）.

刘邓. 镇江市东晋刘剋墓的清理［J］. 考古，1964（5）.

华国荣，张九文. 南京南郊六朝谢温墓［J］. 文物，1998（5）.

南京市文物保管委员会. 南京老虎山晋墓 [J]. 考古, 1959 (6).

阮国林, 李毅. 南京司家山东晋、南朝谢氏家族墓 [J]. 文物, 2000 (7).

鄂城县博物馆. 鄂城东吴孙将军墓 [J]. 考古, 1978 (3).

陈贤之, 丁堂华, 李桃元, 等. 湖北鄂州鄂钢饮料厂一号墓发掘报告 [J]. 考古学报, 1998 (1).

雷新军, 蔡华初. 武汉黄陂滠口古墓清理简报 [J]. 文物, 1991 (6).

武汉市博物馆, 江夏区文物管理所. 江夏流芳东吴墓清理发掘报告 [J]. 江汉考古, 1998 (3).

李德文, 解有信, 吴志方, 等. 安徽马鞍山宋山东吴墓发掘简报 [J]. 江汉考古, 2007 (4).

王志高, 马诗, 龚巨平, 等. 南京江宁上坊孙吴墓发掘简报 [J]. 文物, 2008 (12).

刘林. 江西南昌市东吴高荣墓的发掘 [J]. 考古, 1980 (3).

解有信, 吴志兴, 栗中斌, 等. 安徽省马鞍山市朱然家族墓发掘简报 [J]. 东南文化, 2007 (6).

王志高, 贾维勇. 南京仙鹤山孙吴、西晋墓 [J]. 文物, 2007 (1).

罗宗真. 江苏宜兴晋墓发掘报告 [J]. 考古学报, 1957 (4).

李德文. 安徽南陵县麻桥东吴墓 [J]. 考古, 1984 (11).

倪振逵. 江宁县黄家营第五号六朝墓清理简报 [J]. 文物参考资料, 1956 (1).

易家胜, 王志亮, 张瑶. 南京长岗村五号墓发掘简报 [J]. 文物, 2002 (7).

王岚. 江西南昌县发现三国吴墓 [J]. 考古, 1993 (1).

程应林. 江西瑞昌马头西晋墓 [J]. 考古, 1974 (1).

张才俊. 四川忠县涂井蜀汉崖墓 [J]. 文物, 1985 (7).

杨益清. 大理市荷花寺村西晋墓清理简报 [J]. 考古, 1989 (8).

云南省文物工作队. 云南省昭通后海子东晋壁画墓清理简报 [J]. 文物, 1963 (12).

石光明. 四川彰明县常山村崖墓清理简报 [J]. 考古通讯, 1955 (5).

何志国. 四川绵阳西山六朝崖墓 [J]. 考古, 1990 (11).

郑芳葵, 唐志工. 四川广元鞍子梁西晋崖墓的清理 [J]. 文物, 1991 (8).

南京博物院. 南京富贵山东晋墓发掘简报 [J]. 考古, 1966 (4).

南京市文物保管委员会. 南京戚家山东晋谢鲲墓发掘简报 [J]. 文物, 1965 (6).

王新, 叶玉琪. 吴县张陵山发现晋代铭文砖 [J]. 东南文化, 1985.

许长生, 王志华, 杨斌, 等. 南京淳化咸墅南朝罗氏家族墓地发掘简报 [J]. 文物, 2019 (10).

魏正瑾, 阮国林. 南京郊区两座南朝墓清理简报 [J]. 文物, 1980 (12).

张恒. 浙江嵊县大塘岭东吴墓 [J]. 考古, 1991 (3).

唐俊杰. 浙江省余杭南朝画像砖墓清理简报 [J]. 东南文化, 1992 (Z1).

王志高, 蔡明义. 江苏六合南朝画像砖墓 [J]. 文物, 1998 (5).

骆振华, 陈晶. 常州南郊戚家村画像砖墓 [J]. 文物, 1979 (3).

祁海宁, 陈大海. 南京市雨花台区南朝画像砖墓 [J]. 考古, 2008 (6).

袁俊卿. 南京象山 5 号、6 号、7 号墓清理简报 [J]. 文物, 1972 (11).

高峰, 李晔, 张海雁, 等. 山西大同沙岭北魏壁画墓发掘简报 [J]. 文物, 2006 (10).

刘江生, 杨一. 湖北襄阳柿庄南朝画像砖墓发掘简报 [J]. 文物, 2019 (8).

杨玉敏, 夏星南, 陈伯元, 等. 江苏常州南郊画像、花纹砖墓 [J]. 考古, 1994 (2).

孙德萱, 丁海贤, 赵连生, 等. 濮阳西水坡遗址试掘简报 [J]. 中原文物, 1988 (1).

彭军, 王家政, 王莉, 等. 湖北荆州熊家冢墓地 2006~2007 年发掘简报 [J]. 文物, 2009 (4).

贡昌. 浙江金华古方六朝墓 [J]. 考古, 1984 (9).

余家栋. 江西南昌晋墓 [J]. 考古, 1974 (6).

阮国林. 南京梁桂阳王肖融夫妇合葬墓 [J]. 文物, 1981 (12).

刘廉银. 湖南省长沙左家塘西晋墓 [J]. 考古, 1963 (2).

陈大章. 河南邓县发现北朝七色彩绘画像砖墓 [J]. 文物, 1958 (6).

崔新社, 潘杰夫. 襄阳贾家冲画像砖墓 [J]. 江汉考古, 1986 (1).

杨一, 刘江生. 湖北襄阳麒麟清水沟南朝画像砖墓发掘简报 [J]. 文物, 2017 (11).

后　记

　　本书的基础是我在东南大学攻读博士学位期间的毕业论文，后来在江苏大学执教时我开设了一门"六朝墓葬造物艺术专题研究"课程，该课程所涉范围大致也是毕业论文的主要内容，考虑到目前学术界还没有一本专门研究六朝墓葬造物艺术的专著，便有了不揣浅陋将毕业论文付梓的想法，也借此机会对本书的缘起做一回顾。

　　我本科时期主修的是绘画，以中国画为主，人物、山水、花鸟皆有涉猎，虽然这一时期的专业是偏向传统技法，但为我之后研究六朝墓葬造物艺术的图案与绘画奠定了基础，使我在图案识读与绘画表现技法方面有一定的体悟。硕士阶段我就读于景德镇陶瓷学院，主修中国陶瓷史与考古课程，学习期间我跟随导师曹建文教授考察了南北方多处窑址、博物馆与古玩市场，对部分窑址的典型特征及演变规律有了较为宏观的了解，特别是对景德镇窑系各个时期代表性窑口的典型特征有了更为深刻的把握。基于此，我选择将陶瓷绘画作为硕士毕业论文选题。硕士毕业后，我来到南京市江宁区博物馆工作，先期做过一些文物修复工作，让我有了对馆藏不同时期的文物进行研究的机会，这对后来我从事文物鉴赏工作大有裨益，甚至可以说起到关键作用。工作岗位调动后，我主要从事文化遗产保护事宜，也曾参与一些墓葬考古工作，以六朝墓葬为主，这段工作经历让我对六朝墓葬的排葬方式、结构形制、出土遗物等有了更为直观的了解，也为之后我攻读博士学位确定了研究方向。在江宁区博物馆工作期间，我通过多年努力，最终如愿地进入东南大学李倍雷教授门下攻读博士学位，在入学之初经与导师商议即确定了学位论文的选题，以自己的学术背景与工作经历为参考，我决定将六朝墓葬造物艺术作为今后博士生涯的研究重点。

　　在撰写博士论文之前，我虽参与过一些六朝墓葬的发掘工作，并发表了几篇相关的学术论文，但未对六朝墓葬做整体性的艺术考察。于是在入学的前两年，我把学习重点放在对六朝墓葬造物的整理与收集上，同时利用在江宁区博物馆工作之便，将馆藏两千余件六朝文物做系统的梳理。基于对江宁区博物馆藏品的梳理，我又对出土六朝文物的重点地区做实地考察，在两年左右的时间里，我不仅走访了江苏省内多处六朝墓葬遗存、遗址及相关收藏机构，还先后考察了浙江省博物馆、绍兴博物馆、宁波博物馆、湖州博物馆、湖北省博物馆、鄂州市博物馆、湖南省博物馆、江西省博物馆、四川省博物馆、云南省博物馆等。这些博物馆所处的位置是除江苏省之外发现六朝墓葬等级高、出土遗物丰富、藏品质量高、地域特色鲜明的地区，也是我毕业论文研究的重要对象。在之后的三年中，我便着力于毕业论文的撰写工作，这段时期是我求学生涯中最煎熬、最无助的时期，同样也是最难忘的时光。其间，我与导师反复推敲论文，打磨撰写过程中的相关细节，导师渊博的学识与诲人不倦育桃李的师风令我受益匪浅。通过对相关材料的梳理与研究，在撰写过程中一些新的观点逐渐浮现，出现与之前设想相异甚至相左的结论。比如在道教与佛教造物艺术的比较研究方面，由于我之前收集的资料相对单一，对六朝早期佛教造物艺术的理解不够全面，认为多是依附道教造物艺术而体现。经考察发现，这种观点失之偏颇，随着研究的深入，在一些非道教器具上也发现较多佛教题材，说明六朝早期佛教的传播一方面依附于道教，另一方面也以相对独立的形式展开，极力地摆脱对道教的依附。

在论文的开题与答辩阶段，还有诸多教授专家提出了许多建设性的意见，使得我的论文更加完善。他们有东南大学龙迪勇教授、汪小洋教授、甘锋教授、赫云教授，北京师范大学梁玖教授，南京师范大学倪建林教授等，诸位教授提出的改进方案对我的论文的完善大有裨益，是我学术精进道路上的重要财富。此外，还要感谢我的硕导景德镇陶瓷大学曹建文教授，在他的谆谆教导下我初识学术的魅力，为日后的工作与学习打下了一定的学术基础。

在东南大学学习期间，也曾与许多同学共同谈学论道，进而把酒言欢，他们是同门陈晓琴、吴新林、徐子涵、李兵、窦慧菊、程家遐、朱平、谢晓荷，同学胡本雄、邓星航、窦笑智、程友伟、宋芳宾、潘玥、张凯，室友郭鑫鑫、赵浩、崔雅宾等，感谢读博生涯有你们的陪伴。此外，江宁区博物馆的多位同仁在我写作论文过程中也给予了许多支持，他们是许长生、王志华等。认识各位是人生中的幸事，这份友情我会永远珍惜。

最后，感谢我的家人，感谢你们在我求学旅途中给予的理解和支持，谢谢你们在我人生最艰难的过段时期给予的长情陪伴。

徐　亮

壬寅初春记于金陵凤凰台畔